U0138901

中共政權的菁英與政策

黨國蛻變

蔡定劍　楊開煌　寇健文
徐斯儉　陶儀芬　徐斯勤
王信賢　吳玉山◎著

徐斯儉・吳玉山◎主編

編者序

Preface

集體智慧創造了這本書

　　中國大陸和台灣相隔僅一個海峽，對大部分的人而言是又熟悉而又陌生。其實在兩岸各方面交流密切、台商學子與對岸訪客絡繹不絕的今天，雙方在社會、經濟和文化的各個層面已經相互滲透與影響，遠遠超過一般人民的認知。然而在兩岸之間仍然存在著一個最大的阻隔，那就是政治制度的差距。由於政治是社會的制高點，全面性地籠罩著人們的生活，因此政治的隔絕就帶來雙方人民對於對岸的陌生感。從小受的政治教育不同、所處身的政治環境不同，總使得雙方感覺到對方是陌生的和有敵意的。任何兩岸之間微小的爭執，都有可能迅速上升到嚴重的衝突，這背後最大的根源，就是相互對立的政治制度和立場。即便甚囂塵上的認同爭議也是被制度的分歧所動員和激化。現在全世界都把台海視爲一個衝突的熱點、認爲有可能引發後冷戰時期最嚴重的戰禍，追本溯源，我們不能不談到兩岸之間的政治差距。

　　究竟中國大陸是採取怎麼樣的政治制度？他們在經濟和社會上的改革開放有沒有帶來政治上的鬆綁？一個共黨專制的政治制度如何能夠和快速發展的市場經濟與開放社會共存？沒有民主程序的黨國體制怎麼解決政治繼承的問題？中共的統治究竟是密不透風還是風雨飄搖？大陸的市民社會是快速茁壯還是依托在黨國的巨大身影之下？如雨後春筍般竄起的民間企

業會要求政治開放還是欣然接受發展國家的扶植？中國大陸會步上台灣的後塵逐漸民主化、還是建立一個威權發展的典範？簡單一句話，中國大陸的政治有沒有可能變得比較民主開放，讓台灣更能理解接近，從而化解雙方在政治制度上對立的根源？對台灣民眾、對中國大陸人民、對海外華人，對東亞與世界，這些都是頭等重要的問題。

全世界除了中國大陸，沒有任何地方比台灣更應該瞭解中國、更必須瞭解中國。然而在一波又一波的大陸熱中，我們看到個別的、短時的熱切接觸，卻少見深層與冷靜的理解體會。在我們的周遭充斥著有關於對岸的資訊，但是鮮有沈澱為深刻的知識。瞭解中國大陸的政治，抓住兩岸緊張的根源，是台灣政治學者的天職。但是我們必須說，我們做的還遠遠不夠。

懍於本身的職責與使命，中央研究院政治學研究所籌備處在成立之際，便以中國大陸的政治經濟轉型和比較社會主義制度變遷作為我們的重點研究領域。為了推動中國研究，我們嘗試了一個新的做法。從九十四年六月開始，我們邀請了一群國內研究中國政治的傑出中生代學者，透過密集的工作坊，進行腦力激盪，把大家的專長聚焦，透過反覆討論，找出今日中國研究的關鍵面向，並試圖為當今中國大陸的政治體制定性。在九十四年十一月，中研院舉辦了第一次以當代中國大陸政治為主題的研討會，邀集資深的與中生代的、台灣的與大陸的學者共襄盛舉，依循著工作坊發展出來的主軸，探索中共黨國的蛻變。就我們所知，在國內政治學相關學術研討會的準備過程當中，利用會前多次密集的工作坊和學者的交互辯難，來匯聚焦點、整合論述，並透過一次又一次地質疑、激盪、修正，以建立共同的論述平台，是絕無僅有的。由於有這樣的整合性，會後大家一致決定要以出版專書的形式，來讓共同的研究成果問世。

　　在這個背景之下，中研院政研所和在學術出版界聲譽卓著的五南文化事業合作，出版了這本《黨國蛻變：中共政權的菁英與政策》，作爲「中研政治系列叢書」的第二卷。《黨國蛻變》一方面是分析舉世所關注的中國大陸政治發展議題，一方面也是向社會推出中研院和國內各大學合作研究的成果，在這兩方面我們都深覺意義重大。就前者而言，中國研究是台灣政治學發展的重要領域、帶有現實的迫切性，並且是舉世關注的焦點。就後者而言，從會前工作坊的經驗，以及在編輯出書過程中作者們的密切互動，讓我們深深體會到學術合作與集體研究的重要性，不僅是在自然和生命科學如此，在社會科學亦然。從這兩方面而言，本書都帶給大家極大的收穫，我們企盼與讀者們共享。

　　本書的出版，斯儉兄居功厥偉，是他在工作坊的召集、研討會的籌備，和專書編輯的工作中扮演了關鍵性的領導角色。透過他的居間安排，中研院政研所能夠和台灣大學、政治大學、台北大學的中生代中國研究學者合作，共同催生了這本專書。我們覺得，合作的經驗甚至比合作的成果更爲重要，因爲它是未來不斷推進新研究、孕育新知識的基礎。本書在編輯上，要感謝呂爾浩同學和賴芊卉小姐的任勞任怨與全程參與，紀凱露、林雅鈴、李佳蓉與張顧需小姐孜孜不倦的專業校對，以及五南詹岡瑋、劉靜芬、與胡天慈小姐的全力配合與支持。我們也要感謝政大國際關係研究中心《問題與研究季刊》同意本書轉載寇健文與陶儀芬兩位教授所發表的論文，《中國大陸研究》同意我們轉載徐斯儉與徐斯勤兩位教授的文章，以及中研院人文社會科學研究中心《人文及社會科學集刊》同意本書轉載王信賢教授所發表的論文。

　　從本書問世的整個過程來看，我們深切地感覺到，《黨國蛻變》是台灣學術界的通力合作成果，中研院政研所有幸作爲出版者，其實也是在這

整個的合作平台上盡我們的一份力。我們深切期盼，在中國研究的學術合作平台上，可以出現更多的團隊合作形式，產生更好的集體研究成果，並都能與學術界和社會大眾共享。這本書，只是我們的第一步。

吳玉山

九十六年一月十六日

於南港中研院

作者簡介

About the Authors

徐斯儉

　　美國哥倫比亞大學政治學博士（1997 年），現任中央研究院政治學研究所籌備處助研究員，國立清華大學社會學研究所合聘助理教授、國立政治大學國際關係研究中心合聘助理研究員、東吳大學政治系兼任副教授。研究專長為當代中國政治、兩岸關係與國際關係。論文曾發表於 *Issues & Studies*、《中國大陸研究》，曾主編專書《未來中國》，並發表專章於下列專書：《胡錦濤時代的挑戰》、《未來中國》、*China into the Hu-Wen Era: Policy Initiatives and Challenges*。

吳玉山

　　美國柏克萊加州大學政治學博士（1991 年），現任中央研究院政治學研究所籌備處特聘研究員兼主任、台灣大學政治系合聘教授、國科會特約研究。曾任國科會政治學門召集人、中國政治學會秘書長、美國布魯金斯研究所研究員。所獲學術榮譽包括三次國科會傑出獎、教育部學術獎、台大傑出教師獎等。研究專長為比較社會主義國家制度轉型、新興民主國家憲政設計，與兩岸關係理論等。

蔡定劍

　　中國北京大學法學博士（1999 年），現任中國政法大學教授、博士生導師、憲政研究所所長；兼任北京大學人民代表大會與議會研究中心執行主任。並作爲國家行政學院、復旦大學、海南大學、深圳大學等多所大學的兼任研究員或教授。曾任中國人民解放軍總政治部幹事，1986 年至 2003 年底先後供職於全國人大常委會研究室、秘書處秘書組，任職至副局長。先後出版專著《國家監督制度》、《中國人民代表大會制度》、《歷史與變革──新中國法制建設的歷程》、評論集《黑白圓方──法治、民主、權利、正義論集》、《憲法精解》，主編：《中國選舉狀況的報告》、《監督與司法公正》、《國外公眾參與立法》等。在《中國社會科學》、《中國法學》、《法學研究》等雜誌發表論文一百多篇，在《法制日報》、《南方周末》、《中國新聞週刊》等媒體發表評論約二百多篇。曾經擔任美國哥倫比亞大學、耶魯大學的訪問學者，新加坡大學訪問研究員，還在哈佛大學、喬治華盛頓大學、世界銀行法律部、美國國會會計總署、瑞典隆德大學、香港大學等學校進行訪問、講學，在海外發表多篇英文論文。2002 年獲評爲中國全國十大傑出中青年法學家。

楊開煌

　　國立政治大學東亞研究所博士（1988 年），現任銘傳大學公共事務學系教授、中國大陸研究學會理事長。曾任國立東華大學公共行政研究所教授兼中國大陸研究中心主任、東吳大學政治學系教授、中國文化大學中國大陸研究所所長。研究專長爲中共政治、西藏地區研究、社會科學研究方法、社會主義傳播理論。

寇健文

　　美國德克薩斯州大學奧斯汀校區政治學博士（1999 年），現任國立政治大學政治學系副教授、國際關係研究中心第三所合聘副研究員。研究領域為中共政治、政治繼承、政治菁英、比較共黨研究、文武關係。著有《中共菁英政治的演變：制度化與權力轉移，1978-2004》，並在 *Issues & Studies*、《問題與研究》、《中國大陸研究》、《台灣政治學刊》、《政治學報》、《理論與政策》等學術期刊發表文章。曾獲得國科會甲種研究獎勵（1999 年）、政大學術研究成果國際化優良研究獎（2002 年）、政大社會科學院學術研究成果績優獎勵（2004 年，2005 年，2006 年）。

陶儀芬

　　美國哥倫比亞大學政治學博士（2001 年），現任國立台灣大學政治學系副教授。研究專長為中國政治、比較政治、國際政治經濟學，近年研究興趣特別集中在中國大陸中央與地方關係與政治繼承對金融改革、外資政策與總體經濟政策的影響。研究論文曾發表於 *Issues & Studies*、《問題與研究》、《中國大陸研究》等學術期刊。

徐斯勤

　　美國丹佛大學國際研究學院政治學博士（1998 年），現任國立台灣大學政治學系副教授，以及國立台灣大學社會科學院中國大陸研究中心執行長。研究專長為中國大陸政治經濟發展、比較政治、國際關係。研究論文曾發表於 *Issues & Studies*、*Journal of Contemporary China*、《政治學報》、《中國大陸研究》、《台灣民主季刊》等學術期刊。

王信賢

國立政治大學東亞研究所博士（2002 年），現任國立台北大學公共行政暨政策學系助理教授，研究領域集中於國家理論、比較政治、政治經濟學、中國大陸與兩岸關係研究等，曾出版《爭辯中的中國社會組織研究：「國家──社會」關係的視角》一書，學術著作多發表於《人文及社會科學集刊》、《中國大陸研究》、《政治學報》與 *Issues & Studies* 等期刊。

目錄　Contents

圖表目錄　Tables and Figures

圖目錄

表目錄

第一章

黨國蛻變：
中共政權的菁英與政策

徐斯儉

壹、問題意識與緣起

當今的中國，作為一個由極權政體演化而來的非民主政體，卻能以快速的經濟發展和國力的壯大，以大國之姿在國際舞台上出現，對於過去以西方民主政體為理想的比較政治學提出了一個嚴肅的挑戰，我們應該如何歸類、如何描述今日中國的政治體制變遷、又應該如何解釋其政治體制與其政經表現的關係？中國的政經表現及其政治體制的關係，是否挑戰了我們既有比較政治分析的概念與理論？其內在的變化機理又是如何？這是本書的核心問題意識。雖然本書不同的作者在其各自的章節中，未必都直接回答了這個問題，但是以此一問題意識來關照全書，則可以收到綜觀全局的效果，甚至可以在不同的章節之間尋找到好幾條相互對話、相互補充的理論脈絡。

在比較政治學中，始終有幾個令人關注的核心議題。其中之一是基於對於民主價值的肯定，展開了以民主為導向對於政體分類與轉型的研究；另一個則是關注經濟發展與政治變遷的關係。從這兩個角度出發，剛好可以對今天中國的政治體制變遷以及政治發展的前景提出最切中的分析。本

書即是從比較政治學中這兩個宏觀問題意識和理論角度出發，企圖深入中國當今政治體系的內部，以翔實的經驗資料作為佐證，分別從不同的面向提出對當今中國政治體制變遷的描述與解釋。本書希望結合理論的分析和實證資料的支撐，能夠提供一個有理論觀點又有說服力的分析，讓讀者能對中國政治的走向能有更清晰的掌握。

　　在台灣從事中國大陸研究的學者，有著幾重特殊的優勢：第一方面台灣與大陸都有華人文化的共同底蘊，對於語言和社會意義有更好的掌握，因此我們比西方學者更容易從華人文化的角度來理解中國政治的觀點；其次，台灣在 20 年前才經歷過從威權轉型到民主的過程，對於仍處於威權的中國，我們又比早已是民主的西方國家多一分理解；第三，在政治學或者比較政治學上，台灣學者受到比較好的西方社會科學訓練，相對於中國大陸學者而言，能更熟練地運用西方社會科學的理論與概念，從比較的角度研究中國的政治。基於這樣的想法，從 2005 年年中開始，中央研究院政治學研究所籌備處（以下簡稱本處）就邀集了幾位國內研究中國政治的年輕學者，展開了數次的研究工作坊，從各自研究的基礎上，逐漸凝聚了對於中國政體變遷的研究焦點，然後延續數次工作坊的共識和動能，本處在 2005 年 11 月舉辦了「中共政權變遷：菁英、體制與政策」的研討會。此次研討會不僅由幾位國內年輕學者提出論文，我們還邀請了資深的國內中國大陸政治研究學者楊開煌教授，更榮幸的是我們請到了在中國大陸具有很高學術聲望的蔡定劍教授，也一起參與論文的發表。在這場盛會的論文基礎上，我們編成了此書。這也是本處與五南文化事業機構所合作的「中研政治系列叢書」的第二本書，我們秉持著專業的嚴謹與對於中國現實政治的關懷，希望能為台灣的政治學和中國研究留下一次學術社群對話的紀錄，也希望能為相關研究的學者和學生，以及社會各界關心兩岸及中國大陸發展的先進人士，提供一個有用的參考。當然，這本書是否能在浩瀚的

中國研究文獻中，顯示出台灣學界獨到的觀點，提供與中國大陸和西方學界對話時特有的角度，那就要留給讀者們仔細閱讀本書之後細細地去體會了。

貳、本書核心論述架構：黨國蛻變的邏輯

作爲本書的導論，本文嘗試從本書的各章中幾條相互對話的線索，建構一個認知今日中國政治體制的概念架構。這個概念架構是由三層變項構成的：第一層變項是政體結構性變項，第二層變項是菁英互動關係的變項，第三層變項則是政策影響與後果的變項（見圖 1-1）。第一層的結構性變項有兩個，一個是極權體制的遺緒，這又包括了兩個方面，一個是極權體系正當性基礎的轉變，這是指由魅力型轉向傳統型或法制型，或者說由意識型態轉向經濟發展作爲正當性基礎；另一個是指黨國體制本身作爲一種政治制度的頑強存續，也就是整個政治體制的各個層級仍然維持著以「黨委」爲核心的一種一元化領導體制，權力非常集中。第二個結構性的變項，則是中國也出現了類似東亞四小龍那樣以技術官僚爲主導、以追求經濟發展爲目標的「發展型國家」傾向，此種傾向也受到第一個結構性變項的影響，也就是後極權政體愈來愈以經濟成長爲其正當性基礎，且各級地方政府在從計畫經濟轉型到社會主義市場經濟的過程中，受到「放權讓利」改革策略的影響，也紛紛扮演起「地方發展型國家」的角色，爭相以其地方政府自身的行政權力，大力發展其地方經濟，且彼此產生競爭。

此兩種結構性的變項對於政治菁英層次的行動與互動產生了兩種影響。第一種影響是在中央菁英的部分，也就是中央菁英之間的競爭關係。從毛澤東到鄧小平都還有革命第一代、第二代人的魅力型權威，因爲他們在參加革命的過程中靠其黨內資歷、參戰經驗、廣泛人脈、政治鍛鍊，形成了

以其個人人格爲基礎的權威，此種個人性的魅力權威隨著離革命建國的年代愈來愈遠，並隨著國家政治生活的常規化，必然會在往後的領導人身上變得愈來愈淡薄。因此之後的中央菁英，必然要以其他型態的權威取代魅力型，如果用韋伯（Max Weber）對權威的三種理念型來說，就包括「傳統型權威」（如六四後元老合議指定江澤民和隔代指定胡錦濤爲第三代、第四代領導人）、以及「法制型權威」（如各種黨內文件或國家法律法規）。當中央菁英不能再以個人魅力作爲正當性來源時，也就沒有任何一位中央領導人具有先天高於同輩的權威基礎，如本書寇健文所說，他最多只是「同輩中的第一位」（first among equal）。在此情形下的中央菁英彼此之間，存在著較從前更爲平等的關係，也可說存在著較從前更強的權力競爭關係。這種中央菁英之間的權力競爭關係，尤其在權力繼承之前表現得更爲明顯，而在權力繼承之後也使得新繼承者需要一段鞏固權力的時間。

　　第二種影響是在地方菁英層次，也就是表現爲政治菁英層次的第二種變項──地方菁英之間彼此的發展競爭以及「發展的機會主義」，這主要當然是受到前述各級政府的「發展型國家」心態和行爲模式的影響；另外一方面，黨國體制一元化的領導和權威結構、以及過去計畫經濟所遺留政府干預經濟的慣性，也強化了這種以各級政府爲主導的經濟發展傾向。這裡所謂的「發展機會主義」，主要是指各個地方政府爲了追求本身區域內投資、經濟發展、及財稅收入成長的目標，憑藉其具有強制性或壟斷性的政治和行政權威，採取不顧宏觀負面後果的種種作爲或措施（包括通貨膨脹、經濟過熱、重複投資、稅賦過度減免、壓低土地價格、放鬆環保勞動管理執行標準、不按照規定徵收土地房產或不按規定進行補償、限制本地以外廠商在本地的商業競爭、其他保護本地產業的地方性政策、貪腐、尋租、壟斷、或對社會不滿進行壓制等等）。這種爲了求取地方局部經濟發展，或財稅收入而不顧宏觀負面外部效應的政府行爲，稱之爲「發展的機

會主義」。

　　中央層級政治菁英的權力競爭關係、以及地方菁英的發展競爭及其發展的機會主義兩者之間也有互為因果的關係，在極權遺緒和發展型國家兩種「黨國蛻變」的結構性因素影響下，中央與地方菁英之間的互動便產生了本書作者群所提出的一系列觀察和論述，也構成了當前中國作為一種「後極權發展型國家」政權的基本變遷動力。這種蛻變的變遷邏輯產生了一系列的政策影響，這包括社會對憲政和政改要求的提出、黨國對此要求的有限回應（蔡定劍）、中央菁英「集體領導決策模式」的形成、「民本政治路線」的提出（楊開煌）、政治繼承制度化的累積（寇健文）、中央菁英企圖實施強化監督的政治改革時所表現出的「軟紀律約束」（徐斯儉）、地方經濟擴張所形成的政治經濟景氣循環（陶儀芬）、在地方不負責任的經濟擴張所形成的高通膨之後，中央反過來利用地方在中央的政治地位成為有利於進行宏觀調控的條件（徐斯勤）、以及最後各部門的經濟擴張衝動使他們以組成民間社團的方式進行經濟尋租（王信賢）。圖 1-1 將上述本文的核心論述架構做出因果關係的整理。圖中的塊狀是各層變項，箭頭表示因果方向。由圖左側的政體結構變項，通過中間菁英互動的過程，表現為右側政策的變遷，完整地表現出黨國蛻變的動態與邏輯。本文認為，在黨國蛻變的過程中，將結構因素最終傳導到政策後果，是中間的菁英互動因素。但這裡的菁英互動，實際上又是鑲嵌於蛻變的結構中，其角色及行為的動機是受到蛻變中黨國結構的制約，且在週期性權力繼承的結構性因素導引下，產生了各章作者所描述的政策後果與現象。

圖 1-1 黨國蛻變下菁英互動與政策的變遷邏輯

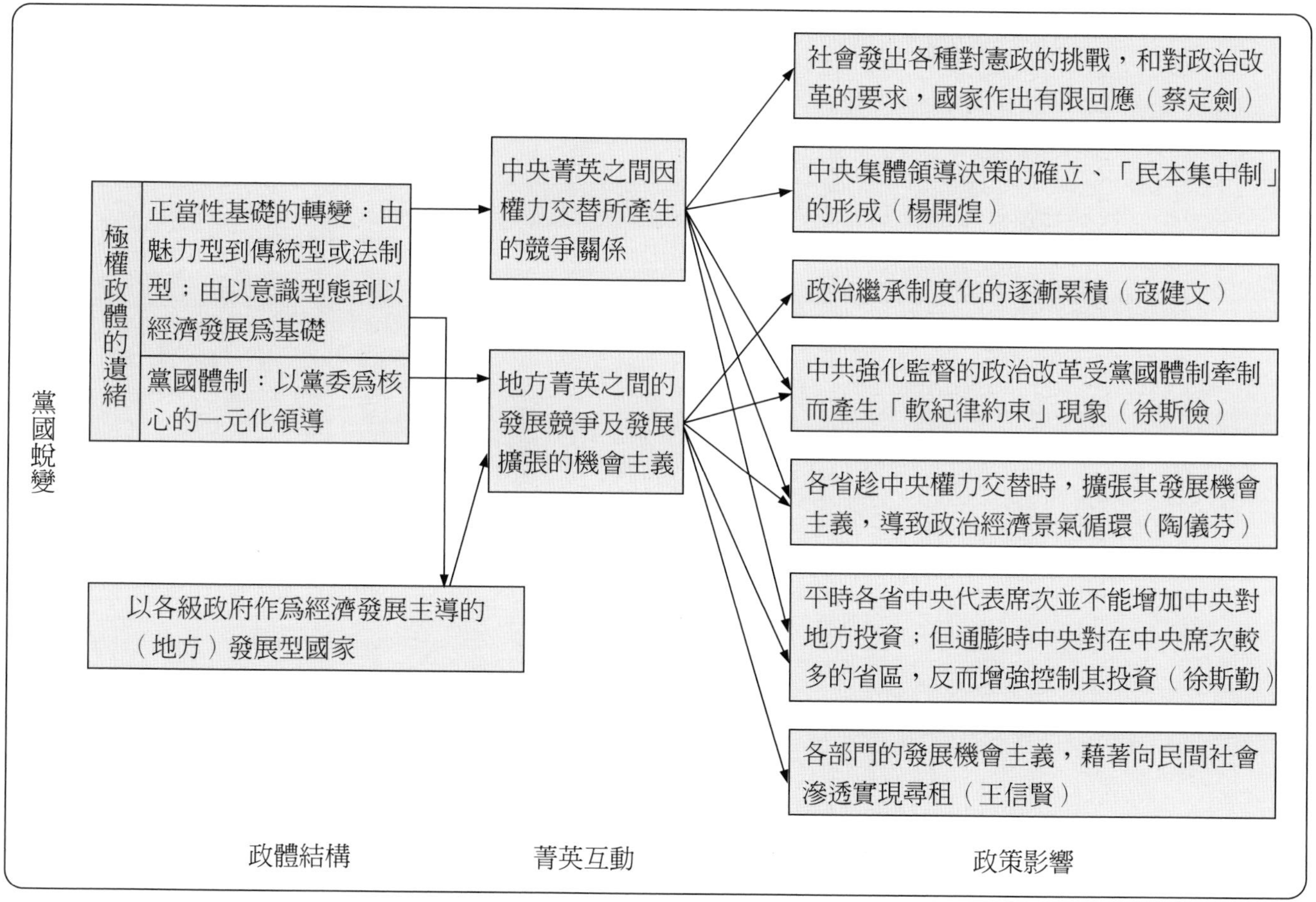

社會發出各種對憲政的挑戰，和對政治改革的要求，國家作出有限回應（蔡定劍）

中央集體領導決策的確立、「民本集中制」的形成（楊開煌）

政治繼承制度化的逐漸累積（寇健文）

中共強化監督的政治改革受黨國體制制約束「軟紀律約束」現象而產生（徐斯儉）

各省搶中央權力交替時，擴張其發展機會主義、導致政治經濟景氣循環（陶儀芬）

平時各省中央代表席次並不能增加中央對地方投資；但通膨時中央在對中央次席投資多的省區，反而增強控制其投資（徐斯勤）

各部門的發展機會主義、藉著向民間社會滲透實現尋租（王信賢）

政策影響

中央菁英之間因權力交替所產生的競爭關係

地方菁英之間的發展競爭及發展擴張的機會主義

菁英互動

極權政體的遺緒

正當性基礎的轉變：由魅力型到傳統型或法治型：由以意識型態到以經濟發展型基礎

黨國體制：以黨委為核心的一元化領導

以各級政府作為經濟發展主導的（地方）發展型國家

政體結構

黨國蛻變

參、本書各章論述

　　從上述的架構出發，以下對本書各章的內容做一個概述。首先，蔡定劍的文章做了一個非常宏觀的觀察，基本上他跨出了黨國體制內部的邏輯，從一種「國家社會關係」的鉅視角度對當今中國的政治變遷提出了分析。他認為，由於現在的中國處於一種轉型期中，面臨各種社會與政治危機，在此情況下的中國社會已經向國家提出了強烈的「憲政」與「政改」的要求，這包括了維權、媒體監督、要求違憲審查等。相對地，他也描述了國家主要是以「法治政府的建設」作為回應，包括建設透明限權政府、官員問責制、審計風暴等等。蔡定劍認為社會的危機往往反而是促使國家朝向憲政轉化的契機，只有國家能真正持續回應民間而不要採取打壓的態度，不斷進行法律和制度的改革，才能使中國通過一個法律化的途徑走上民主憲政道路。不過蔡定劍並未對此前景提出評估，雖然他點出政府是否能回應是真正的重點。對此問題，本書其他的文章（徐斯儉）倒是提出了一些分析的觀點。

　　但在回應此問題前，先讓我們回到黨國體制的內部邏輯來一步步推演。楊開煌的文章在對第四代的領導決策的觀察中指出，與前幾代領導相比較，中央菁英之間愈來愈趨於平等的關係，使得目前第四代領導人開始真正落實「集體領導」的決策模式，這種真正的集體領導模式，其實也是過去強人時代不曾真正經歷過的，第四代領導人也在不斷摸索如何在此種集體領導的模式下更好地做出決策，因此才會出現所謂「決策的科學化、民主化」的趨勢。另一方面，正是因為整個政權正當性基礎已經轉變，需要從其他方面尋找正當性基礎，這便可以解釋楊開煌所觀察到第四代所提出具有強烈中國傳統「民本」色彩的政治主張與論述。

　　其次，寇健文的文章比較了蘇聯與中國的政治繼承，找出了一個頗具

有反諷意義的理論發現，即該文認爲兩國出現不同程度政治繼承制度化路徑歧異的關鍵，在於領導人主要權力來源的差別──「個人權威」或「職務權力」。該文認爲，「個人權威型」領導人在建立歷史功勳的過程中，讓追隨者對他產生敬畏感與信任感，因而具有建立新制度、或是改變既有制度的能力，但「職務權力型」領導人則更需要爭取「推舉人團」多數支持，無法承受過多反彈壓力。放在本書的解釋架構中來看，就是說中國趁著領導人還有「個人權威」時，還不需面對強烈的中央菁英競爭（因此也不需爭取地方菁英支持）時，就開始了菁英繼承制度的建立，這樣便有利於此種制度的累積。這裡反諷之處在於，原來在從極權轉化的黨國蛻變過程中，制度化的改革反而要靠非制度性的個人權威來確立。

順著這個邏輯，徐斯儉的「軟紀律約束」可說有著相映成趣的觀察。徐斯儉的文章指出，十六大之後的中共在進行強化監督的政治改革時，受制於不僅絲毫未變、甚至還受到強化的黨國體制，也就是以黨領政、以黨委爲核心的各級一元化領導結構，結果各種朝向具有「權力分立」傾向的外部監督改革嘗試都受挫。這正好印證了上述菁英競爭與制度化之間的因果關係，按寇健文的邏輯來說，就是因爲中央菁英的個人權威下降，其權力競爭關係愈趨激烈，導致了中央菁英難以眞正推開具有「制度化」傾向的政治改革。該章節還結合了地方發展型國家的邏輯，論述地方菁英面對這些由上而下所發動之強化監督的政改時，其政治計算和應對的機會主義心態，如何使黨國的這種「硬化紀律約束」的改革努力徒然遭遇被「軟化執行」的命運！這是受到黨國內在遺緒邏輯的牽制，使任何超越或破壞黨國一元化領導的改革無法推行。這個判斷間接地回應了對於蔡定劍文章所沒有提出，也沒有回答的問題，那就是究竟「國家」是否或多大程度會「回應」社會的改革要求？這並不取決於中央菁英的心態或者社會對民主的渴望，而取決於中央菁英在黨國的體制邏輯內，受到地方菁英牽制的程度。

　　由於中央層級政治菁英在權力繼承的過程之中處於彼此競爭狀態，有可能需要地方菁英的支持，或者忌憚於地方菁英不肯認真執行其政策。這種中央政治菁英彼此的競爭關係，使得中央菁英作為一個領導集體，面臨了想改革卻又不敢改革的集體囚徒困境，其集體政治權威因此可能下降，如此無形中便鼓勵了地方菁英的機會主義。而地方菁英發展擴張的機會主義可能導致如陶儀芬所說的「政治經濟景氣循環」中的經濟過熱，雖然個別地方菁英或許會受利於其一味擴張發展的機會主義作為，但這種作為的宏觀負面後果卻削弱了中央領導人的政績，迫使中央領導人必須重新整飭宏觀經濟秩序，進行宏觀調控，這樣便形成了經濟景氣的收縮，如此便完成了一次的政治經濟景氣循環。

　　徐斯勤的文章指出，過去的文獻的確顯示出地方經濟擴張導致通膨現象，但是他懷疑中央與地方的關係是否會真的如謝淑麗和楊大利所說，呈現出地方菁英透過在中央委員會和政治局的席次，來有效影響投資議題上所獲得的資源分配。他以具體的經驗資料驗證了在 1993 年後的後鄧時代，中央菁英與地方菁英在投資上所表現的權力關係。他發現在沒有通膨的平時，除了直轄市以外，其實在中央有更多代表席次的省區，並不能比其他省區爭取到更多的資源分配，而這屬於省區之間的水平權力競爭關係現象。另一方面，徐斯勤也發現，當通膨產生時，這時才有中央與地方之間垂直型權力競爭的格局存在。此時，在中央有比較多席次的省區，反而比較不能夠抗拒中央的投資撙節政策。雖然徐斯勤在文章中並未明白回答，為何在中央有較多代表席次的省份比較無法抵抗中央的投資撙節政策，但本文認為有兩種可能的解釋：一種是中央對他們壓縮更多是作為對其他省份的示範，有殺雞儆猴的味道；另一種可能的解釋是，當中央處理通膨時，往往也是處於非政治繼承的時期，較不用顧慮地方的支持，且這些在中央有較多席次的省份，其既得利益也較大，比較可與中央在其他方面進行交換。

簡言之，後鄧小平時代缺乏個人權威的中央領導，在對地方的投資上並沒有真的受制於地方在中央代表席次的影響，而仍有一定的主導性，這在控制通膨時尤其明顯。徐斯勤的研究是在間接承認地方存在發展機會主義的前提下，發現中央仍然有權力控制地方機會主義所產生的通膨。他的研究告訴我們，圖 1-1 所顯示的中央與地方菁英的互動，遠遠不是一個非黑即白的圖像，而更像是一場還在不斷進行的博弈。

最後，王信賢的研究透過對「行業協會與商會」和「經濟鑒證類中介組織」的案例分析發現，當今中國市場中介組織或經濟社團的出現並非是一種由下而上的「社會主導型」的市民社會的萌發，而是由黨國體制內各部門衍生之「官方主導型社團」（GONGO, government organized NGO）所形成的、延續其在「市場轉型」下原有各部門爭奪壟斷利益的結構，此種黨國部門向市民社會延伸的模式，王信賢稱為「自利官僚競爭模式」。這些部門的位置與地方菁英相同，都是趁著中央對其紀律監督軟弱的情況下，毫不手軟地採取擴張其局部利益的機會主義行為。這種行為模式不僅印證了本文核心架構中所說的地方菁英機會主義的觀察，更導致了地方菁英與社會間的矛盾與緊張。這也回應了蔡定劍所說，為何社會不斷向黨國提出實現憲政和政改的強烈要求。

肆、黨國蛻變下的中央地方與社會的互動關係

在蛻變的黨國體制之下，中國的政治宏觀變遷方向為何？在本書各章的論述中，我們不難觀察到，實際上這不止牽涉到圖 1-1 中所說的中央與地方菁英的互動問題，還牽涉到蔡定劍和王信賢所說整個黨國體制與社會互動的問題。換句話說，要看清楚中國政治在黨國蛻變下的變遷走向，必須要分析「中央菁英」、「地方菁英」、與「民間社會／公民」三者之間

的互動。圖 1-2 畫出了這三角之間的六組互動關係，並將本書各章論點放進此一架構，看看我們可以得到怎樣的動態觀察。

　　從圖 1-2 我們可以看到，總共有三場博弈在進行：中央與地方菁英之間的博弈、地方菁英與民間社會的博弈、中央菁英與民間社會的博弈，但這只是第一階的分析。第二階的分析，則可能產生中央連結地方菁英（作為黨國體制共同體）共同打壓民間社會、地方菁英連結民間社會共同欺騙中央（為了共同的地方經濟發展利益）、以及中央菁英連結民間社會共同聯手制約囂張進行著「發展機會主義」的地方菁英等三種可能。如果真的從博弈論的角度，還會牽涉到信息是否對稱問題、行動順序的問題、以及

圖 1-2　黨國蛻變下中央、地方與社會的互動關係

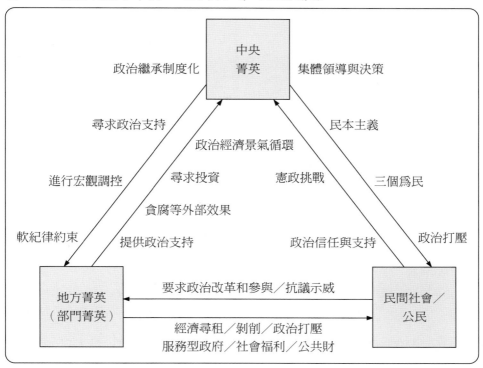

每個行動者策略和資源問題，其所導致的互動結果都不盡相同。在此，作為本書的導論，本文並不企圖以博弈論來窮盡這些可能。但是這樣的比喻卻可以有助於我們想像，在黨國蛻變的邏輯下，這些博弈如何形成整體宏觀政治的變遷機制與動力。

首先，我們可以看到，中央與地方菁英之間，中央菁英會尋求地方菁英的支持，但也會對地方進行紀律約束（雖然結果往往是軟的）以及宏觀調控；地方菁英對中央菁英可以提供其政治支持、或者尋求中央的經濟投資，但其機會主義也會帶來貪腐等外部負面政治效果，或者經濟上形成政治經濟景氣循環；中央菁英對民間社會可以實行「民本主義、三個為民」的政策和路線，但也可以進行無情的打壓；民間社會對中央菁英可能提出憲政改革的挑戰，但也可能提出政治信任與支持；而地方菁英對民間社會，可以提供社會福利或其他公共財的服務，但也可以因為其發展機會主義進行經濟尋租、剝削、及無情的政治壓制；而民間社會對地方政府則可以提出政治改革和參與的要求，或者示威抗議。每個行為者對對方都有不同的選項，問題是怎樣的條件下才有可能達到對彼此都提出好的回應，甚至形成良性循環。

在這個三角關係中，中央菁英與地方菁英構成了所謂的「黨國體制」，雖然作為黨國的一份子，具有作為統治者的天生共同利益，但是顯然他們對於民間社會卻也有著不同的想法與利益關係，甚至就在中央菁英與地方菁英兩者之間還存在著矛盾重重的博弈關係。這是我們關注的焦點，是黨國體制本身內在的權力一元化特性與其正當性基礎的轉變，始終牽制著中央對地方的監督，也始終讓地方菁英有進行發展機會主義行為的空間。而他們作為具權力壟斷性黨國統治者的共同利益，又使得民間社會無法或難以尋找在黨國內部的代理人，而天生處於權力的弱勢地位。這些都是黨國蛻變下具有強烈延續性與穩定性的結構遺緒。

在這些結構遺緒下，中央想要拉民間社會牽制地方菁英，或者民間社會想要引進中央力量匡正地方菁英的機會主義行為，都只能是一種結構上的「弱連結」。但中央與地方共同打壓民間社會卻是再自然不過、且可以行之有效的行為。如果要打破這種結構，除非中央菁英將合法性來源轉為直接尋求來自民間社會的制度性支持，才能得到夠強的正當性來制約地方菁英的機會主義行為；但是這麼做的同時，就是要打破與地方菁英間作為統治集團的一體性共同利益，很可能中央還沒有建立起與民間社會的制度性連結，說不定就已經遭到地方菁英在黨國體制內部的反撲。就算中央菁英在權力繼承愈來愈制度化之後，也仍將不可避免地必須透過制度化的競爭來爭取地方菁英的支持。因此這種黨國體制內部的政治繼承制度化未必會導致整個政治體制的民主化，或許剛好相反，會使得中央菁英必須更加制度化地受制於地方菁英，如此要打破這種相互依賴的權力共同體格局勢必會更加困難。

在政治繼承中站穩腳步的中央菁英，最多也只能在下一輪權力繼承的週期到來之前，趕緊藉著由上而下的方式整飭先前已經太過囂張的地方菁英，以平緩整個黨國與社會之間的緊張關係。但是一旦到了下一輪政治繼承的週期即將到來之際，中央菁英又要陷入相互競爭的結構，其囚徒困境勢必再現，地方菁英必定不會錯過這個機會大肆遂行其發展的機會主義，黨國與社會的矛盾又要深化。如果這樣的循環進行兩三次，我們會發覺中央菁英進行制度性改革的政治權威必然會愈來愈稀薄，地方菁英的機會主義動機也必然會愈來愈肆無忌憚，而民間社會則會逐漸看穿這場遊戲，對中央菁英改革的寄望恐怕也會逐漸幻滅。

在結構不變的前提下，唯一能緩和此種惡化趨勢的可能是，中央領導人在權力繼承後能迅速完成其對於地方人事的部署，使得中央領導人能夠控制大部分的地方菁英，使其能通過鬥爭政敵派系、鞏固己方派系來強化

軟化的紀律約束，並且有效節制地方發展的機會主義，那麼或許中央可以有足夠的政治權威展開一些具有制度化性質的改革。不過中央領導人仍然必須面對如何回報地方菁英的問題，讓地方菁英力挺中央的各種改革，如果沒有回報，地方菁英心甘情願永遠的支持是難以為繼的，但以政治升遷來回報的機會永遠是稀少的，而讓地方自己尋求經濟發展卻是可以大方放送的，尤其當經濟需要刺激的時候。這也許是為何人事鬥爭、發展的機會主義、以及無法貫徹的政改，往往在中國會不斷循環出現的原因。

這樣的推論或許太大膽，但這畢竟是建立在本書上述分析之上所得出的觀察。或許未來的發展會否定這樣的推論，但至少我們有一套具系統性且可推論的假設作為觀察驗證的根據，希望關於中國政治的研究與知識也可以因為本書得到累積和推進。

伍、結語

本書主要是台灣一批中國研究的政治學者，對於當前中國大陸的政體性質及政體變遷提出某種詮釋的一次嘗試。在本書的結論中，本處的吳玉山主任更以具有歷史和地理大跨度的宏觀視野，將「後極權主義」及「資本主義發展國家」兩個概念的揉合及特殊組合，作為現在中國大陸政體定性的理論架構。此種理論架構其實也是貫穿本文作為導論背後的理論思考脈絡，為看似分開但實際上卻緊密連結的各章提供了一個具有整體觀的靈魂。

當然，即使同樣從政治學或比較政治的理論對話出發，本書所提出的論述未必是唯一可能的詮釋或觀察。本書的論述甚至也有一些無法涵蓋的面向，譬如社會運動或公民社會本身的脈動如何影響黨國的走向、國家機

器又如何以不同的策略回應社會的挑戰與反饋、以及對於政治派系提出較爲詳盡的分類與測量，這些題目都沒有在本書中被詳細地處理。但相對於坊間或學界其他的專著，本書更集中聚焦於「黨國體制」本身，解釋並描述其蛻變的內在邏輯、走向、可能、及限制。本書大部分的章節是由多次工作坊累積心得及接續其後的一場學術會議的論文所組成，但本書編者及多位作者從工作坊一開始就嘗試凝聚大家共同分析的架構和概念。作爲本書的導論，本文大膽提出本文作者認爲那些隱藏並貫穿於各章之間，但卻尚未被各章作者明白提出的整體分析架構。而本書的結論又提出了一種宏觀的理論總結，賦予了本書與相關文獻之間一個清楚的對話位置。希望本書能爲各界研究中國大陸或對中國大陸有興趣的朋友們，提供一個有用的分析工具，以及一張認識中國大陸黨國體制蛻變的最佳指引地圖。

第二章
中國社會轉型時期的憲政發展

蔡定劍

壹、中國社會轉型及其危機

中國經濟近十多年來都以每年 8% 左右的速度增長，2004 年中國 GDP 達到 136,500 億元人民幣。[1] 中國的城市日新月異地發生變化，中國公民的財產正在迅速增加，中國人由過去的「無產者」[2] 變成有產者，擁有自己的房子、企業、投資等。中國公民的存款年年大幅度增長。[3] 中國大多數人的生活水平都有很大的提高，發達地區的生活和消費水平已經達到「國際水平」。中國經濟發展的成就是巨大的、舉世矚目的。

在經濟增長的同時，中國的貧富差距逐漸在拉大，基尼係數已經達到 0.5，[4] 相對貧困化在增長，城鄉失業情況仍然嚴重。[5] 中國人的生存狀況沒

---

[1] 本文貨幣單位均爲人民幣。

[2] 1980 年代以前，中國人除了擁有爲數不多的生活所需資產外，幾乎沒有其他財產。

[3] 2001 年存款總額達到 7 萬億元，到了 2004 年達 11 萬億元。

[4] 根據中國社科院經濟研究所的研究，2004 年中國的基尼係數已經達到 0.454（新華網，2004a）。復旦大學經濟研究所的研究結果是 0.5（吳敬璉，2005）。

[5] 據勞動和社會保障部提供的數字，截至 2004 年三季度末，中國城鎮登記失業人數爲 821 萬人，登記失業率爲 4.2%，它不包括沒有登記失業，但在企業待崗和提前退休（四十多歲和五十多歲就離開工作回家領較低的工資）的人員（中華人民共和國勞動和社會保障部，2004）。

有隨經濟發展而同步提升，在某些方面出現相對倒退。[6]（這裏包括人們對生活感受相對惡化、環境的破壞、農村的基礎教育和農村醫療衛生沒有太大的進步，有些方面還倒退，社會治安狀況無疑更糟等。）

在現代化發展過程中，產生了一系列社會問題，大規模流動人口造成很多城市邊緣群體，如外來進城打工人員受歧視、青少年吸毒、賣淫、流浪乞討等成為社會問題。過去計劃經濟政府全方位行政管理手段已經打破，現代治理方法和秩序沒有建立，政府對社會的有效管制嚴重失靈，秩序主要靠處罰和強力維持；農村正在經歷現代化和城市化衝擊的崩潰和瓦解，傳統對農村採取行政手段的治理秩序已經打破，新生長的村民自治制度沒有建立起來，村民與政府的關係已經不適應，基層政府與農民處於高度緊張狀態。

政府腐敗在高壓打擊下不但沒有得到有效遏制，而且呈嚴重趨勢：一、腐敗呈瀰漫狀態。腐敗不僅是少數官員，而是幾乎滲透到每個國家機關。如國家機關利用自己的權力和資源謀取不正當利益的行為是很普遍的，並被認為是正常的。[7]二、腐敗呈窩案狀態，揪出了一個貪官常常帶出了一窩。如黑龍江省綏化市委書記馬德案牽連出行賄受賄官員達二百六十多人。三、腐敗高官化、嚴重化。根據中央紀委和監察部公布的統計數字，2004年全國紀檢監察機關共立案 166,705 起，給予黨紀和政紀處分 170,850

6　根據聯合國開發署作出的《2002 年世界人類報告》（*Human Development Report 2002*）中指出，當中國的人均收入在全世界排第 123 位的時候，中國的人類發展指標排在第 111 位。說明中國可以用較低的人均收入實現較高的人類發展指標。2000年，中國的這兩項排名雙雙列在第 96 位。2001 年，中國的人均 GDP 排第 102 位，而人類發展指標排在第 104 位（United Nations Development Programme, 2002）。

7　同樣是政府機關，不同部門的工資、獎金、福利大不相同，如教育部門可以向學生收費來提高待遇，公安機關的獎金和辦公設備與罰款有關，法官的收入和辦公設備與收取訴訟費有關。

人，其中縣處級幹部 5,966 人，廳局級幹部 431 人，省部級幹部 16 人（李至倫，2005）。[8] 四、腐敗向司法蔓延，僅 2004 年就有兩位省高院院長和檢察院檢察長因貪污受賄被查處。[9] 官員貪污受賄情況驚人，2004 年檢察機關查處涉嫌貪污賄賂犯罪 35,031 人，其中貪污賄賂、挪用公款百萬元以上的案件達 1,275 件，立案偵查涉嫌犯罪的縣處級以上國家工作人員 2,960 人，其中廳局級 198 人，省部級 11 人（賈春旺，2005）。

　　社會公正失衡。過去經濟發展很大程度上是建立在損害一部分人權益而另一部分人受惠的基礎上。首先，分配正義不公正。這主要是政府政策不公正導致的。如在地區經濟發展政策上給予一些地方優惠，導致地區利益分化。[10] 在對不同所有制經濟的政策上，如對私營經濟長期在金融、對外貿易等領域給予不公正的待遇。地方政府為吸引投資而不顧勞工保護，容忍血汗工廠和血淚礦山的存在，使投資者獲得不當高額利潤。政府批准上市公司的虛假包裝上市圈錢，以犧牲大量中小股民利益為代價。城市現代化的過程很大程度上是政府「經營城市」的結果，[11] 今天城市的快速發展和繁榮，使很多農民和城市居民的利益做出巨大犧牲。

　　其次，社會財產和資源嚴重分配不公。主要表現在三個方面：一、國有資產通過無序的轉制和大量侵吞被嚴重不公正地瓜分；二、不合適的分配政策，導致社會收入分配不公。如在政府壟斷的經濟領域（如金融、電信、航空）有很高的報酬；國有企業管理者可以自定年薪，最高管理者可

---

[8]　李至倫於 2005 年 2 月 16 日在國務院第三次廉政工作會議上的發言。

[9]　被查處的有湖南省高級法院院長吳振漢、江西省檢察院檢察長丁鑫發、黑龍江省高級法院院長徐衍東和檢察院檢察長徐發（新華網，2005a）。

[10]　如二十世紀 1980 年代實施的發展東部沿海戰略，給予很多經濟上特權，並吸引了中西部大量的廉價勞動力和優秀人才，導致落後地區的人才流向東部。

[11]　「經營城市」的秘訣在於以超低價從市民或農民手裏拿走土地，然後以高價賣給開發商，政府和開發商獲取巨額利潤。

以數百倍於工人工資。三、教育資源分配嚴重不公正，政府在沒有保證農村義務教育的情況下，在城市卻實行高標準的教育，在基礎教育沒有保證的情況下，畸形發展高等教育；[12] 在義務教育不保的情況下，大量的科研經費被不公正地分配和無效地使用；高考招生給各省份配名額不公平，造成高考錄取分數的很不平等。

司法不公問題突出。過高的訴訟費用導致案件不能公正地受理；地方保護主義導致一些跨地區的經濟糾紛不能公正地處理。法官腐敗枉法導致處理案件不公。由於司法不公導致涉法上訪案件大量上升。[13]

社會歧視現象嚴重。由於市場經濟和競爭優勝劣汰機制，使雇傭歧視現象嚴重。中國歧視現象無所不在，包括城鄉、戶籍、性別、年齡、政治身分、健康和殘疾人、身高、長相等各方面都存在嚴重的歧視。歧視領域涉及勞動就業、公務員錄用、公職人員晉升、政治參與和教育等方面。

從上可見，社會並不因經濟發展和人民生活的改善更加穩定和諧，相反地，由於只顧經濟發展而沒有充分顧及社會利益平衡和社會公正，社會矛盾和社會衝突不斷加劇。舊的問題沒有解決，新矛盾在不斷積累，社會出現更加不穩定因素。上訪人群近年連年攀升，2001 年國家信訪局受理來信 21 萬件，2002 年增加到 37 萬件，2003 年是 39 萬件，2004 年則更是大幅度增長，僅 1 月至 7 月信訪數目就比去年增長約 124%，全年信訪數目約 48 萬件。[14] 上訪的社會熱點由過去國有企業改制工人生活沒有保障，

---

[12] 大量擴招大學生，特別不適當地擴招碩士研究生、博士生，佔據了本來就不豐富的教育資源。

[13] 對司法不公的申訴上訪是中國四大上訪焦點之一，其他三個問題是企業職工下崗和生活保障、城市房屋拆遷和農村土地徵用。

[14] 群體上訪大量增加。分別比去年上升 41% 和 44.8%。其中，50 人以上的集體上訪批次和人次，分別比去年上升 33.3% 和 39%；單批集體上訪人數最多的達到八百多人。同時，更為激烈的抗爭活動也時有發生。2004 年 1 月至 7 月，國家信訪局接待集體上訪的批次和人次分別上升 174% 和 144%（國家信訪局，2004）。

農村亂收費和教育亂收費，部分軍隊轉業幹部和教師要求解決待遇，農村執法粗暴等，發展到對司法不公和司法腐敗問題，農村土地徵用和城市房屋拆遷問題，農村基層民主選舉和村幹部腐敗問題。社會的不滿情緒在增長，群體性抗議活動在不斷發生。與此同時，一些新的潛在社會問題越來越突出，如城市高檔社區裏的物業管理中的業主與物業管理者的衝突，導致新的抗議活動。由於大學的高速擴招，大學生就業問題越來越嚴重。[15]村民爲了爭取自治權利和生存環境的保護問題也成爲引發矛盾的焦點。

犯罪問題越來越嚴重。2003 年公安機關刑事案件約 439.4 萬起，殺人、搶劫、綁架、爆炸、投毒等財產犯罪和惡性犯罪情況嚴重，2004 年僅各類致人死亡的案件就有 3.78 萬起（萬興亞，2005）。

道德和文明失落。中國傳統儒家文化在近代以來就一直被批判；毛澤東時代建立共產主義的理想和利他主義道德文化在開放的市場經濟條件下失去了基礎，不再被普遍信奉；而西方的道德觀念也不被官方正統地承認，當前中國處於文化道德迷茫中，缺少一種高尚、健康的精神、文化和道德觀支撐，追求個人利益和金錢成爲人們最重要的目的。由於生活缺乏信仰，人們除了生計問題以外的時間幾乎就是打麻將、賭博、搞迷信等。

中國經濟改革，社會經濟轉型向何處去？它不可能是按經濟學家的邏輯，社會物質財富增加，一些人富裕之後，人們滿足了物質欲望就可以過上幸福安樂的生活。沒有政治信念和道德信念只充滿物質慾望的社會一定是個混亂不安寧的社會。當一個社會權威政治迷散之後，或者由新的個人權威所取代，或者由民主的權威所取代；當一個社會的道德價值觀迷失之後，人們必然沉溺於紙醉金迷。中國需要重建新的道德價值體系，才能建立一種和諧和有秩序的社會。而道德價值觀需要一個具有合法性的、有權

15　（編者按：「高校」即「大專院校」。）截至 2004 年 9 月 1 日，全國普通高校畢業生平均就業率只爲 73%（新華網，2004b）。

威、有道德的政府才利於建立。所以，克服中國社會目前轉型時期面臨的種種危機，關鍵在於建立一個民主法治的、**被人民信任和尊重的政府**。

中國的經濟發展和繁榮，給中國帶來了生機，同時也帶來了社會的危機！從各國憲政發展史看，危機往往是憲政的起因。這種危機大多是社會轉型時期，利益調整和分配不公造成的。社會不平等和正義的缺乏成為許多社會矛盾引發的根源。利益的個體化是公民權利的基礎，任何政治權利的發展都是出於對利益的衝動，權利的保護要求又是法治和憲政的動因。在利益日益分化的情況下，各種獨立利益的表達衝動顯然已經不可遏止。這種新湧動的權利衝動，可能是危險，也可能正是推動走向憲政的力量。中國要走向和平的憲政之路，就需要下面這種公民社會與政府的良性互動，通過這些互動促使上述社會矛盾的不斷解決。

貳、公民的憲政努力

中國市場經濟改革對政治發展提出了新的訴求。市場經濟的發展，公民財富增加，獨立、多元經濟主體的成長和壯大，獨立人格、公民社會正在形成，多元化的利益產生多元的權利訴求，中國公民開始越來越強烈地、自發、自覺地為自己的權利而鬥爭，權利保護要求通過社會的、傳媒的、司法的和政治參與的各種途徑表現出來。這就是近兩年中國社會權利與法律衝突的活躍景象，它使我們強烈地感受到，來自社會民間的力量正在強烈地衝擊著中國的政治體制，呼喚著人權、法治、民主，推動國家向憲政發展。這些力量主要有以下方面：

一、公民自主自發的政治參與

(一)「我要當人大代表！」

　　2003 年，中國進行全國五級政府人大代表換屆選舉，3 月，在深圳市區人大代表選舉中，出現了公民主動站出來自薦競選[16]人大代表的不同凡響的事件。在深圳市不同的選區，先後有 12 位選民站出來競選人大代表，最後有二位候選人當選。這一選舉事件對中國政治產生了強烈震動，全國的媒體、學者和民眾給予了高度的關注。深圳民主競選舉動立即對全國其他地方的選舉產生了影響，北京、湖北等省市也產生了自薦競選事件。在2003 年底，北京市有 22 位選民站出來要求競選人大代表，[17]其中三人當選。在湖北潛江市，有 41 位普通人其中包括 12 位農民站出來要求競選人大代表。[18]以上這些競選，努力爲中國的民主政治發展抹下了濃濃的一筆。

　　爲什麼自薦競選現象成爲中國民主發展的熱點和亮點？中國改革開放以來，搞競選也不止頭一次。但是，它與以前也曾出現過的學生搞民主競選[19]有很不同的意義。過去的競選都是在大學校園內大學生中進行，是一種學生理想主義的政治舉動。而 2003 年的競選主要發生在普通市民和農民中，完全是出於利益訴求的自發政治要求。正如有評論指出，「如果說當

---

[16] 這種公民「自薦競選」舉動是公民主動報名，爭取選民簽名推薦自己作爲候選人，並由自薦者組織選舉班子進行選舉宣傳，與組織提名的候選人和其他候選人競爭。

[17] 22 位要求競選者中，高校學生十人，房產業主六人，學者、律師等專業人士六人。他們有的人只是爲了滿足業主更多的需要；有的就是以挑戰選舉法，來推動選舉的民主化；有的是代表公共政治領域人士積極參與的政治訴求（李凡（編），2004：185-206）。

[18] 自薦競選人大代表的 41 人中，有農民 12 人，教師 11 人，村委會主任五人，法律工作者四人，工人九人。由於選舉組織不支援，這些競選者全部沒有成功（李凡（編），2004：333-339）。

[19] 1980 年前後和 1986 年前後，在北京、湖南、武漢的北大等高校出現過競選活動。

年北大選舉是一種理想色彩的話，那麼這次基層選舉有很多實際一些的利益或要求、訴求在裏面」（唐娟、鄒樹彬（編），2003：346）。

中國的人大代表過去長期是靠黨組織安排、有計劃選舉的，不允許選民主動站出來競選人大代表。之所以會出現這種競選人大代表的現象，從調查顯示，競選者主要是爲提高政治地位而達到經濟上的「維權」目的。從自薦參加這次競選的人的身分看出，他們都是市場經濟產生的具有中等收入以上的「白領」，他們是與選區有密切利益聯繫的人。[20] 因爲他們居住的小區物業管理方面存在很多問題，希望當上人大代表能幫助居民更好地反映和解決問題。小區管理這些在過去都由政府和單位解決的問題，現在變成居民自己解決。這些單個利益者需要有個載體向政府表達意見，與政府溝通協商。這個載體就是人大代表。利益的共同體希望選出自己的人大代表去表達自己的利益，爲自己說話，向政府爭取自己的權益（唐娟、鄒樹彬（編），2003：346）。

這種公民自主、自發的政治參與的憲政意義何在？它實際上是公民對我們現行選舉制度提出了改革的要求。它對現行由中共黨組織安排當代表的做法發出挑戰──「我要當代表！」對這一現象有專家分析指出，深圳特區出現的民間自發的競選的衝動，在啓動中國現行憲法中的內在民主因素，表明隨著「中等收入者」階層的不斷增長，他們在中國政治發展中要求參與政治的主動性和維護政治權利的自覺性正在日益提高。「深圳競選」現象預示著社會主義市場經濟的發展，它以其不可抗拒的規律影響和改變著中國政治的發展進程，爲民主政治奠定堅實的社會基礎（黃衛平，2003：2）。體現了中國民主政治發展的民間動力和社會基礎日益增強。

───────────

[20] 深圳競選人大代表的選民有四個人是在自己居住的小區業主委員會的代表，有二個是外來工或下崗工人，有二個學校校長和工程師。

出於對自身利益的保護要求，而積極參與政治過程，這就是一些地方出現公民自覺競選和積極要求政治參與的基本原因。

（二）代表要說話了！

由於中國的人大代表長期以來是一種政治榮譽，是否當代表很大程度取決於黨組織安排，而不是選票，使人大代表的民意成分和責任意識大大降低。所以，人大代表在人大會議上的發言和表決也就多有贊成，少有批評和反對，甚至不少啞巴代表。人大素有「表決機器」之稱。

但是，近些年來，這種情況有改變。隨著利益多元化的要求，代表的責任意識提高，他們強烈地想反應某些利益。一些由選民聯合提名當選的人大代表，更有對選民負責的意識。於是，在人大會議中呈現了一股敢於反映民眾意見的聲音和力量。人大代表敢於說話了！

2004 年 3 月，全國人大會議前夕，浙江省義烏市的全國人大代表周曉光在當地媒體打出廣告公開徵求選民的意見，她要把選民的意見帶到全國人大會議。這一行動引起了強烈反應，它使人們看到人大代表自主意識回歸。周曉光現象並不是她一個人的偶然所爲，而具有一定的代表性。近些年來各地方人大出現不少敢於爲民請命的代表，在人大會議上，他們反映民眾的各種利益和要求，在會後到處奔波維護公民權利。[21] 如一位全國人大代表叫王元成，他自稱自己是一名外來進城打工者的人大代表。[22] 他積極爲農民工代言，在北京開人代會時期間多次到北京的建築工地上徵求農

---

[21] 像前任全國人大代表姚秀榮積極爲老百姓解決問題，曾受理一千多公民的申訴；北京市人大代表吳青到處以憲法維護公民權利；瀋陽市人大代表馮有爲和湖北潛江的人大代表姚立法敢於批評政府的問題，揭露腐敗官員（田必耀，2005）。

[22] 王元成積極爲農民工的權利呼籲。問起他的動機，他的回答是只想做「一個充滿正義感和良知的人民代表」，「我只是盡力去履行一個人大代表的職責」。

民進城打工者的意見，向全國人大提出促進公平就業的法律議案。還有一位湖南的全國人大代表王塡，他自費十萬元委託專家起草了一個法律草案向全國人大提出。[23] 與此同時，有些法律專家、非政府組織和律師主動向人大代表提供立法起草服務，類似遊說立法的情況開始出現。

在一些人大代表開始履行職責的同時，一些不能履行人大代表職責的代表被迫辭職或罷免。[24] 不履職就不能當人大代表，代表不再作爲政治榮譽對待。這就反映了人民要求人大代表名符其實的期望，也反映了部分代表開始認識到對人民的責任。對民意代表提出要求和代表責任的回歸，正是民主代議制發展的希望。

（三）公眾參與──聽證

聽證，在十多年前中國人對它完全是陌生的。1996 年，《行政處罰法》第一次對行政機關在做出涉及公民財產的處罰時要舉行聽證做了規定，1997 年《價格法》又對政府重要商品漲價的行政行爲要進行聽證做了規定。但是，這些法律規定並沒有得到實施，直到 2001 年 1 月 18 日，河北省律師喬占祥對被擱置的聽證會制度提出挑戰。他以鐵道部 2001 年春運期間部分列車票價上浮行爲未經過價格聽證不符合法律規定，侵犯其合法權益爲由，向鐵道部提起行政復議申請，請求撤銷鐵道部春運期間部分列車票價上浮的行政行爲，並審查《國家計委關於部分旅客列車票價實行政府指導價有關問題的批復》的合法性。鐵道部受理後駁回了喬律師的復議申請。雖然喬律師的挑戰沒有勝訴，但是他的挑戰有力地推動了聽證制度在中國的實行。2002 年 1 月 12 日，當鐵道部又要對春節期間的火車票提價

---

[23] 王塡在 2004 年 3 月向全國人大提出了《商業大店法》草案（中國法治網，2004）。

[24] 浙江省寧波市在 2003 年，有百名代表因不能履行職務被要求辭職，吉林省琿春市有五名人大代表因不履行職責被終止人大代表資格（新華網，2005b）。

時，一場由國家計委主持的部分鐵路旅客列車票價漲價方案聽證會在全國公眾矚目下公開舉行。中央電視台實況轉播了這場聽證會，它使所有的中國人都知道，公眾可以參與政府的決策。誰都知道，沒有去年喬律師對鐵道部未舉行聽證行為提出質疑，就沒有這次的聽證會。從此，對政府決策和執法的聽證被廣泛實行起來。從政府制定價格行為的聽證，行政處罰行為的聽證，發展到政府拆遷和城市規劃的聽證。

聽證不僅是在行政領域，更重要的是在立法領域的發展。2000 年全國人大制定的《立法法》對可以進行立法聽證做了規定，使公眾參與的行為進一步擴展到立法領域。2000 年廣東省人大舉行了第一次立法聽證會，立即獲得廣泛發展，許多地方人大積極進行立法聽證的探索試驗。到 2004 年底，立法聽證正在地方人大成為一項公眾參與立法的普遍制度，全國有二十多個省市都開展了立法聽證。[25]

無論是行政聽證還是立法聽證，儘管在很多地方可能形式重於實際作用，需要進一步完善，但作為公眾參與國家和公共事務的重要制度，已經不可阻擋地在建立並發展起來。與過去民主只是一種空論的國家制度不同，聽證把民主變成每個公民都可以直接參與自己關心的事務的具體行動。中國人民可以在日常公共事務中實踐民主。

二、媒體和輿論監督

在近兩年，我們看到中國的媒體和公眾輿論（包括 Internet 輿論）在監督政府和維護公民權利方面發揮著前所未有的作用。如 2003 年由「孫志

---

[25] 從 2000 年開始，北京大學人民代表大會與議會研究中心與全國人大法工委國家法室合作，多次召開立法聽證國際交流和國內交流討論會，對推動立法聽證在全國各地開展起了重要作用。

剛案」[26] 引起的三個法學博士上書全國人大常委會，要求對國務院《城市流浪乞討人員收容遣送辦法》進行違憲審查，就是在全國許多媒體共同推動下，導致國務院主動將《城市流浪乞討人員收容遣送辦法》廢除。這是媒體與法律人士合作保護公民權利的一次成功行動。這只是近年來眾多媒體監督國家機關和維護公民權利的突出一例。

除了上述案子外，媒體（輿論）報導產生重大影響的案子有「瀋陽劉湧審判案」、[27]「黑龍江寶馬車撞人案」、[28]「河北農民企業家孫大午非法融資案」、[29]「河北廊坊市員警非法拘禁殺人埋屍案」、[30]「湖南省嘉禾縣領導集體違法拆遷侵犯公民權利案」[31] 等等，這些事件都是通過媒體（輿

---

[26] 2003 年 3 月 17 日晚 10 點，剛來廣州工作不久的大學生孫志剛因沒有帶身分證被當地警方收容，三天後死在收容所。這件事被當地的《南方都市報》曝光後，引起社會的強烈反應。公眾不僅對警方的行為表示強烈憤怒，而且對國務院早在 1950 年代制定的《城市流浪乞討人員收容遣送辦法》合法性表示質疑。根據這個行政法規，員警可以對流浪乞討人員和沒有身分證的人進行強制收容並遣送回老家，有的人被長時間關押（陳峰，2003）。

[27] 劉湧被指控為瀋陽黑社會犯罪頭目，一審被判死刑。二審中律師提出員警對劉湧有刑訊逼供的證據，二審據此改判為死緩。這一判決引起民意的不滿，民眾認為他罪行嚴重，不能因員警有程序上的不當而改判。在輿論的壓力下，最高人民法院提審該案，再判劉湧死刑（人民網，2003）。

[28] 哈爾濱市公民蘇秀文駕車撞死與其發生過爭執的農民，肇事人蘇秀文以交通肇事罪判處有期徒刑兩年，緩刑三年。此事在互聯網上報導後引起公眾對案件公正性的懷疑。很多人認為蘇是一個有權勢的人（因為她開的是在中國很顯赫的寶馬車），公眾要求對案件進行了復查。有關方面對案件進行了復查，認定還是一件交通肇事案，不能認定為故意殺人。但該案中的有關違法人員被查處（徐宜軍，2004）。

[29] 農民企業家孫大午因非法融資獲罪逮捕。但由於互聯網上報導他是一個慈善企業家，而且由於農民企業家難以獲得銀行的正常渠道融資，在公眾輿論的呼籲下，他被從輕處理獲釋（南方網，2003）。

[30] 廊坊市某派出所員警非法拘禁一公民，在審訊中逼供致人死亡之後埋屍滅跡。此事被媒體披露後，河北省警方進行調查處理，逼供的員警按故意殺人定罪被判無期徒刑。過去這類案子員警最多按非法拘禁罪判三、五年徒刑，還可能是緩刑，這次對員警的嚴懲意味著對公民權利保護的重視（楊維漢，2004）。

[31] 這個案子中，由於強大的輿論壓力，促使中央政府派調查組進行督查，結果導致縣委書記和縣長雙雙落馬（中國新聞網，2004）。

論）的介入對事件的結果產生了重大影響。還有很多腐敗案件和災害責任事故的揭露，[32] 由於媒體和公眾輿論的監督，對許多政府官員和領導追究了責任。可見，媒體和公眾輿論越來越成為一種有影響的社會力量，它能影響政府的決策和改變一些事情。

當然，媒體和輿論的監督作用未必都是正面的，媒體和輿論的監督有時會起不好的作用，特別是對司法案件，會影響干擾司法的公正審判。[33] 但是，媒體作為一種社會力量發揮自己獨立的作用，對中國來說是一個重要的進步。對一個社會的民主發展是非常重要的。過去，我們從來沒有發現來自民間的社會輿論、媒體有如此大的力量，能改變政府錯誤的法律和行為，我們首先應該充分肯定這種作用的積極意義。輿論的作用有好的、有不好的，我們不能要求輿論都有正確的判斷力。重要的是我們的社會需要有民眾和輿論的聲音，他們有權利表達自己的聲音。媒體和輿論不好的影響可以通過建立規範加以消除和限制。獨立的媒體和輿論監督的出現，是推動中國憲政發展的重要力量。

---

[32] 這些因媒體揭露的重要案件還包括：「陝西彩票造假案」（彩票銷售商賄賂有關官員取得彩票承銷權後，在彩票銷售中做假，獎品汽車被銷售商操縱佔有。此案黑幕被媒體揭露後，有關違法人員和政府官員被追究刑事責任）；「阜陽劣質奶粉案」（2003 年初，在安徽阜陽市發現使嬰兒致命、致病的有毒奶粉，經調查當地有 55 種不合格奶粉，有的是無廠名、廠址的黑窩點製造的。此事被中央電視台等多家媒體揭露後，引起國務院總理溫家寶的批示，最後違法廠商和當地受賄失職的官員被追究刑事責任，有關領導被迫辭職）。還有不少礦難責任事故，當地政府官員和礦主常常合謀隱瞞事故，媒體給予了揭露，使違法者得到追究，受難者得到賠償（楊維漢，2004）。

[33] 上述劉湧案中，律師以員警違法取證的辯護得到二審法院的認定，本來這是中國法制的進步。因為過去法院並不因員警有刑訊逼供而影響定罪。輿論的監督導致高層領導介入，影響獨立審判，使最高人民法院出面改變終審判決。在司法不獨立，法官素質不高，領導和政治都會干預司法的情況下，輿論監督對司法獨立的不良影響尤為嚴重（人民網，2003）。

三、用憲法維權

（一）挑戰違憲審查制度

　　憲法在中國長期以來被當作政治綱領，很少被當作法律對待，更不能被公民作爲維護自己權利的手段。2001 年「齊玉苓案」，[34] 喚醒了沉睡著的中國憲法，使憲法變得活躍起來，憲法維權成爲理論討論的熱點和公民試驗的熱點。在這一案件中，最高人民法院做出了歷史性的司法解釋，指出以侵犯姓名權的手段侵犯憲法保護的公民受教育的基本權利應當承擔民事責任。[35] 儘管法學家對這一案件適用憲法的理論有不少質疑，[36] 但它的意義在於最高人民法院第一次解釋，法院可直接引用憲法受理訴訟，公民可以用憲法進行訴訟，以保護自己的憲法上的基本權利。它推翻了最高人民法院在過去多次做出法院不能用憲法條文作爲判決依據的解釋。[37] 使憲法向司法實踐和公民生活邁開了一步。

　　這一解釋像開閘的水，引起了一系列的用憲法維權並挑戰憲法的案件。

---

34 原告齊玉苓 1990 年中學畢業被一大專學校錄取，但她的錄取通知書被同學獲得並以她的名字冒名上學。1999 年，原告得知眞相後以姓名權和受教育的權利被侵犯爲由提起訴訟，向法院起訴。原告一審敗訴後又向山東省高院上訴。此後，就有了山東高院就受教育權保護問題向最高人民法院的請示，最高人民法院作出這一司法解釋（人民網，2001a）。

35 見最高人民法院《關於以侵犯姓名權的手段侵犯憲法保護的公民受教育的基本權利是否應承擔民事責任的批復》（法律法規在線，2003）。

36 法學界的質疑主要是認爲這不是一起憲法案件，而是一起民事侵權糾紛，不必適用憲法。

37 最高人民法院在 1955 年和 1986 年分別作出解釋，法院在刑事判決中和法律判決文書中不能引用憲法（劉武俊，2001）。

其中最重要、有影響的案件有「三名高中生訴教育部案」[38] 和「乙肝病毒攜帶者請求違憲審查案」。[39] 如果說齊玉苓案用憲法提起訴訟還只是爲了找到保護民事權利的手段，而三名高中生訴教育部案和反歧視案件則完全是在律師和法學教授的聯手下有意挑戰違憲審查的結果，公民和法律人士想通過這種訴訟方式啓動憲法。

　　而由孫志剛案引發的三個法學博士上書全國人大常委會要求對國務院《城市流浪乞討人員收容遣送辦法》進行違憲審查的行爲，是公民挑戰違憲審查制度的成功努力。它的成功在於公民以憲法訴求方式促使政府廢除了一個法規，這在中國是前所未有的。這一案件的成功[40] 無論在理論上還是實踐上都有巨大的意義。違憲審查過去只有憲法學家在法學課堂上講，社會上幾乎沒有多少人知道何爲違憲審查。提起這一案件的目的是試圖推動全國人大常委會實行違憲審查，[41] 儘管這一目的沒有達到，但它給國家領導人上了一堂眞正的憲法課——使他們瞭解憲法對國家權力的約束作用，它也激發了公民對憲法的熱情，使違憲審查成爲普通公民的知識，用憲法維權成爲普通老百姓保護權利的重要手段。這個案件大大提升了憲法

---

[38] 據人民網 2001 年 8 月 23 日報導（人民網，2001b），青島三名高考生對教育部提起行政訴訟，理由是教育部 2001 年全國高考招生計畫侵犯她們的平等受教育權。因爲根據教育部的招生計畫，青島的考生錄取分數線與北京相差太大，從而使她們覺得很不公平。

[39] （編者按：「乙肝病毒攜帶者」即「B 型肝炎帶原者」。）2003 年 11 月 20 日，一份由 1,611 位公民簽名的「要求對全國 31 省區市公務員錄用限制乙肝攜帶者規定進行違憲審查和加強乙肝攜帶者立法保護的建議書」提交全國人大常委會。建議書指出，「全國 31 個省區市的《公務員錄用體檢通用標準》將攜帶乙肝病毒判爲不合格，將中國 1.2 億乙肝病毒攜帶者排除在公務員隊伍之外，剝奪了中國 1.2 億乙肝病毒攜帶者從事公務員職業的權利。這嚴重侵犯了《中華人民共和國憲法》賦予我們的勞動權和平等權」（南方都市報，2003）。

[40] 當然，不能說這個案件是完全成功的，法學家們的目的是要通過這個案件推動違憲審查制度在中國建立，而它只是廢除了這個法規。

[41] 中國憲法第六十七條規定，全國人大常委會有監督和解釋憲法的權力。

的權威和價值。

這個案件成功的秘訣在於：第一，抓住了國家領導人「高度重視憲法」的時機，[42] 運用了這一話語權從政治上說理；第二，找到了非常充分而明顯的合法理由，依法說理，因爲國務院的收容遣送辦法與 2000 年通過的《立法法》的衝突是非常明顯的。[43] 第三，媒體發揮了關鍵性作用，媒體的廣泛報導，造成了強大的社會壓力。

孫志剛案後，引發了一系列公民申請違憲審查的請求，如數以萬計的乙肝病毒攜帶者要求對《國務院公務員暫行條例》有關公務員體檢標準涉嫌對乙肝病毒攜帶者歧視的規定進行違憲審查，女性公務員提出要對《國務院公務員暫行條例》關於女性與男性退休年齡不平等的內容進行違憲審查，數以千計的公民紛紛向全國人大常委要求對《國務院房屋拆遷管理辦法》和地方制定有關房屋拆遷管理規定涉嫌侵害公民私有財產權的內容進行違憲審查。[44] 2004 年 3 月，全國人大修改憲法，加強了對私有財產權的保護，促進了公民以憲法維權的行動。普通公民直接拿起憲法保護自己的私有財產，如北京市一位房屋被拆遷的居民用憲法保衛家園的故事，[45] 廣州

---

[42] 新一屆中共領導人上任以後以重視憲法爲執政導向，這表現爲 2002 年胡錦濤在人民大會堂發表紀念 1982 年憲法頒布二十周年大會上的講話，這是中共總書記第一次發表專門有關憲法的講話；2004 年修改憲法把保障人權和加強私有財產的保護寫入憲法，實際上是國家高層對憲法進行了一次討論；修憲後，中共中央和國務院專門發文件要求各級領導幹部學習憲法。儘管這些行動只有政治性的意義，但反映了中共領導對憲法的重視，從而給民眾用憲法維權提供了平台和話語權。

[43] 《立法法》第八條規定，限制公民人身自由的法律只能由全國人大制定。

[44] 如我本人就收到浙江、北京、上海等地居民，有的數百，有的一千多，甚至有數千居民聯名要求對當地關於房屋拆遷管理辦法進行違憲審查的建議申請。

[45] 北京居民黃振澐在政府強制拆遷他的住房時，他把憲法規定的「國家保護私有財產」、「保障人權」寫在門口，並手持憲法坐在門口，阻擋前來拆遷的人員和員警。由於憲法剛修改有巨大的影響，經過一段對峙後拆遷人員當時沒有強制拆遷，但一個月後房屋還是被強制拆遷了。該案媒體給予了報導，這一憲法維權行動產生了很大的影響。

市小谷圍村居民以憲法維權的事件等。[46] 儘管這些公民以憲法維權行動並不都直接達到他們保護財產的目的。無疑，這些案子對推動中國憲法實施有不可估量的意義。

這些案件表明，過去高高在上遠離公民的憲法現在已經落到了地上，過去只是政治家手中政治文件性的憲法現在已經成爲百姓手中的法律武器。

（二）反歧視訴訟

同挑戰違憲審查一樣，反歧視訴訟是法學家試圖推動憲法實施的又一種努力。在中國，違憲審查是最高立法機關——全國人大及其常委會的權力。由於各種原因，全國人大難以啓動此項權力。所以，從更實際的考慮出發，法學家們想通過行政訴訟的途徑撬開憲法維權的大門。根據行政訴訟法，公民只能對具體行政行爲提起訴訟，不能對抽象行政行爲提起訴訟，就是說不能向法院提起對法律、法規是否合憲的審查。反歧視是一種最爲直接涉及憲法權利的訴訟，所以它成爲憲法式訴訟的重要突破口。各種就業歧視問題在當前中國非常嚴重，可以說無所不在，從戶籍制度到對農民工的歧視，從性別歧視到年齡、身高、長相等歧視。這些問題涉及到公民憲法基本權利，可以通過行政訴訟的方式尋求救濟。但反歧視訴訟沒有法律明確規定在法院受案的範圍中，公民不斷提起的反歧視訴訟挑戰，還是取得了一定的成功。

第一個反歧視訴訟案是四川大學學生「蔣韜訴銀行招工歧視案」。2001年 12 月 23 日，中國人民銀行成都分行在媒體上發布招錄行員的啓事，對招工對象的學歷、專業、身高等做了規定，規定男性身高 168 公分以上，女性身高 155 公分以上，方可報名。身高 165 公分的四川大學法律系畢業

---

[46] 在面臨強制拆遷的時候請律師提起訴訟以維護憲法保護的財產權，同時被拆遷的各家也都把憲法樣本放在自己的家門口。

生蔣韜看了啓事後，認爲招錄廣告有歧視成分，違反了憲法關於「公民在法律面前人人平等」的規定，於是以銀行侵犯其擔任國家機關公職[47]的報名資格爲由訴諸法院。該案被成都市武候區法院受理後，法院於 2002 年 5 月 21 日以不屬於行政訴訟法的受案範圍和案件沒有成熟[48]兩個理由駁回。2002 年 7 月，又發生了「四川大學學生狀告峨眉山景區門票歧視案」。八名法學院大學生認爲，公園管理委員會規定的本地學生門票爲十元，外地學生爲 80 元，是對遊客實行地域性歧視待遇，構成違反憲法上的平等權，將公園管委會推上法庭，要求賠禮道歉，並終止地域歧視行爲。該案被當地法院以沒有法律根據爲由駁回請求。

　　然而，在反歧視訴訟中，最有影響的是「張先著訴蕪湖市人事局招錄公務員歧視案」。安徽青年張先著 2003 年 6 月參加了安徽省國家公務員考試，他在筆試和面試中均名列第一位。然而蕪湖人事局卻以感染乙肝病毒體檢不合格爲由不予錄取，張遂向省人事廳提請行政復議，在省廳做出「不予受理」的決定後，向人民法院提起行政訴訟，狀告人事部門歧視乙肝患者。 2004 年 4 月 2 日，法院確認被告蕪湖市人事局在公務員招錄過程中做出取消原告張先著錄取資格的具體行政行爲，主要證據不足。法院雖支援了原告的請求，但是沒有給予原告以具體的救濟。

　　法律界人士試圖以行政訴訟的方式打開維護憲法公民基本權利的大門。儘管在個案中沒有取得實質性效果，但是，正是通過這一次一次的努力，產生了深刻的潛在影響，並促使有關政府部門在 2004 年修改了公務員的體檢標準，取消了歧視性的規則。

---

[47] 中國人民銀行是國家銀行，屬公職人員。

[48] 因該案起訴後銀行即修改了招工條件，取消了身高限制的規定，使訴訟的條件不存在。

四、地方自主的民主改革

自 1987 年中國實行村民自治制度以來，經過實踐發展，以民主選舉、民主管理、民主監督爲核心的基層民主建設在農村得到蓬勃發展。中國農民正在進行一場廣泛的民主試驗，他們在民主實踐中噴發出來的民主參與熱情，推動中國基層民主的發展。1998 年，全國人大正式頒布《村民委員會組織法》，在農村全面推行村委會選舉和村民自治制度。今天，農村基層民主制度正在鞏固和完善。村民選舉的意義在於對中國民主政治發展產生了強大的衝擊，人們開始了對鄉鎮長、縣長民主直選的追求，農民能選村委會，爲什麼不可以直選鄉鎮長和更高級的政府官員？

在這種衝擊下，一些地方自發地進行了多種民主選舉改革試驗，這些試驗包括鄉長直選，鄉鎮黨委書記和鄉鎮長的公推公選，[49] 甚至有些地方還進行了縣級領導幹部的公推公選。同時進行了黨內民主改革，包括黨代會的常任制和縣級黨代表的直選。1998 年和 2001 年，在四川省遂寧市步雲鄉先後進行了兩次鄉長直選改革。[50] 由於鄉長直選目前在法律上還不允許，不能全面進行。但是，公推公選的民主選舉改革在一些地方已成燎原之勢。據調查，2002 年在四川省已有 40% 的鄉鎮實行了鄉鎮長和黨委書記的競爭性選舉改革（賴海榕，2003：57）。2003 年 9 月，重慶市城口縣坪壩鎮，試圖進行直接選舉鎮黨委書記和鎮長的試點。[51] 2004 年 4 月，雲

---

[49] 「公推公選」是指在一定的範圍實行選民投票推選候選人，如選鄉鎮長時，先由鄉里的幹部、各村委會幹部和村民代表投票推選出鄉長候選人，再根據法律由鄉人代會推選出鄉長。公推公選在不同的地方，參加推選候選人的範圍是不同的。

[50] 與此同時進行直選改革的有四川省青神縣南城鄉正副鄉長和鄉黨委班子直選試驗。1999 年 1 月，深圳市大鵬鎮進行了「兩票制」直選改革，兩票制即先由選民進行第一輪投票選出鎮長候選人，再由人大代表選出鎮長（楊雪東，2005）。

[51] 該選舉在投票前夕被當地上級部門叫停而告流產，改革的主導者、鎮黨委書記魏勝多被停職（李瑞先，2004）。

南省紅河哈尼族彝族自治州在石屏縣實行了七個鄉鎮長的直選，在瀘西縣
實行十個鄉鎮黨委組成人員的直選。[52] 可見，提高直接選舉，實行公開、
競爭的民主選舉在中國已經成為不可阻擋的發展潮流。

　　當然，基層民主選舉的改革並不是一帆風順的，特別是村委會的選舉，
一方面受鄉政府少數幹部的壓制。另一方面，村家族、惡勢力也常常破壞
選舉，使一些民主選舉出的村委會主任不能行使權力，村民的民主決策、
民主監督管理難以進行，村理財小組開展不了工作，有的選舉出來的村委
會主任人身和財產受威脅，個別的甚至被打或被關押。為了落實選舉權、
村務管理和民主監督的自治權，不少農民對違法行為進行了頑強的抗爭、
上訪、甚至進行集體抗議。當前基層民主的發展，迫切需要從立法上給予
支援和政府給予幫助。需要制定村委會選舉法，將選舉程式[53]細化，保證
選舉的公正性，防止選舉違法。

五、法治政府建設

　　中國憲政的發展，不僅靠來自民間的社會力量，更需要政府主動推動。
政府的憲政改革主要應在兩個方面進行：一是在政治體制改革層面，建立
多元、開放的、有廣泛公眾參與的、權力受制約的政治體制；二是在政府
行為層面，建立一個真正的依法行政的、公開透明、廉潔高效的法治政府。
目前在第一個層面上的改革還沒有舉措，在第二個層面上的改革已經展開。

（一）建設透明、限權政府

　　溫家寶政府明確提出要建設法治政府的目標。2004 年 3 月，國務院發

---

52 有的村民因選舉不民主而上訪或對選舉結果不滿而採取過激行動，會以破壞社會治
　安或破壞選舉的罪名而關押。
53 編者按：「程序」作為法律用語，在中國大陸稱之為「程式」。

布了《全面推進依法行政實施綱要》，提出要經過十年的努力建設一個法治政府。我們不知道這個目標是否能實現，但是，自此以後，在推進法治政府方面確實做了一些事情。

1. 政府資訊公開：現在中國政府各部門和各省市政府的公共網站普遍建立起來，使政府政情有公布的渠道。國務院各部委都建立了新聞發言人制度，使部委的資訊得以及時有正常渠道公布。在上海市制定了資訊公開的地方立法，該法規定，各政府部門制定的所有規範性文件都必須提供給上海市檔案館，以供公眾查閱。

2. 減少行政許可，轉變政府職能：過去中國政府行政管理很大程度上靠行政許可。但由於政府行政許可過多、過濫，對社會經濟生活和公民個人生活過度干預。一些地方和部門利用行政許可搞地方經濟封鎖、行業壟斷；有的行政許可環節過多、手續繁瑣、時限過長、「暗箱操作」，老百姓辦事很難；有些行政機關把行政許可作為權力「尋租」的一個手段，助長了腐敗現象的蔓延。所以，行政許可太多在一定程度上已經成為轉變政府職能的一個重要障礙。為解決這個問題，2003 年 8 月全國人大常委會制定《行政許可法》，[54]該法對行政許可做出了明確規範，大大限制了行政許可設立範圍。它規定凡是公民、法人或者其他組織能夠自主解決的問題，通過市場競爭機制能夠解決的問題，通過行業組織或者仲介機構能夠自律解決的問題等，不要設定行政許可。同時還嚴格規定行政許可設立的條件，簡化了行政許可手續，加強了對行政許可的監督。《行政許可法》的施行，對轉變政府職能、改革行政管理方式和推進法治政府的建立正產生重要影響。它是繼《國家賠償法》、《行政處罰法》、《行政復議法》後又一部加強對政府行為法律約束的法。

---

54 2004 年 7 月 1 日起施行。

（二）官員問責制

　　建立責任制政府是新任政府的一大舉措。法治政府應該是一個責任政府，一個能接受公眾問責的政府。政府官員要對自己的行爲承擔責任，就是對人民負責。負責的表現就是政府官員在自己的工作有失職、錯誤的時候應該辭職或免職。現行制度下，官員更多地對決定他們職務升遷的黨組織負責，有時就不能做到對人民負責。官員不管人民是否滿意，不論是否有什麼工作失職，只要黨組織滿意，就可以不承擔責任，繼續當官。

　　新一屆政府爲了體現「以民爲本」的執政理念，致力於建立服務型責任政府，於是政府官員問責應運而生。以問責制查辦失職的官員，一些政府官員因承擔各種責任事故紛紛落馬。問責制是在 2003 年 SARS 危機中啓動起來的，當時政府爲扭轉控制 SARS 不力的被動局面、恢復公信力，對衛生部部長和北京市市長進行了問責。[55] 2004 年國務院頒布《全面推進依法行政實施綱要》，官員問責制才全面推行。4 月中旬，國務院、北京市和吉林省政府就分別處理了川東鑽探公司特大井噴事故、密雲縣迎春燈會中發生的特大傷亡事故、吉林市中百商廈特大火災事故。在三起事故中分別負有主要領導責任的中石油公司總經理馬富才、密雲縣縣長張文、吉林市市長剛占標引咎辭職。[56] 從此以後，政府官員凡是在管轄區內發生交通運輸、生產安全、環境污染、火災等責任事故達一定傷亡人數時，必須承擔責任。從 2004 年 4 月以來一年的時間內，全國有包括省部級幹部在內的二百多名官員，因在重大安全事故和責任事件中「負有責任」受到追究。

---

[55] 兩位高官因爲沒有公開、眞實披露資訊導致 SARS 傳播，而承擔責任被迫辭職。

[56] 在此之前，還對這三起特大安全事故有關的 68 名當事人、有關責任人進行了處理（其中移交司法機關處理的 13 人，給予黨紀、政紀處分及組織處理的 55 人）。

問責制正成爲中國建立法治政府的熱點，它觸及到黨管幹部的體制，也對中國的官場文化產生巨大的衝擊，它促使官員樹立起眞正對人民負責的意識，也使中國官員不再是鐵飯碗，而成了一個高風險的職業，從而也打通了一條人民對政府官員監督的通道。

（三）審計風暴

中國政府機關和官員過去從來沒有、也不允許有獨立的語言和聲音。由於中國政府過去完全是人治化的行政，在國家機關強調下級服從上級，個人服從領導。由於只求服從領導，不求依法辦事，所以，國家機關不可能獨立依法行使職權。

近年來情況開始發生變化，一些國家機關的法律責任意識開始強化，出現敢於依法行使職權的獨立性和自主性。這突出地表現在過去連續幾年，國家審計長李金華向全國人大常委會報告審計工作中，大膽揭露國家機關執行國家財政預算中的大量嚴重違法違紀行爲。在 2004 年 6 月審計報告中，揭露至少有 41 個中央部門和 21 個省級地方政府存在財經嚴重違法違紀行爲。這些違法行爲包括：長江堤防出現「豆腐渣」工程，國家體育總局濫用奧會 1.31 億元資金，國家電力公司決策失誤導致損失或潛在損失 32.8 億元，有 45 億元國有資產流失等案件。2005 年，審計部門又繼續揭露了大量的財政違法行爲，揭露的主要問題有：38 個中央部門在 2004 年度預算執行中違規使用資金金額達 90.6 億元人民幣，占審計資金總額的 6%，包括虛報多領預算資金、轉移挪用或擠佔財政資金、私設「小金庫」等。在對一些機關的專項審計中，發現部分高校和醫院財務收支、科技經費、水利建設資金、重點流域水污染防治資金等也出現資金管理不嚴，使

用不合規、亂收費、擠佔、挪用資金現象仍然嚴重（李金華，2005）。[57]
審計報告引起國人的強烈反應，媒體把審計署的做法稱爲「審計風暴」。
公眾給予審計署長李金華以高度的支持和評價，[58] 稱他爲「鐵面審計長」。
審計報告之所以在公眾引起如此大的反應主要有三點：1. 審計報告大膽揭
露了政府不依法行政的問題；2. 更多地揭露了政府中權力部門的問題；3.
把揭露的問題向國家權力機關彙報，並向全國人民公開（李燕君，2005）。

　　「環保風暴」是繼 2004 年審計風暴以後又一次體現國家機關依法獨立
行使職權的例子。2005 年 1 月 18 日，國家環保總局宣布，全國十多個省
市的 30 個建設項目被定性爲「違法開工項目」。國家環保總局在通報中指
稱，這些建設專案都是在環評報告書未獲批准的情況下，就已開工建設。
環保總局已經決定依法責令立即停止這些專案的建設。這一行動被媒體稱
爲「環保風暴」。[59]

　　一個國家機關敢於這樣公開地揭露另一個國家機關的問題，過去是不
多見的。過去遇上這樣的問題，只是向領導彙報，內部協調解決，最多只
能內部通報批評，不能公開向公眾揭政府的短，否則被認爲有損政府形象。
國家審計署和國家環保局的行爲對中國法治的意義在於：有的國家機關敢
於忠於法律職守，敢於監督權力。政府之間的公開揭短，反映了政府的公
開和透明，它也反映了政府法制意識提高和政府機關相互監督制約關係正
在形成，它還反映了政府靠人治、只服從上級領導習慣的結束，政府機關

---

[57] 李金華於 2005 年 6 月 28 日在十屆全國人大常委會第十六次會議上的審計工作報
告。

[58] 他在 2004 年中央電視台「中國經濟年度人物評選」活動中以占總票數 70.83% 的得
票，評爲 2004 年中國經濟年度人物，他的得票遠遠超過了其他候選人（劉煜晨，
2005）。

[59] 這次將一些違法建築中的大型工程「叫停」、並公布名單，是自 2002 年《環境影
響評價法》公布之後的第一次。它打破了此前處理此類事件的一些慣例，這次公開
曝光實屬罕見（孫展，2005）。

自覺、自主、獨立依法辦事的意識的正在提升。

目前這種監督從處於弱勢地位的國家機關開始,它們為了體現自己的法律權力,必須借助於法律。弱勢機關「借法而發威」也許是國家機關權力制約的原始動因。

參、中國憲政發展趨勢

中國改革開放二十多年來,公民的維權經歷了一個從低級到高級的發展過程:上世紀 1980 年代初,由於文化大革命和以前的歷次政治運動中不少人的人身自由權利被侵害,出現要求平反冤假錯案的高潮。上世紀 1990 年代,從經濟利益的維權開始,主要是消費者權益保護運動;發展到對政府侵權行為的救濟,表現為行政訴訟的發展。本世紀開始,公民對權利的關注發展到生存環境保護、歷史文化保護、受教育權等,反映公民社會文化權利的提升;近二、三年來,對公民憲法基本權利的保護成為熱點和焦點。對公民人身自由權和遷徙自由的追求,不斷挑戰收容審查和戶籍管理法規。反對就業歧視,要求平等的勞動權和受教育的權利。不僅如此,公民的政治參與權的訴求越來越強烈,從要求實行並參與政府決策聽證、立法聽證,到挑戰違憲審查制度、競選人大代表。可見,公民的權利保護訴求,一步步推動憲法實施。

以上來自公民社會的憲政訴求和努力,會不會有效?很多人表示懷疑。不少人認為中國沒有真正的政治體制改革,這些來自公民社會推動憲政的努力都是微不足道的。我不贊成這樣的觀點。我認為,這些努力不但是十分必要的,而且是非常有效的。

憲政是什麼?憲政是國家權力要受到有效的約束,對國家權力的制約

來自那裏呢？當然是來自不同的國家機關，特別是來自人民。人民的權利怎麼實現，是靠一場政治革命，還是人民通過現有的憲政改革途徑，一步步爭取落實憲法權利。當然，憲政制度的架構需要政治改革。但是，如果沒有公民自覺自主爭取權利的過程，憲政不可能通過一場政治改革來實現。**沒有公民自覺、自主的權利訴求為基礎，號召公民為權利鬥爭，便很可能發生歷史上那樣的革命**，而可能不是真正的憲政改革。憲政是政府與人民或不同政治力量談判妥協的結果。這種以憲法維權的過程，實際上就是與政府談判的過程。這個過程也是一步步落實憲法的過程，限制政府權力的過程，是對政府進行憲法教育的過程。而公民以憲法維權的實踐也證明，公民種種推動憲法實施的努力，與政府產生了積極的互動，已產生了非常有效的結果。

2001 年最高人民法院在齊玉苓案中的司法解釋，從法律上打開了公民以憲法訴訟之門，它表明最高司法機關有通過司法推動憲法權利保護的積極性。三個法學博士向全國人大常委會提出的違憲審查建議，導致國務院主動將一個法規予以廢除，這是一次對中國的違憲審查制度的挑戰，也是一種演練，它對政府違憲審查的啓蒙起了重要作用。反歧視訴訟方面，儘管目前沒有明確的法律根據提起這類訴訟，但是地方法院還是對現有法律規定做了擴大解釋，受理了這種案件。在 2001 年和 2002 年四川的身高歧視案和公園門票歧視案中，雖然法院做出的裁決不令人滿意，但案件被法院受理本身就是一種進步。而 2003 年張先著提出公務員雇傭中的乙肝病毒隨帶者歧視案不但被法院受理，而且法院做出支持起訴者的判決。由於這一訴訟加上乙肝病毒攜帶者提出違憲審查的建議，使得國家人事部和衛生部在 2004 年 8 月對國家《公務員錄用體檢通用標準》進行了修改，取消了許多有關錄用公務員的歧視性健康標準。中國反歧視第一案就取得了相

當的成功，應認爲是民意推動的結果。[60] 在公民私有財產權的保護方面，
民眾的努力也取得了進展。2004 年以前，很多城市房屋拆遷的浪潮引發大
規模的群眾上訪和抗議。[61] 許多地方的公民都聯名向全國人大常委會提出
對房屋拆遷辦法進行違憲審查的要求。在這種情況下，國務院辦公廳發布
了《關於控制城鎮房屋拆遷規模嚴格拆遷管理的通知》。根據通知精神，
國土資源部、建設部和各省都紛紛修訂了過去不合理的拆遷補償規定，提
高了補償標準，嚴格了拆遷程式，對拆遷聽證制度做出了規定，使公民的
拆遷糾紛得以部分緩解。

　　以上事實說明，公民社會推動憲政的努力是卓有成效的，許多公民的
訴求在某種程度上都對政府的法律法規和政策制定、憲政制度建設、以及
憲政觀念的傳播和理論研究產生了影響。譬如，三個法學博士提出的違憲
審查建議，雖然沒有啓動違憲審查機制，但是，2004 年 5 月全國人大常委
會在法制工作委員會下成立了法規審查備案室，[62] 就是對公眾呼籲要求建
立違憲審查機制的一種回應。對 2003 年在廣東、北京等地發生的公民自薦
要求競選人大代表的行爲，全國人大常委會也做出了積極的反應，2004 年
10 月修改選舉法時，在確定正式候選人的方法中增加了預選程式。這樣使
所有的候選人有公平的機會進行競爭，而不是由選舉委員會暗箱操作確定
候選人。這種政府與公民的互動對憲政發展是非常重要的。

　　中國當下之所以出現憲政發展的勢頭，公民和媒體能在推動憲政發展
方面有所作爲，是基於一定的社會原因：

---

[60] 張先著的起訴當時被認爲是一億多乙肝病毒攜帶者的代言人，得到輿論很大的支持。
他被評爲 2004 年中國十大法治人物（海寧，2004）。

[61] 在北京發生被拆遷居民自焚事件，在南京發生被拆遷居民到政府拆遷辦公室自焚和
焚燒他人事件。

[62] 該工作室是個工作機構，對提報全國人大常委會備案的法規進行初步審查，如發現
法規與憲法和法律相衝突，提請法制工作委員會提報全國人大常委會決定。

一、市場經濟的發展，公民獨立自主的利益和權利意識大大增強。他們自覺地用憲法維權，都是發於對自身利益的保護要求，而不是出於政治觀念或「法律意識」。這種來自公民社會的利益要求使推動憲法實施的力量具有原動力，公民以憲法維權變得眞實而有持續性。

二、當前中國領導人提出的「以民爲本」、「執政爲民」的理念，把保障人權和加強對私有財產的保護等寫入憲法，給公民用憲法維權提供了一個很好的話語權和平台，公民的訴求獲得了政治上的合理性和合法性。**政府也在這種理念下積極回應社會一些合理、合法的權利訴求，從法律和制度上做出改進。**

三、媒體和公眾輿論的力量起了關鍵作用。公民的憲法維權行動都是借助媒體和輿論的力量，在中央提出以民爲本的話語下，民意和輿論的壓力對保護公民權利和監督政府會產生很大的作用。有的官員害怕媒體，出現官員攻擊媒體的現象。中國的媒體之所以能有相對獨立的監督作用，是因爲有一部分媒體市場化了，需要有吸引公眾的報導和文章，反映民眾所關注的焦點和熱點問題才能獲得民眾的青睞。另外，在市場經濟條件下成長起來的一批有社會責任感和良心的記者，成爲維護公民權利敢於監督政府和揭露腐敗行爲的中堅力量。

當然，我並不認爲以上發自基層推動憲政的努力，就一定能使中國長足步入憲政社會，就能改變中國的政治體制和避免可能出現的社會危機。中國的憲政發展僅有民間的動力是不夠的，還必須有一次大的政治體制改革作爲憲政變革的基礎。沒有從上到下的政治體制改革，民間社會憲政努力的空間會很有限，甚至會受到壓制。但是，它絲毫不能說明民間的憲政努力是沒有用的，相反地，它是實現中國憲政必不可少的社會力量和動力。中國過去一百多年憲政奮鬥之所以沒有成功的一個重要原因，就是缺乏眞正來自民間和基層民眾有意識地對權利和民主的訴求，缺乏有力量的民間

社會。社會中自發產生的權利和利益保護要求，永遠是一個社會法治、民主生長的土壤。

民間的維權訴求又有利於推動中國政治體制改革，因為在市場經濟和新的社會結構下的公民權利保護問題，都會涉及到法制和制度機制問題，如公民房屋拆遷糾紛的解決，涉及到公民可不可以通過訴訟手段來保護自己的房屋所有權，它需要司法權對行政權進行審查，也涉及到司法權對地方政府權力的審查監督問題。所以，加強對公民權利，特別是憲法基本權利的保護，不可避免地需要進行以提高司法地位、權威和獨立性為目標的憲政體制改革。

政府對不斷提出的公民權利訴求做出制度性回應，也是有利於憲政制度的建立。政府與公民的對話，有利於減輕社會衝突和避免危機，政府也可從中學會與社會和公民溝通、與社會力量談判和妥協的能力，[63] 這是一種民主社會政府不可或缺的執政能力。民主政府就是善於與人民溝通，並制度性地不斷吸納民眾訴求的政府。這樣，政府與民眾之間才能出現良性互動，[64] 而不是「惡性互動」。[65] 當前中國民間社會合法的、並通過法律途徑表達的權利訴求，有利於鍛煉提高政府的民主執政能力。

我相信，只有民間與政府良性互動下的持續的憲政努力，才是中國走向憲政的希望。政府不能把它作為一種不穩定的因素加以壓制，而應面對公

---

63 不會與人民談判和妥協的政府，就不會是一個好的代表人民的政府，就可能是一個專斷和被少數人私利所控制的政府。

64 「良性互動」是指政府對公民社會的各種訴求都認真對待，個體的權利訴求都可以通過法律的（最後可通過司法的）途徑解決，群體性的、普遍性的權利訴求，合理的都可以變成法律和政策制度性加以吸收，不合理的解釋加以化解，在這個過程中，公民的所有訴求都能有適當的途徑和程式得以表達是非常重要的。

65 所謂「惡性互動」是指政府對民間社會的權利訴求都視為對政府的不滿而加以壓制，壓制引起人民的不滿和反抗，從而引起政府更嚴厲的壓制或鎮壓，這樣很可能使一些合法、正當的社會訴求變成一場公民與政府的嚴重衝突。

民社會的權利挑戰，採取積極態度，不斷進行法律和制度的改革，使中國能通過一個法律化的途徑走上民主憲政道路。在這條路上，民間的力量是重要的、基本的，但政府仍是關鍵。

參考書目

人民網，2001a，〈一紙錄取通知書 兩人命運各不同首例侵犯受教育權案宣判〉，8 月 28 日：http://www.people.com.cn/GB/paper39/4099/481399. html。

人民網，2001b，〈狀告教育部的青島三考生今天將向高法遞訴狀〉，8 月 23 日：http://past.people.com.cn/GB/guandian182/6188/20010823/542260. html。

人民網，2003，〈劉湧案再審和判決的意義〉，12 月 22 日：http://www. people.com.cn/GB/shehui/1061/2258887.html。

中華人民共和國勞動和社會保障部，2004，〈2004 年度勞動和社會保障事業發展統計公報〉：http://www.molss.gov.cn/gb/zwxx/2005-12/14/ content_99533.htm。

中國法治網，2004，〈人大代表自費起草《大店法》草案遞交薄熙來〉，3 月 6 日：http://www.law.cn/zhuanti/2004lh/jincheng/200436165040.htm。

中國新聞網，2004，〈湖南嘉禾強制拆遷案被嚴處 縣委書記和縣長撤職〉，6 月 4 日：http://www.chinanews.com.cn/news/2004year/2004-06-04/26/444784.shtml。

田必耀，2005，〈強壯肌體是人大建設的一著重棋〉，人民網，4 月 11 日：http://www.people.com.cn/GB/14579/28320/36615/36616/33113366. html。

吳敬璉，2005，〈我是中國布哈林 當務之急轉變經濟增長模式〉，《經貿文摘半月刊》9，11 月 30 日：http://221.224.13.40/DocOpenPath/95ea5273-ad90-4547-a72a-9bb10994eabb.doc。

李凡（編），2004，《中國基層民主發展報告》，北京：法律出版社。

李至倫，2005，〈貫徹反腐倡廉戰略方針，深入推進政府廉政建設〉，監察部網站，2 月 16 日：http://www.jubao.gov.cn/Template/article/display0. jsp? mid=20050216010150。

李金華，2005，〈關於 2004 年度中央預算執行和其他財政收支的審計工作報告〉，新華網，6 月 28 日：http://news.xinhuanet.com/newscenter/2005-06/28/content_3148250.htm。

李瑞先，2004，〈理想讓位於現實　五位農村改革派政治家背影遠去〉，搜
　　狐網，7 月 26 日：http://business.sohu.com/20040726/n221202432.shtml。

李燕君，2005，〈李金華：審計風暴中的鐵面領銜人〉，《人物》雜誌：
　　http://www.zydg.net/magazine/article/1810-1658/2005/02/53293.html。

法律法規在線，2003，〈最高人民法院關於以侵犯姓名權的手段侵犯憲法
　　保護的公民受教育的基本權利是否應承擔民事責任的批復〉：http://www.
　　lawol.org/xianfa/CuoGaoRenMinFaYuanGuanXuSiQinFanShengMin-
　　gQuanDeShouDuanQinFanXianFaBaoHuDeGongMinDaoJiaoYoDeJi-
　　BenQuanLiShiFouYingChengDanMinShiZeLinDePiBi-8dqp0100.html。

南方都市報，2003，〈1.2 億乙肝病毒攜帶者的微弱呼聲〉，11 月 26 日：
　　http://www.nanfangdaily.com.cn/ds/20031126/fmxw/200311260452.asp。

南方網，2003，〈孫大午被從輕發落〉：http://big5.southcn.com/gate/big5/
　　www.southcn.com/finance/financenews/guoneicaijing/200310310043.htm。

唐娟、鄒樹彬（編），2003，《2003 年：深圳競選實錄》，西安：西北大
　　學。

孫展，2005，〈「環保風暴」下一步〉，《中國新聞周刊》220，3 月 21
　　日。

徐宜軍，2004，〈哈爾濱寶馬撞人案為何一波三折〉，人民網，1 月 10
　　日：http://www.people.com.cn/GB/shehui/1063/2289840.html。

海寧，2004，〈央視揭曉 2004 年度十大法治人物〉，人民網，7 月 25
　　日：http://www.people.com.cn/GB14677/40724/40725/3034440.html。

國家信訪局，2004，《信訪簡報》。

陳峰，2003，〈被收容者孫志剛之死〉，新浪網，4 月 25 日：http://news.
　　sina.com.cn/s/2003-04-25/11111016223.html。

黃衛平，2003，《深圳競選實錄》，西安：西北大學。

新華網，2004a，〈中國人的收入有多「灰」？〉，3 月 29 日：http://
　　news.xinhuanet.com/fortune/2004-03/29/content_1389805_1.htm。

新華網，2004b，〈高校畢業生就業率達 73% 比去年同期增加 3 個百分
　　點〉，9 月 29 日：http://news.xinhuanet.comzhengfu/2004-09/29/content_
　　2036317.htm。

新華網，2005a，〈身居顯位，蠅營狗苟，一批貪官新年前被逐出人大〉，1 月 5 日：http://news.xinhuanet.com/newscenter/2005-01/05/content_2418126.htm。

新華網，2005b，〈浙江寧波百名人大代表因不能服務選民主動辭職〉，3 月 23 日：http://news.xinhuanet.com/newscenter/2005-03/17/content_2707981.htm。

楊雪東，2005，〈各地鄉鎮長選舉方式改革六種類型〉，人民網，5 月 28 日：http://cpc.people.com.cn/GB/34727/48714/48718/3423504.html。

楊維漢，2004，〈人民檢察院公布四起掛牌督辦重大瀆職侵權案件〉，人民網，10 月 26 日：http://www.people.com.cn/GB/shizheng/1027/2945054.html。

萬興亞，2005，〈我國總體社會治安趨好 人民群眾安全感不斷增強〉，中國國際戰略研究網，2 月 7 日：http://www.chinaiiss.org/top/news_display.asp? id=739。

賈春旺，2005，〈最高人民檢察院檢察長賈春旺向十屆全國人大第三次會議所作的最高人民檢察院工作報告〉，中國網，3 月 9 日：http://www.lianghui.org.cn/chinese/zhuanti/2005lh/813712.htm。

劉武俊，2001，〈以訴訟啟動彌合「憲法鴻溝」〉，《法制日報》，8 月 19 日。

劉煜晨，2005，〈他們推動了中國經濟進程日〉，《中國新聞周刊》212，1 月 14 日：http://www.chinanewsweek.com.cn/2005-01-14/1/5071.html。

賴海榕，2003，〈競爭性選舉在四川省鄉鎮一級的發展〉，《戰略與管理》2003（2）：57-70。

United Nations Development Programme. 2002. *Human Development Report 2002*. Oxford: Oxford University Press.

第三章

中共四代領導集體決策運作之分析

楊開煌

壹、問題意識

在「中國研究」的學界中解釋中共政權性質的政治研究，出現過許多不同的解釋架構（frame of interpretation）（Rai and Christiansen, 1998），在西方的當代中國研究（Communist China studies）中鮑大可（Doak Barnert）的「極權主義」（Totalitarianism）途徑，其代表著作爲 *Communist China: The Early Year 1949-55*，意謂著中共政權是一個高度極權的國家，毛澤東可以掌控一切的權力，也享有無人可以反抗的權威。此一理論對早期建立政權的中共而言，確實有其一定的解釋力，特別是早年中共政策的大轉彎：如從「鳴放運動」轉爲「反右鬥爭」，以及「二五計劃」轉爲「三面紅旗」，雖然在過程中也有反對的聲音（胡繩（編），1991：368-369），然非但不足以糾偏而且反遭罹罪，若非極權主義的政權性質那是不可想像的；但隨著毛對錯誤政策的堅持，使國家、人民蒙受巨大而明顯的損失與痛苦。後毛被迫公開認錯（胡繩（編），1991：392），使得毛的威權開始疲弱，甚至遭受質疑，特別是文化大革命中出現的不同幫派鬥爭，遂使得極權主義的解釋力出現明顯的不足。黎安友（Andrew Nathan）提出的「派系主義」（factionalism）模型，其代表著作爲 *A Factionalism Model for CCP Politics*。此一理論在觀察中共政權的特徵上，一直是運用最

為廣泛的研究途徑之一，而且派系模型在運用的過程中，也逐步發展出更多元、更有效的解釋模型（寇健文，2005），如「扈從主義」（clientielism）到「世代政治」（political generations）都可以是廣義的派系主義，在解釋中共的權力爭奪、決策角力、幹部升降等都具有相當的說服力。然而一方面是派系政治顯然是人類政治生活中的共通現象，並非中共政治所獨有，因此只是以派系來解釋中共的政治運作時，就無法真正突顯中共政權所兼具的中國與馬列主義的特色；另一方面則由於中國人在社會活動上，原本就十分倚賴「關係」（鄭赤琰、文灼非，1996：88-93、138-141）。因此「關係」作為一個解釋的概念時，其實過於巨觀，也容易流於只見關係而忽視其他因素。再一方面是過份地運用派系主義，也容易出現比較傾向對中共政治衝突面的解釋，而較少或沒有對執行面的說明的缺失，同時對中共的政權中無明顯派系的人如何歸類，以及對「制度」因素的作用和影響的估計比較不足的問題。白魯恂（Lucian W. Pye）的「文化主義」（culturism），其代表著作 *The Dynamics of Chinese Politics* 及 *The Spirit of Chinese Politics*，應該是抓住了中、西之間的主要差異，是中共研究極好的切入點，然而 Pye 不是中國人，從而他的理解就不自覺地當然也不得不地，會從西方中心主義來解釋中國，也同樣無法觀察到中國人在政治運作中的互動的藝術，如 Pye（1982）對 1980 年代後的鄧小平及其路線的預測就與現狀不符，特別從文字文件中許多表達的技巧，更是不容易體會的。

至於台灣的中共研究一直秉承反共意識型態的需要和西方政治的價值觀，對中共政治採用習慣性的否定描述和批判研究，從早期如：項迺光、郭華倫、王健民、張鎮邦、洪幼樵、陳雨蒼、佘延苗、朱文琳諸前輩，他們對中共政權內在的關係和運作的技巧，完全可以十分精準地把握，然而在寫定成為文本時，就不能不從單一的「權力鬥爭」的角度來思考和言說（楊開煌，2000），這種對中共的片面唱衰主義的研究路線，到了 1980 年

代開始陸續遭遇到西方社會學科研究方法，開放探親（楊開煌，2000），特別是中共自身的經濟大幅起飛和國力不斷增強的影響，終於逼使傳統的研究無以為繼。但是此一研究心態，仍在台灣學界的西方社會科會研究典範下，被自覺或不自覺地加以繼承和運用。結果使得學界相關中共的研究如果沒有批判、沒有指出中共的缺失，就會不安，甚至是立場問題，影響所及，我們對中共絕大部分的作為就出現「以我為主」的解讀，特別是中共的外交與軍事作為的認知上，更是出現明顯的偏差，即將中共所有的作為，都解釋成針對台灣，如胡錦濤在聯合國 60 周年的慶典會上提出對亞、非、拉第三世界國家的五項新措施（大公報，2005），[1] 這原本是中共作為當今世界的大國，作為第三世界國家的代表之一，與已發達國家的外交鬥爭策略，但我方的反映是中共為了打壓我們的生存空間，便是一例。而對中共內部的政治訊息誇大成為負面形象，如上海市委書記陳良宇據傳在 2005 年 3 月，曾在中共中央政治局會議上，對溫家寶的「宏觀調控」政策有異見，最終就被渲染成為胡、溫要在十六屆五中全會鬥倒上海幫，並以之檢證胡溫政權的穩定性。[2] 這些解釋和預測在相當程度上經不起事後的檢證。除此之外，在有關大陸經濟面、社會面也都出現片面地以大陸官方或大陸學者自行暴露的缺點和短處，來證明和誇大大陸的失敗，但事實上也

---

[1]　中國決定給予所有同中國建交的 39 個最不發達國家部分商品零關稅待遇。
　　1. 中國將進一步擴大對重債窮國和最不發達國家的援助規模，在今後兩年內免除或以其他處理方式消除所有同中國有外交關係的重債窮國 2004 年底前對華到期未還的全部無息和低息政府貸款。
　　2. 中國將在今後三年內向發展中國家提供一百億美元優惠貸款及優惠出口買方信貸。
　　3. 中國將在今後三年內增加對發展中國家特別是非洲國家的相關援助，幫助他們建立和改善醫療設施、培訓醫療人員。
　　4. 中國將在今後三年內為發展中國家培訓培養三萬名各類人才。
[2]　陳良宇在 2006 年 9 月因在上海的「社保資金」案上，涉有重大疏失，被中共中央免去領導職務。

同樣是不斷出現錯誤。按「否證論」（Falsification Theory）（Popper, 1963）的觀點，我們是有必要對我們原來的理論，甚至是「典範」（Paradigm）（Kuhn, 1970）都有反省和檢討的必要。然而最根本的問題在於：我們有必要修正我們心目中的中共政權性質的刻板印象，以便我們心目中的中共政權更接近客觀事實；對一個政權的刻板印象，常常來自我們對其意識型態、政治制度、決策模式、領導人以及其政治文化等方面的認識，但是當我們發現以上的要素出現變化時，就有必要依其變化的軌跡、方向，來調整我們心目中中共政權性質的刻板印象，才能進一步討論其政權的性質，以作爲解釋其行爲的依據。依據上述中共領導人的變遷這是十分清楚，無庸贅述的事；至於意識型態方面，一般的看法是招牌未變而內容則大大不同，特別是「三個代表」觀點的提出（胡錦濤，2003：4-6），更是馬克思政治學說的革命。因而本文主要從政治制度、決策模式二方面加以討論。

貳、黨建制度中四代領導人及其領導機構之制度變遷

中共建立政權迄今，按中共的演算法已經經歷了四代的領導人，他們的政治制度是以黨領政，其黨的建設制度必然影響到中共的政治性格，因此研究中共政權性質，必須從研究共黨的建設，特別是黨的領導階層的制度設計開始。由於本文所探討的政權性質，主要針對已存在的領導階層其制度及運作，故而有關領導階層產生的方式部分只能暫時略而不談。本節之邏輯企圖從中共自己的黨建制度入手，特別是黨的領導人制度的設計、黨中央權力核心的運作規範來檢證其執行之情況，以便觀察其變化的方向，是以本文運用歷史主義方法和制度研究的途徑，描述中共領導黨建制度之變遷。

一、建政後黨領導人制度規章

（一）第一代的主席制：中共「七大」（1945 年 4 月 23 日至 6 月 11 日）時，為了因應當時中國抗日戰爭以及國共鬥爭的需要，因此將原本中共的總書記制改為主席制，但主席制的制度設計從「七大」開始，之後在實踐上把過多的權力集中於領袖手中，不僅缺少一套對領袖實行監督的切實可行的制度，反而做出了「書記處所討論的問題，主席有最後決定之權」這樣不好的規定。只是由於這一時期黨中央和毛澤東領導的正確，以及毛澤東和黨的其他領導人個人的民主作風，這種理論上和制度上的缺陷被掩蓋起來了（范平（編），1995：134）。由於「七大」的中共成功地建立了政權，客觀上為主席制的正確性做了有效的背書，自然就為日後毛澤東個人凌駕全黨的獨裁運作大開方便之門。建政以後，中共根據各個時期形勢發展的需要，黨中央雖設總書記，也設中央委員會主席，同時作為中央政治局主席和中央書記處主席，此為主席制。雖然同時也設有「總書記」，不過依當時的規章，此一職位相當於秘書長，而沒有「總書記制」的權力，所以當時也有一些相關的民主設想，如任期制、黨代表的常任制等，[3] 但是卻遠無法阻止既有權位又有極高權威的毛，之後在黨內做出違害黨的事件。

（二）第二代從主席到總書記制（施九青、倪家泰，1993：322）：

3　八大通過的黨章增加了「中央委員會認為有必要的時候，可以設立中央委員會名譽主席一人。」這樣一款。這是因為毛澤東向中央提出，他準備到適當的時候就不當黨的主席了。他還提出不再擔任下一屆國家主席，並且建議修改憲法，規定國家主席、副主席連選只得連任一屆。他認為讓他擺脫第一線的職務，可以集中精力研究一些問題；不擔任國家主席、不擔任黨的主席，仍然可以以黨的政治局委員的資格，在必要的時候，在適當的會議上作主題報告。可以說是醞釀廢除實際存在的領導職務的終身制，準備實行黨和國家領導體制的一個重要改革。新黨章規定黨的全國代表大會實行常任制，每屆任期五年，每年召開一次全國代表大會會議（胡繩（編），1991：348）。

1980 年黨的十一屆五中全會在決定重新設立中央書記處的同時，選舉產生中央總書記，但與中央委員會主席一職並存，又恢復了主席—總書記制。黨的「十二大」以後，開始採用總書記制，即只設中央委員會總書記，不設主席。此一制度則實施至今未改，可以說是此一領導制度的導正，正是為中共中央的領導方式從原本的個人獨裁，逐漸過度調整到非極權制的一個根本性的調整。不過從「十二大」到「十四大」，鄧小平為了實現新老交替的一種過渡性組織，有利於發揮許多富有政治經驗的老同志對黨的事業的參謀作用，也有利於廢除領導幹部的職務終身制，從中央到地方都成立中央顧問委員會。制度上黨的顧委會是在黨中央的領導下發揮他們的作用，但是十年來，「中顧委」是在鄧小平、陳雲的先後主持下，因此真正的運作常常是中顧委才是起關鍵性作用的機構。

　　（三）元老指導下的第三代自為地集體領導：第三代的接班始於「天安門事件」之後，經中共的第二代以鄧小平為核心的元老們所作的決定，因此，儘管中共黨中央的領導制度沒有改變，但是第三代領導人無論在領導內部的協調分工，以至對外的領導操作，都必須第二代元老特別是鄧小平的支持和背書，才能生效。這就使得第三代的領導人無法成為政治中的唯一強人，因而彼此之間的鬥爭不得不服從於彼此的分工，所以他們不得不集體領導。

　　（四）第四代自覺地集體領導的嘗試期：促成第四代接班的「十六大」，在領導制度的規範上，沒有更改，但是由於第三代領導不是強人，因此第四代的領導集體，除了胡錦濤之外，其餘則由第三代領導個別舉薦，經集體協商所產生，使得第四代的領導集體之間，面臨一種是進行權力分工鬥爭或是權力合作的選擇，所幸第三代領導集體在退休之後，表現的沉潛而自制，遂使得第四代領導集體在危機意識下，逐步磨合出分工合作為主的集體領導。

二、中共中央領導制度之規範分析

　　從制度建設的角度來看，第一代的毛澤東是制度化的極權政治，從制度上規定了中共領導人極權的權力，加上毛領導中共建立政權的功勞所累積的威權，自然很容易形成個人獨裁的政權，因而在毛澤東時代毛的意志就是制度，毛的意志改變，制度也必然隨之改變，這就是 1950 年代末「三面紅旗」取代「二五計劃」，以致於發生文化大革命的根本原因。在這種體制下，鮑大可的極權主義研究其實是有一定的解釋力，但是如果因此而得出共產黨的內部是團結一致的結論，則是對中國文化的理解出現問題。因爲中國的政治一貫是以塑造團結和諧的印象，來掩飾內部的鬥爭。換言之，在毛的時代雖有派系，不過派系也是毛用以鞏固自己權力的工具。

　　到了第二代的鄧小平則是以威權建立制度的威權政治，其政權的特色是以威權領導權位。1970 年代末，鄧小平充分運用了在黨內歷經「三起三落」的政治資產，善於團結鬥爭的技巧以及其過人的政治判斷力，取得復出的機會，提出以經濟建設爲中心的「改革開放」政策，開啓了中共的新時代，因此鄧小平就可以利用對中國大陸的貢獻所積累的權威調和鼎鼐，沒有權位而不爲俗務所纏的優勢。但這樣的體制畢竟不正常，逐步建立制度勢在必行。所以在鄧小平復出，權力基礎穩固之後，他就廢除了「主席制」回復到「總書記制」，這就從制度面祛除了「個人獨裁」的可能，因爲「總書記制」的總書記在理論上只是「中央常委會」中的負總責任的領導幹部之一，而非唯一。其次鄧小平時代作爲黨的主要權力機構，如「黨大會」、「中央委員會」都是如期召開，在鄧時代，共有「十二大」、「十三大」和「十四大」三次黨大會均依黨章每五年一會，中央委員會則是每一年一會，除「十三大」的「中委會」加開一次之外，其餘均十分正常；這就在制度的執行面樹立了很好的慣例，使中共幹部的任期出現了可期性。鄧的另一個制度貢獻就是廢除幹部的「終身制」，建立了屆齡退休的規定，

其適用的對象依其規定是：

> 擔任中央、國家機關部長、副部長，省、市自治區黨委第一書
> 記、書記、省政府省長、副省長，以及省、市、自治區紀律檢查
> 委員會和法院、檢察院主要負責幹部的，正職一般不超過 65 歲，
> 副職一般不超過 60 歲。擔任司局長一級的幹部，一般不超過 60
> 歲。當然，個別未到離休退休年齡，但因身體不好，難以堅持正
> 常工作的，經過組織批准，可以提前離休退休。另一方面，個別
> 雖已達到離休退休年齡，但因工作確實需要，身體又可堅持正常
> 工作的，經過組織批准，也可以在一定的時間內暫不離休退休，
> 繼續擔任領導職務（陳瑞生、龐元正、朱滿良（編），1992：
> 187）。

此一制度有力地促進了幹部隊伍的活化。當然鄧小平也有其包袱，那
就是他有義務要照顧與他同一世代的老同志，於是他在 1982 年成立「顧問
委員會」，原意是借重他們的經驗。結果按老幹部退休制度的決定，「老
幹部離休退休以後，一定要很好地安排、照顧，基本政治待遇不變，生活
待遇還要略爲從優，並注意很好地發揮他們的特長，還應當成爲我們黨和
國家的堅定不移的政策原則之一。」這一部分原本沒有問題，但在規定中
又強調：

> 同時老幹部離休退休，雖然離開了的原來工作崗位，不擔任行政
> 領導職務了，但在思想上、政治上和組織上並不因此而同樣退
> 休。因此，對於一切離休退休的老幹部，他們的政治待遇，包括
> 閱讀文件、聽重要報告、參加某些重要會議和重要政治活動等
> 等，應當一律不變。生活待遇，包括醫療和交通工具等等，也應
> 當一律不變（陳瑞生、龐元正、朱滿良（編），1992：187-
> 188）。

　　這就使得老幹部反而具有「不在其位，干擾其政」行使權威的機會，特別在中央形成了老人干政的局面。我們只要讀一讀「十四大」的《顧委會報告》就可以體會他們干政的層面之廣、程度之深：黨「十二大」的「中顧委」根據黨章規定的任務，並且按照「宜少不宜多、宜虛不宜實」和「量力而行、盡力而為」的方針，做了一些力所能及的工作，發揮了一定的作用。黨「十四大」的「中顧委」報告說：

1. 參與一些重要問題的討論，並提出了一些建議。十年來，中顧委委員列席了這期間召開的歷次中央全會和其他一些重要會議，參加了中央一些重要決定、文件的討論。在日常工作中，中顧委組織委員們閱讀文件，特別是及時傳達中央的重要文件和中央領導同志的重要講話，並組織委員進行學習和討論，使大家及時瞭解中央的精神和工作部署，在政治上同黨中央保持一致。在學習討論中，大家暢所欲言，積極發表自己的看法和意見。中顧委通過簡報等形式，向中央反映了委員們提出的建議和意見。完成中央交辦的一些事情。在全國整黨期間，有 39 位委員參加了整黨的指導工作和聯絡工作。在機構改革中，不少委員參加了一些中央、國家機關和省、自治區、直轄市的機構精簡幹部考核和人事調整工作。

2. 組織專題報告會。十年來，我們不定期地舉行了數十次報告會，約請中央和國家機關有關部委的負責同志，給委員們介紹國內外形勢，介紹改革開放和經濟發展的情況。

3. 鑒於黨的幹部離休、退休制度已全面建立並正在順利執行，實現新老幹部的合作與交替已取得預期的進展；鑒於中顧委已歷時兩屆，委員們的年事都很高了，已基本上完成了作為一種過渡性組織的任務，委託我們建議，黨的第十四次全國代表大會後可以不再設立中央顧問委員會。

　　從以上的描述，我們可以明顯地瞭解到「中顧委」在這十年中所佔有的政治份量，所幸中共在「十四大」之後就廢除了中央顧問委員會，不過以時論事，設立「顧委會」從政治面來看，「顧委會」不失為終身制和屆齡退休制之間的緩衝區，是穩定中改革的典範。從經濟面來看，「顧委會」在中共改革開放的時代裏，可以作為激進改革派和務實保守派之間的平衡者，從而使得第三代可以在少數元老級領導的協助下，摸索出一套集體領導的模式，也是一種必要的安排。

　　在「十四大」的第三代領導人如何接班的問題上，鄧小平花了不少的心思，顯然當時江澤民無論在聲望、資歷、貢獻中央的人脈等各箇方面，都不是同儕中大家完全可信服的。大陸在 1991 年出版的《中共三代領導集體的理論與實踐》中說：

> 我們黨的第三代領導集體，聚集了江澤民、楊尚昆、李鵬、喬石、姚依林、宋平、李瑞環、萬里等一批領導人，共同推進社會主義現代化建設和改革開放事業。新一代領導集體成員大多受過高等教育，都有較高的知識水平，有比較豐富的實踐經驗，擔任過從基層到中央的領導職務，取得了有影響的政績。他們身體建康，精力充沛，能卓有成效地工作。新班子內部是團結的，也是能戰鬥的（俞柏林、彭珠、黃還全（編），1991：14）。

　　足見在當時的情況下，並沒有特別突出江澤民作為第三代的核心。換言之，在當時的情勢下，江澤民的地位也不是百分之百地穩固，因此，才有鄧小平不得不在內部講話時當面欽點江澤民並為加持。鄧小平說：「任何一個領導集體都要有一個核心，沒有核心的領導是靠不住的。第一代領導集體的核心是毛主席…第二代實際上我是核心…進入第三代的領導集體也必須是有一個核心…要有意識地維護一個核心，也就是現在大家同意的江澤民同志」（胡偉，1998：43）。此後，江澤民才算是通過天安門事件

後過渡時期的考驗，成為中共真正的第三代接班人（黃也平（編），1998：481），中共的宣傳機器也才開始為江澤民造勢宣傳。

　　另一方面，鄧小平將中共的黨政機關分為七大片，而中央政治局七個常委每人分管一片。七大片的分法自「十四大」起即有之，依當時的分工為江澤民作為領導核心並負責外事口，李鵬負責宣傳、文教，喬石負責人大口，朱鎔基負責財經口，劉華清負責軍事口，胡錦濤負責黨務組織人事口。「十五大」之後，喬石和劉華清下台，江澤民總書記作為總管，有權力干預任何一個系統並同時具體領導軍事口（軍委）和外事口、朱鎔基總理領導財經小組、胡錦濤副主席領導組織人事、尉健行則負責政法、李嵐清負責宣傳文教、李鵬負責人大口、李端環負責政協口（楊光斌，2003：32）。[4] 此一區分，如果失敗很容易各自為政，從而因為每一位常委都有資源，則有可能引發黨內慘烈的鬥爭；反之，如果可以妥協則可以為集體合作尋找到新的模式。從現有的資料來看，他們的摸索過程充滿了不斷的鬥爭的妥協。在十年的過程中，毫無疑問，至少出現過江澤民與喬石之間所謂「水落石出」的鬥爭，「十五大」以後又有江澤民與李瑞環之間「江李心結」的尖銳矛盾等等。但無論如何，在第三代的政壇之中，除了原政治局委員、北京市委書記陳希同在任期中下台外，他們都是在任期換屆時候，才出現權位的易動，如今第三代已經完全離開政壇，每個人也都是全身而退，因此我們至少能說「十四大」所建立集體領導的初步試驗並沒有失敗。

4　此種以「集體領導，分工負責」的方式，建立集體領導班子的做法，是與過去不同的集體領導的經驗，過去是以不同的事務來分工，此種分工有時稱之為「戰線」，或稱「口」，或稱「片」。大陸學者說「在現實政治中，人們習慣以「口」指稱相關的領域和系統，如計劃口、交通口、外事口、農業口、林業口、組織口、人事口、宣傳口、文教口…系統和口非常之多，但最重要的方面可以歸納在六個小組之下，如財政小組之下，就包含農業工業商業各經濟部門」（楊光斌，2003：31）。而鄧的分法是按機關和事務的綜合來區分。

　　第四代領導是從第三代領導集體手中，以集體接班的方式獲得政權，從集體領導的運作來看，他們比較不受第三代接班時老人政治的掣肘和影響。雖然當時的江澤民保留了軍委會主席的位置，但是一方面只是軍的領導，而在中共以黨領軍的傳統下，江的影響也就有所局限；另一方面江在中共黨內的影響力完全無法與元老政治相比，因此第四代的集體領導就必須以自己的方式去模索，尋找出適當的方式來相處，以便爲集體領導樹立習慣。

　　其次，第四代的領導人數由七人增加爲九人，這對胡錦濤而言是一種新的考驗，人數的增加其合作的複雜程度也必然隨之增加，而九位常委的分工方式也從按機構分工，調整爲既按機構也依口（事權）分工，因而在政策協調上其難度也有所提高。面臨此一考驗，胡的辦法是既回歸老傳統，也提出新辦法：所謂「老傳統」是包括了革命時代的優良作風，也包括了改革開放以來黨中央所制定的新規定；前者主要表現在領導機構的權責與會期，後者則具體彰顯在制定新的政治局工作規則與開辦政治局學習會上。按中共中央的領導機構包含了中央政治局、中央政治局常委會及其辦事機構中央書記處，他們的角色按中共的說法是：

1. 中央政治局：黨中央領導機構。中央政治局由黨的中央委員會全體會議選舉產生。在中央委員會全體會議閉幕期間，行使中央委員會的職權，領導中央書記處的工作。中央政治局定期召開全體會議，按照民主集中制原則，討論決定重大問題。中央政治局負責召集中央委員會全體會議，每年至少舉行一次。中央政治局的職權，一直行使到下屆中央委員會選舉產生新的中央政治局爲止。

2. 中央書記處：黨的十二大黨章規定，中央書記處由中央委員會全體會議選舉產生。中央書記處在中央政治局和它的常務委員會的領導下，處理中央的日常工作。黨的十三大對中央書記處的職能和產生

做了調整，規定：「中央書記處是中央政治局和它的常務委員會的辦事機構；成員由中央政治局常務委員會提名，中央委員會全體會議通過」。這種規定，有利於發揮中央政治局及其常務委員會在中央委員會全體會議閉幕期間的決策職能（萬福義、張勇力、崔清蓮（編），1990：823-824）。

就領導機構的權職及運作而言，綜合現有的資料（施九青、倪家泰，1993；郭瑞華，2004；寇健文，2005），中央政治局常委會的職權為：

1. 根據黨的全國代表大會和中央委員會確定的路線、方針、政策，對涉及全局工作的方針、政策性問題進行研究並提出意見，提交中央政治局審議。
2. 負責中央政治局制定的方針、政策的組織實施。
3. 負責對中央紀律檢查委員會、中央軍委以及全國人大常委會黨組、國務院提出的政策性問題做出決策。
4. 審議並提出黨中央各部部長、各省、自治區、直轄市黨委書記和國家機關各部（委）部長（主任），各省、自治區、直轄市省長、主席、市長的人選，提交中央政治局會議討論決定。負責審批黨中央各部副部長，各省、自治區、直轄市黨委副書記、常委職務的任免；審批國家機關各部（委）副部長（副主任），各省、自治區、直轄市副省長、副主席、副市長人選的提名。
5. 對重大突發性事件，中央政治局常委會有權及時做出相對應決定，並以中共中央名義發文件。
6. 中央政治局常委會向中央政治局負責並報告工作，接受中央政治局的監督（施九青、倪家泰，1993：538）。

而中央政治局的職權為：

1. 根據黨的全國代表大會和中央委員會確定的路線、方針、政策，討論決定並以中共中央名義發布涉及全局工作的方針、政策性方針。
2. 聽取和審查中央政治局常委會的工作報告。
3. 負責審議中央紀律檢查委員會、中央軍委以及全國人大常委會黨組、國務院提出的重大事項。
4. 負責審批黨中央各部部長、各省、自治區、直轄市黨委書記職務的任免；審批國家機關各部（委）部長（主任），各省、自治區、直轄市省長、主席、市長職務任免的提名。
5. 負責召開中央委員會全體會議，每年一至兩次。
6. 向中央委員會負責並報告工作，接受中央委員會的監督（施九青、倪家泰，1993：540）。

至於運作方式，中央政治局常委會的運作為：

中央政治局常委決定問題，做出政治決策，一般以會議的形式進行。中央政治局常委會會議，一般每週舉行一次。中央政治局常委會會議的議題，由中央委員會總書記確定，也可由總書記臨時委託中央政治局常委會其他同志確定。會議要討論的文件，由中央書記處或有關部門準備。中央政治局常委會會議由中央委員會總書記召開並主持，也可由總書記臨時委託中央政治局常委會其他委員主持。每次中央政治局常委會會議均作紀錄並編印會議紀要。中央政治局常委會實行民主集中制原則，實行集體領導制度。中央政治局常委會委員個人無權決定應由中央政治局常委會集體決定的重大問題，無權改變中央政治局常委會的集體決定。任何委員必須堅決執行集體的決議，如有不同意見，可在常委會內部提出討論，在沒有重新做出決定前，不得有任何與中央政治

局常委會決定相違反的行動。中央政治局常委會委員代表中共中央發表的重要談話、重要文章，事先須經中央政治局常委會會議討論通過或傳閱同意，有的須提請中央政治局批准。個人發表涉及重大問題的談話或文章，發表前應當履行一定的送批程式。中央政治局常委會委員在參觀、視察、參加會議和其他活動時，可以發表指導工作的個人意見，但不代表中央政治局常委會（施九青、倪家泰，1993：539）。

而中央政治局的運作為：

中央政治局決定問題一般以會議形式進行，原則上每月舉行一次。中央政治局也實行民主集中制和集體領導的原則（施九青、倪家泰，1993：540）。

以上的資料主要應是依據中共曾在 1987 年 11 月的十三屆一中政治局會議上討論通過《十三屆中央政治局工作規則（試行）》、《十三屆中央政治局常務委員會工作規則（試行）》、《十三屆中央書記處工作規則（試行）》（寇健文，2005：125）。不過到了 2002 年中共十六屆中央政治局委員會開會之後，官方媒體再度報導中央政治局會議消息（人民網，2002）。報導強調，中共總書記胡錦濤主持會議。報導特別指出，此次會議通過十六屆中央政治局工作規則和其他事項。以新的工作規則，向大陸民眾宣傳新一屆中央政治局運作透明化和上軌道。邏輯上說既訂新的「工作規則」必定與舊的「工作規則」有所不同，不過內容並沒有公布，外人所知有限，無法討論。然按新華網公布的信息來看，從胡上台至 2005 年 7 月（2002 年 11 月 16 日至 2005 年 7 月 25 日）共 32 個月中，政治局開會 29 次，平均而言，約每月一會。從開會的內容來看，涉及黨的議題共 11 次；涉及經濟與社會議題共 12 次；涉及政治議題共八次。（如表 3-1 和表 3-2）

另外，政治局集體學習會是胡錦濤上台之後，最顯著的改變，迄
2005 年 6 月 27 日共計 23 次，其中與中央政治局開會重疊 21 次，有二
次是在政治局會議的第二天召開集體學習會，綜合政治局集體學習會 25
次[5]（如表 3-2）的內容大致可以區分為黨務，政務，軍務、文化等四大
類，黨務方面有四次；政府事務部分共 14 次分別為經濟議題有五次，社會
議題有四次，法治議題有三次，科技議題二次；軍務方面有四次；文化方
面有三次。足見政治局集體學習會的學習面很寬，大陸學者的看法認為此
一措施有三大功能：

> 首先，推進政治決策的科學化與民主化。…中央政治局就有關黨
> 和國家發展的重大問題，邀請知名專家開設講座，有利於拓寬視
> 野，廣泛掌握決策資訊，提高領導水平，實現政治決策的科學化
> 與民主化。其次，發展哲學、社會科學和自然科學研究。中央政
> 治局虛心聽取專家的意見，充分體現了中央對哲學、社會科學和
> 自然科學研究的重視，有力推動了學術界對相關問題的研究。再
> 次，促進學習型政黨和學習型社會的建設。中央政治局開展集體
> 學習，也為全黨、全社會樹立了榜樣，有利於在全黨、全社會創
> 造濃厚的學習氛圍，促進學習型政黨和學習型社會的建設（曾勇
> 明，2005）。

事實上，胡錦濤提倡的政治局集體學習作為制度的做法，不僅在中共
黨史上前所未有，即在國際上也是僅見。胡的做法目前已是黨中央的制度
之一，因此肯定有助於扭轉中共這個黨在潛意識中，由毛澤東革命建國所

---

[5] 現有資料已至 25 次，為了配合政治局會議資料，至 2005 年 7 月對比資料僅取 23
次。

遺留下的反知識的性格傳統，在地方效尤景從的風氣下，[6] 個人以為長期而言，此一措施將使中共黨的本質出現根本性的變化——即從革命型政府而技術型政府，再轉而為學習型政府。

參、四代領導決策模式例舉

　　研究中共的決策並不容易，主要原因在於中共官方的資料十分有限，而且沒有系統，因此許多中外學者討論有關中共的決策過程時，就常常使用親自訪問與事後資料比對，來建構中共決策可能的過程，然而中共的決策官員，必然是共產黨員，作為黨員對外發言是有紀律的約束，因而透過訪問是否真正能夠釐清決策過程，這就是說，縱使我們的信度無疑，然而效度（包括我們是否能找到最適當的受訪對象、訪問的時間、對方肯透露多少）的問題是我們不得不考慮的。所幸本文的目的不在於詳細地描述中共領導階層的決策程式，只在於粗略地理解中共四代領導階層的決策模式，比較其中的異同而已，是以本文採用中共官方已經公布的部分，作為基礎釐清流層加以對比。

一、中共的「一五」計劃制定過程

　　有關中共「一五」計劃制定，按中共的重要財經大老之一薄一波的回憶是：

　　　　「一五」計劃從 1952 年著手編制，到 1955 年提交第一屆全國人民代表大會第二次會議審議通過，前後用了三年多的時間。1952

6　廣東省委的南方網有詳細的報導（南方網，2005）。

年初，中央決定成立由周恩來、陳雲、薄一波、李富春、聶榮
臻、宋劭文六同志組成的領導小組，組織領導「一五」計劃的編
制工作。8月，試編出《五年計劃輪廓草案》，並組成以周總理
為團長、陳雲和富春同志為副團長的政府代表團赴蘇，徵詢蘇聯
對我「一五」計劃的意見，商談蘇聯援助我國進行經濟建設的具
體方案。蘇聯政府領導人看了我們的「草案」後，認為還不能算
是五年計劃，不僅不是計劃，即使作為指令也不夠。周總理和陳
雲同志在蘇逗留了一個多月的時間，兩次會見了史達林。史達林
對我國的「一五」計劃提出了一些原則性的建議。1954年4月，
根據工作發展的需要，中央決定調整領導編制「一五」計劃工作
的班子，成立由陳雲同志為組長的八人小組，成員有高崗、李富
春、鄧小平、鄭子恢、習仲勳、賈拓夫、陳伯達。同月，毛主席
審閱了陳雲同志提出的《五年計劃綱要（初稿）》，並批劉少
奇、恩來、彭真、小平等同志審閱。8月，在陳雲和富春同志主
持下，八人小組審議國家計劃委員會提出的《中華人民共和國發
展國家經濟的第一個五年計劃草案（初稿）》，接連舉行了17次
會議，對草案逐章逐節地進行了討論和修改。10月，毛主席和少
奇同志、周總理三位領導人聚會廣州，用一個月的時間，審議修
改後的「一五」計劃草案。11月，由陳雲同志主持召開中央政治
局會議，用11天的時間，仔細討論了「一五」計劃的方針任務、
發展速度、投資規模、工農業關係、建設重點和地區布局，又提
出了許多修改意見和建議。1955年3月，召開黨的全國代表會
議，討論通過了「一五」計劃草案，並建議由國務院提請全國人
大審議批准，頒布實施（薄一波，1991：286、288-289）。

從薄的描述，我們可以歸納出毛在相對理性的時代，其決策的流程是：

1. 中央啟動→幹部作業→赴俄取「經」→幹部修正→呈毛批准。

2. 計劃從 1952 年起稿到毛批准已爲 1957 年。

3. 這樣的計劃根本是邊計劃邊修正，批准之年也就是執行完畢之年。

從歸納其決策的特點：是從中央到中央，其決策線是從周恩來到毛澤東而已；至於陳雲、薄一波等幹部只是聽命辦差而已，所幸陳雲、薄一波等幹部至少都還是有過財經經驗的幹部，因此，此時毛的財經決策乃有「紅色專家」的參與，並在他們的基礎上作決策。是以雖然沒有經驗，而且是閉門造車，但是「一五計劃」仍是「文革」前最成功的計劃經濟，可能也因此而使得毛輕視經濟建設的專業性，而且此一缺點在「二五計劃」一開始就充分顯露；1958 年毛就不滿財經幹部的「計劃」，單獨提出「三面紅旗」政策，要求加快經濟發展的速度，薄一波回憶說：

> 建國以後，由於缺乏經驗，我們在經濟建設中基礎上是沿襲蘇聯的做法，但毛主席不久就發現這種做法存在不少弊端，力求在借鑒蘇聯經驗、教訓的基礎上，找到一條適合中國自己情況的社會主義建設的道路。為此，毛主席夙興夜寐進行研究和探索，先後做了《論十大關係》、《關於正確處理人民內部矛盾的問題》的報告，提出了一系列構想和重大方針政策；主持制定了《全國農業發展綱要（草案）》；進行了對反冒進的批評。經過這些工作和活動，毛主席的主張基本上被各級領導幹部所接受。廣大農村在 1957 年冬季迅速掀起了農田水利建設的高潮。在這種形勢下，制定社會主義建設總路線就提上了議事日程（薄一波，1993：659-660）。

在這時候的決策過程中，我們所看到的就只是一個人的思想、意志的堅持和不顧一切地貫徹，可以說中共中央的決策已經從中央集體蛻變爲個人獨裁。我們以爲合理地推論，假如經濟政策都能以個人獨裁的模式來決策，其他的政策更是可想而知了。

二、鄧小平「深圳特區」決策

　　中共的第二代領導人鄧小平最重大的決策是「改革開放」政策，但相關的資訊不足，我們舉鄧小平開放「深圳特區」決策為例。學者黃也平描述說：1978 年鄧小平已經開始工作，此時的中國是百廢待舉，百孔千瘡，中央深知舊的政策失靈必須另起爐灶，但是應該如何改，按什麼方向改，中央陷入「有想法，沒辦法」的困境，怎麼辦？先取「經」，時任國務院副總理谷牧「根據中央的意圖，忙著組織出國考察訪問代表團」（黃也平（編），1998：163）。

　　考察團有二：一是港澳，一是西歐。西歐之行堅定了開放的決心，谷牧的秘書胡光寶說：「這一次考察活動時，深有感觸地說，這次出訪，為後來緊抓不捨的「『一個中心，兩個基本點』打開了思路，為創辦經濟特區以至沿海地區對外開放，提供了不少可以借鑑的東西」（黃也平（編），1998：163）。港澳的報告提出：「把靠近港澳的廣東寶安、珠海劃成出口基地，力爭經三五年努力，在內地建設成具有相當水平的對外生產基地、加工基地和吸引港澳客人的遊覽區」（黃也平（編），1998：163）。之後中共中央、國務院指示「總的同意，說幹就幹，把它辦起來」。之後就是廣東省、交通部再赴香港和廣東實地考察，選擇地方啟動政策，深圳、蛇口、汕頭等地方選定之後，黨中央李先念副主席、谷牧副總理更召集計委、建委、外貿、人民銀行、財政、交通等部門開會，對於廣東省應在開放政策上先走一步，所以給廣東更大的自主權，開放某些地方實行不同於社會主義的政策，發展自己的經濟的方向，已有了高度共識。1979 年 4 月鄧小平聽取報告，並決定使用「特區」之名，其後鄧小平又要求谷牧到廣東去研究具體的執行，1979 年 7 月 15 日中央批轉了「五十號文件」：

　　對計劃體制、對外貿易、財政體制、金融體制、物資體制、勞動

工資、物價政策等問題，採取了一系列擴大地方自主權的靈活措施，還明確了特區的管理原則和基本建設等事宜，確定「三個特區建設也要有步驟地進行，先重點抓好深圳市的建設」。這個歷史性的文件，為創辦深圳特區拉開了序幕，擂響了出征的戰鼓（黃也平（編），1998：183）。

從以上的簡單描述我們可以歸納出鄧小平時代其決策的流程是：

中共中央提構想→國務院提建議（經濟工作是國務院的職掌，如「眞理標準」的討論，啓動者則是中央黨校、中宣部）→派員外出考察→相關幹部研商、討論→擬訂建議→鄧小平同意→中央批發文件正式啓動。

比較起來鄧小平時代和毛澤東時代的決策過程，其實十分相似，基本上都是一個由上而下的決策程式，決策圈也以政治技術官僚爲主，決策過程本身是一個反覆協商的過程，最終由鄧小平拍板才算定案。事實上，當時的黨主席是華國鋒，不過決定政策則是鄧小平，足證權威性是大於實際的權位。可以說是標準的人治作爲，雖然對中國大陸而言，其結果完全不同，仍而如果我們不以效果論來論斷的話，就決策過程而言，鄧的決策模式並不比毛澤東更科學、更民主。

三、江澤民的政治報告製作過程

江澤民是中共的第三代領導人，按理我們在歸納其決策模式時，應以1997 年 2 月鄧小平去世以後，江澤民的決策如南斯拉夫大使館被炸事件、EP-3 事件或是中共十五大政治報告等爲宜，但由於資料所限，本文只能以十四大政治報告制訂過程爲例，按中共學者施九青的描述是：

1. 1992 年 2 月 20 日下午，江澤民在中南海勤政殿召開關於報告起草的座談會，他在會上強調，十四大報告要以這個談話精神作為貫穿

全篇的主線；在系統地總結改革開放和現代化建設 14 年來的實踐
和經驗的基礎上，著重闡明為什麼要毫不動搖地堅持黨的「一個中
心，兩個基本點」的基本路線。江澤民認為在當前國內外形勢下，
黨的十四大報告必須回答：堅持黨的基本路線必須注意把握的要點
是什麼？黨在 1990 年代改革開放和建設的主要任務和戰略步驟是
什麼？中國共產黨人對當今世界重大問題的看法是什麼？報告要展
望並規劃改革和建設在今後半個多世紀的近程目標，提出在建黨一
百週年時基本實現社會主義現代化。

2. 江澤民同志的講話及中央政治局常委們的意見為十四大報告定下基
   調，起草小組的同志開始以此為依據起草報告。4 月 30 日，中央
   政治局常委會議對報告第一稿進行了討論。

3. 此後，報告又有了第二稿、第三稿…，6 月 9 日，江澤民在中央黨
   校發表講話，就全面貫徹落實鄧小平同志重要講話精神，闡述了九
   個方面的問題。

4. 根據江澤民黨校講話和中央政治局常委會精神，起草小組對報告稿
   做了重要修改。

5. 報告第四稿在提請政治局審閱的同時，還報請鄧小平同志審閱。鄧
   小平同志對報告稿做了肯定的評價，認為報告稿有份量，同時對進
   一步修改好報告稿發表了十分重要的意見。

6. 黨的十四大報告的起草過程，是充分發揚民主，在民主的基礎上集
   中全黨智慧的過程。在歷時七個多月的起草過程中，中央政治局常
   委會討論了四次；政治局開會討論了兩次；江澤民同起草小組座談
   了三次。黨中央和國務院的一些領導同志還個別和起草小組談了重
   要意見。7 月，根據中央政治局討論時提出的要求和鄧小平同志的
   重要意見，報告稿又進行了兩次重要修改。中央決定將第六稿印發
   到全國 119 個地方、部門和單位徵求意見。黨的十三屆中央委員會

委員、候補委員、中央顧問委員會委員、中央紀律檢查委員會委員，黨的十四大代表，中央黨政軍各部門，各人民團體的黨員負責幹部，各人民團體的黨員負責幹部，各省、自治區、直轄市和各大軍區的黨委負責同志等 3,000 多人，另有政協、老同志、專家、學者。

7. 根據各方面的意見，起草小組對報告徵求意見稿做了四百五十多處修改。

8. 9 月，中央政治局常委會和政治局全體會議分別審議通過了修改後的報告稿，決定提請黨的十三屆九中全會審議（施九青、倪家泰，1993：534-537）。

中共黨的全國代表大會之政治報告，是黨代會的主要工作也是例行的工作，其決定的過程是：

江澤民定調（主要指導思想、主要回答的問題）→常委參與討論→起草小組擬訂初稿→常委會再討論→鄧小平審閱→指定之菁英階層廣泛討論→起草小組修改→中央政治局常委會和政治局全體會議通過。

從以上決策過程來看，與第一代相似之處在於起始點是由上而下，但是在過程上有反覆，在第九稿時政治局常委會已討論四次，政治局開會二次，修改 450 次；到了全會之後又修改了一百七十多處。足見第三代的領導集體在此一事件的參與程度大有提昇，同時在其他菁英參與的幅度上也大大擴增，這種決策過程的擴大參與，便是中共所謂社會主義民主的核心內容。因此，我們可以說按中共自己的民主認知，第三代的決策模式是比較接近民主集中制的程序，不過綜合而論，其決策圈仍然以政界菁英為主，很少有其他類型的菁英可以提供意見，因此，其政治報告必然的趨勢就是保守有餘而開創不足。

四、「十一五」規劃制訂過程

　　中共第四代的胡錦濤在 2002 年接任中共中央總書記，次年 3 月接任國家主席，再次年 9 月接任中央軍委主席，完成第四代的全面接班，按中共新的經濟計劃在順序上仍是承接建國以來的計劃經濟，但此時的經濟精神早已從計劃經濟轉軌爲市場經濟（自 1992 年開始），因此此時中共的「計劃」，已經不是早期的中共指導性質，而是以方向的引導爲主，中共「十一五」更將「計劃」直接改爲「規劃」，此一「規劃」則是在胡開始掌權之後制訂的。其制訂過程，在人民網十分迅速而詳細地公開，我們將其關鍵的過程摘錄如下：

1. 在 2003 年，根據黨中央、國務院的統一部署，國家發展改革委首次以「招標」形式，組織國家和各地區各部門的重要研究機構以及世界銀行、聯合國駐華機構等，對涉及「十一五」時期的重大發展課題進行研究，提出了幾百萬字的研究成果。

2. 2004 年底，根據胡錦濤總書記的指示，中央直接部署 22 個重大課題，包括三農、能源資源、區域協調發展、收入分配、人口、就業和社會保障、環境保護、體制改革和擴大開放等，幾乎涵蓋「十一五」時期我國將要面對的所有重大問題。

3. 2005 年 2 月 16 日，各地區各部門五十多位領導幹部和專家學者齊聚北京，《建議》起草組正式成立。中共中央政治局常委、國務院總理溫家寶任起草組組長，中共中央政治局委員、國務院副總理曾培炎任副組長。總書記先後主持五次中央政治局常委會、兩次中央政治局會議，聽取起草工作彙報和進行討論，還多次聽取有關部門關於「十一五」規劃專題彙報，並做出重要指示。作爲起草組組長，溫家寶總理先後八次主持起草組會議，討論研究《建議》稿，

在形成《建議》提綱後，主持國務院黨組進行討論。吳邦國、賈慶林、曾慶紅、黃菊、吳官正、李長春、羅幹等中央領導同志，也十分關心《建議》的起草工作，提出了許多重要意見。

4. 7月26日，胡錦濤總書記在這裏主持召開黨外人士座談會，聽取各民主黨派中央領導人、全國工商聯領導人和無黨派人士的意見和建議。

5. 8月，胡錦濤總書記深入河南、江西、湖北三省的農村、並分別主持召開座談會，聽取三省負責同志對「十一五」時期我國經濟社會發展的意見和建議。

6. 國務院召開座談會、專題彙報會，聽取專家對《建議》的意見和有關彙報；全國政協舉行專題協商會，就「十一五」規劃建言獻策；起草組在貴陽、上海分別召開座談會，聽取中西部地區和東部地區對「十一五」規劃有關重大問題的意見。

7. 7月底，中央辦公廳下發通知，就《建議》（徵求意見稿）在一百多個單位元、部分黨內老同志和黨的十六大代表中，廣泛徵求意見。二十多天的時間裏，起草組共收到各類意見近2,000條。溫家寶總理、曾培炎副總理主持起草組逐一進行研究，最後吸納六百多條，對《建議》作了三百五十多處修改。

8. 黨的十六屆五中全會在北京召開，溫家寶就《建議（討論稿）》向全會做了說明，安排兩天半時間審議《建議（討論稿）》，胡錦濤總書記主持中央政治局常委會聽取全會分組討論情況的彙報，並對如何修改補充做出重要指示。起草組又對文稿進行認真修改。11日上午，全會進行分組討論。中午，起草組又根據分組討論情況，對文稿作最後的修改，經中央政治局同志審閱後提請全會審議（新華社，2005a）。

綜合以上的資料我們歸納出第四代領導集體的決策過程是：

招標研究（包括國際駐華機關）→擇定方向→成立小組→建議初稿→集體協商→擴大參與→經驗性調研→寫成討論稿→提交審議→修改「建議稿」。

在此我們確實看到一個不同以往的決策模式，首先是決策的科學化：由學者、專家論證開始，有了方向才從政策面進行通盤的思考，擬定初稿之後，其討論參與的範圍，採取由內而外、逐步擴大的模式，再輔以經驗性的實地調查，才真正完成討論稿。而且在「建議稿」通過之後，依據馬凱（國家發改委主任）的說法，國家成立的「『十一五』規劃專家委員會」由 37 位專家組成，他們分別是大陸宏觀經濟、產業經濟、區域經濟、科技教育、可持續發展和國際問題等領域的知名專家和權威人士，國務院「發改委」原常務副主任、全國人大華僑委員會原主任委員甘子玉任專家委員會主任。專家委員會的基本職責是對「十一五」規劃《綱要》進行諮詢論證、提出論證報告，並同《綱要》一併報送全國人大（新華社，2005b）。之外也在網站公開徵求各界的建議。將經濟的技術理性充分發揮，以提高規畫的可行性、周延性；這應該就是胡錦濤所提倡的決策科學化。其次是決策的民主化。何謂「決策民主化」呢？簡而言之，就是擴大決策參與的數量，儘可能使每個願意參與的人都有機會，中共要求「決策民主化」的主要原因，在於透過決策民主的程式從正面看：可以經由交流思想，充分溝通，達到利害妥協，排除障礙，教育菁英，減少犯錯，建立共識等優點；從負面看，也可以作為日後卸責的藉口，因此作為工具意義的民主對決策而言，肯定是好處多多（何增科等，2004：148-152）。因此胡錦濤大力提倡決策民主化，並且在「十一五規劃」中做出典範；雖然是一種高度工具意義的民主，但對比中共前幾代領導人的決策模式，仍然是一大進步。今後胡溫政權此種決策民主化的規範，如果能夠推而廣之，並且持之以恆，

以至上行下效，蔚成風氣，化爲習慣，則必然有助集體領導模式的深化，降低決策的誤差，長期而言，加上中共所強調的其他民主的原素，將有助於中共黨內以至全大陸民主因素的成長，改變中共政權的性格。因此，個人以爲台灣的學者在討論中國大陸民主化問題時，除了站在西方政治基礎上，對中共的政治民主提出批判之外（類似的批判其實是最容易的，大陸的政治學者中對中共政權實踐民主的批判也多數持此立場。少伯，2005；陳小利，2005），也應該著眼於中共在「行政民主」的努力和實踐。雖然從當下而言，他們的實踐尚不符合西方的標準，改革的速度尚不令人滿意，但是這並不代表中共在政治上眞的沒有改革，沒有嘗試。如果我們從理解的角度來檢視中共 25 年的政治變化，雖然遠不如經濟起飛的明顯，但其中的差異仍不應故意忽視。因而如何也從社會主義民主的立場尋求對話，以便創造我們眞正以參與的方式影響大陸新一波的政治變遷。

肆、中共政權的性質：民本集中制政權

　　從以上中共政權制度面的變化到決策方式的變遷，在在可以說明如今的中共政權，已經不能簡單地視之爲傳統的「專制政權」，也不是現代的「極權政治」，個人也不同意將中共政權視之爲「威權政治」，因爲上述政治學的習慣用語，並不能精確掌握當今中共政權的特質。如今的中共政權既堅持許多極權政治的特質，保留了不少專制治理的文化，但你也看到可能的民主因素被政權本身有序地引入統治的過程之中，以致於使我們必須以其本身的變化來轉移我們的研究典範，以便更好地概括這樣的政權。此一典範的本身必須既具有中國政治傳統的本質，又說明瞭中共政權的當代特色，準此個人提出「民本集中制政權」的概念加以涵括，此一概念包含了三大核心：一是堅持黨的利益下的集體領導的原則；二是工具性引進

西方民主制度中適用的內容；三是傳承並轉化中國傳統的民本思想。

一、堅持黨的利益下實踐集體領導

按中共 1980 年代初通過的《關於黨內政治生活的若干準則》中說：

集體領導是黨的領導的最高原則之一，從中央到基層的各級黨的
委員會，都要按照這一原則實行集體領導和個人分工負責相結合
的制度…在黨委會內，決定問題要嚴格遵守少數服從多數的原
則。書記和委員不是上下級關係，書記是黨的委員會中平等的一
員…堅持集體領導，並不是降低和否定個人的作用，集體領導必
須和個人分工負責相結合（陳瑞生、龐元正、朱滿良（編），
1992：190）。

「準則」不是一般強調個人負責，而是強調分工基礎上的個人負責，
從而既能做到責任到位，又能提高集體領導的效率（林尚立，2002：
157）。而中共的第四代領導集體正是希望外界有此印象。他們之間彼此是
一種既分工又合作的關係，以「十一五規劃」為例，此一工作的基本分工
是國務院的工作，在過程中不但胡介入很積極，而且我們在事前看到中央
其他常委的「關心」，在事後吳邦國、賈慶林也都在他們系統中擴大宣傳
（人大新聞網，2005）。當然這絕不表示集體領導中沒有派系鬥爭，然而，
如今中共內部的派系鬥爭，必須服從黨的利益，我們看到「水漲石沒」、
「江李心結」以至第四代的「胡曾瑜亮」，但都沒有危及黨的正常發展和
集體領導的平順運作，這是迄今的明顯事實，那麼問題就在於此種運作的
規模能否持續。個人以為如果目前「集體領導」相對有序的運作模式，是
中共的領導認為是彼此有利，而沒有人也沒有必要的因素，想要破壞此一
平衡的關係，則我們自有樂觀的理由加以期待。

二、工具性民主制度的引進和運行

中共這個黨長期以來一直以「民主集中制」作爲其政治哲學中最重要的原則之一，從政治的角度來論，中共認爲「民主」與「集中」兩者之間可以辯證地結合，用毛澤東的話來說最能代表共產黨員在政治目標上的浪漫主義，毛說：「我們的目標，是想造成一個又有集中又有民主，又有紀律又有自由，又有統一意志，又有個人心情舒暢、生動活潑，那樣一種政治局面」（毛澤東，1977：456-457）。然而事實上，以中共長期的政治發展而言，似乎一直偏向集中，很難憧憬毛的政治目標會有實現的一天。但是如果我們從行政的角度來看時，就能看到中共政權如何工具化地以民主來改善、柔化其政權的「集中」性質，特別是第四代領導人在這一方面的努力更加突顯。特別是 2005 年 10 月 19 日發表《中國民主政治建設白皮書》（新華網，2005）其中闡明瞭社會主義民主觀的主要內容爲：

（一）數量民主：在數量民主上，中共一方面在追求參與的數量，甚至將政治參與視爲人民義務，以阻卻少數選民決定全體命運的可能；另一方面在人的選舉、法的通過、事的決定各個方面，都要求過半才具有合法性。

（二）全面性民主：此一部分表現在中共的各級各種「代表制」的組成結構上，十分重視充分地、整體地代表性，此種思考如果眞正落實，可以說比一般象徵意義的保障名額更具有意義，也更能發揮傾聽全民聲音的作用（葛海彥，2004），當然如今的中共並未能在「代表制」中以比例原則來表現其母體。

（三）積極性民權：社會主義民主在理論上很強調人民隨時罷免不適任者，此一理論在實踐上有一定的困難，但是作爲補救一般民主政治中，人民只有在選舉時才作主的缺陷，確是一個重要的思考方向之一；同時目

前政治學界認眞推動「審議式民主」以補救代議式民主的不足，也和中共的民主選舉、民主決策、民主管理、民主監督在層次上雖不可同日而語，但在方法上有其類似之處。

（四）指導性的民主發展：中共認知的民主有一個十分矛盾的情結。一方面他們認爲應該相信人民的智慧，事實上從大陸村自治的推展過程來看，人民確實有其創造力；但是另一方面他們又強調只能在「黨的領導」下實踐民主的制度安排，對中共而言民主究竟是人民自覺地推動或是先進階級教育啓蒙，指導實踐的結果呢？看起來中共在革命時代重視前一種論述，一旦自己奪權成功，用的便是後一種論述，以保障自己的權力。

（五）階級性民主：原本社會主義民主之主要內容，係對資本主義的批判，從而提倡無產階級民主（趙建民，1997：255-256）。不過在「三個代表」的論述提出後，現在共產黨也已經不強調這一種觀點。雖然中共政權第一份民主政治建設的白皮書表明了不同的「民主觀」，儘管這一部分在中國大陸也引起很多的爭議（周其明，2005：中國選舉與治理網，2005），但是不可否認中共政權還是在抽象層次上肯定了「民主」的普世性，因此以後大陸人民就完全具有要求中共政權實踐社會主義民主的正當性。

三、傳承中國傳統的民本思想

中國在傳統上雖然沒有民主思想，但確有十分濃厚的「民本思想」，「民本思想」的本質是爲鞏固「君權」的千秋萬世，但是爲了要達到此一目的，皇帝本身的作爲必須得民心，所謂「得民心者得天下」，所謂「水能載舟，亦能覆舟」，這是帝王的統治術中非常重要的告誡。可以說民本思想是深深地濡化中國的統治階層與被統治階層，是以在被統治階層而言，所企求的也只是行政層次的權利而已，這樣民本思想自然愈來愈成爲中國

傳統政治所追求的境界，特別是其中政治道德的部分在受中國文化影響的地區是很容易和民主行政相互爲用的。其實胡錦濤上台之後，所有的作風形式上是恢復共產黨的傳統風格，而骨子裡所表現出來的就是中國傳統的「民本主義」。胡錦濤在 2003 年 2 月在中共中央黨校的講話中提出，即「權爲民所用、情爲民所繫、利爲民所謀」（中國新聞網，2003）就是最佳的明證。

按共產黨自己的解釋，共產黨一貫的宗旨就是全心全意爲人民服務，就是「利爲民所謀」。共產黨來自於人民，服務於人民，和人民同呼吸共命運，情同魚水。但是由於官僚作風、貪污腐敗等問題的影響，黨和人民之間的魚水情受到了破壞。「新三民主義」的「情爲民所繫」，有明確的針對性，意義重大。

如果說「利爲民所謀」是靶，那麼，「情爲民所繫」是弓，「權爲民所用」就是射出去的箭，是「新三民主義」的關鍵所在。也有人提出加一個「錢爲民所用」，這也是「權爲民所用」的一個重要的具體體現（南詠，2005）。

以現階段大陸的政治與社會的落差而言，也許認眞地貫徹民本政治再輔以民主的制度，並不失爲第四代領導人的最佳政治選擇，從而也有機會在實踐的過程中創造新的政治可能性。

表 3-1　新一屆中共中央政治局會議彙總

時間	會議名稱	主要內容
2005 年 7 月 25 日	中央政治局會議	決定召開十六屆五中全會，討論研究當前經濟形勢和經濟工作。
2005 年 6 月 27 日	中央政治局會議	會議討論國家中長期科學和技術發展規劃的若干重大問題，研究部署加快我國科學技術事業發展的有關工作。

時間	會議名稱	主要內容
2005 年 5 月 31 日	中央政治局會議	會議研究和部署進一步加強民族工作，加快少數民族和民族地區經濟社會發展。
2005 年 4 月 15 日	中央政治局會議	會議聽取中央政治局常委參加保持共產黨員先進性教育活動民主生活會情況的通報。
2005 年 2 月 21 日	中央政治局會議	會議討論國務院擬提請第十屆全國人民代表大會第三次會議審議的《政府工作報告》稿。
2005 年 1 月 24 日	中央政治局會議	會議研究加強中國共產黨領導的多黨合作和政治協商制度建設問題。
2004 年 12 月 27 日	中央政治局會議	會議聽取中央紀律檢查委員會 2004 年工作彙報，分析黨風廉政建設和反腐敗工作面臨的形勢，研究部署 2005 年黨風廉政建設和反腐敗工作，審議《建立健全教育、制度、監督並重的懲治和預防腐敗體系實施綱要》。會議同意 2005 年 1 月召開中央紀律檢查委員會第五次全體會議。
2004 年 12 月 1 日	中央政治局會議	會議分析當前經濟形勢和研究明年經濟工作，會議決定近期召開中央經濟工作會議，就相關工作進行研究部署。
2004 年 10 月 21 日	中央政治局會議	會議討論並決定從 2005 年 1 月開始在全黨開展以實踐「三個代表」重要思想爲主要內容的保持共產黨員先進性教育活動。
2004 年 9 月 7 日	中央政治局會議	會議討論十六屆三中全會以來中央政治局的工作，研究加強黨的執政能力建設等問題。會議決定十六屆四中全會將於 9 月 16 日至 19 日在北京召開。
2004 年 7 月 23 日	中央政治局會議	會議決定今年 9 月在北京召開十六屆四中全會，主要議程是，中共中央政治局向中央委員會報告工作，研究加強黨的執政能力建設問題。會議還討論研究了當前的經濟形勢和經濟工作。
2004 年 6 月 29 日	中央政治局會議	會議研究進一步做好新形勢下發展黨員工作。

時間	會議名稱	主要內容
2004 年 5 月 28 日	中央政治局會議	會議研究健全和完善村務公開和民主管理制度。
2004 年 4 月 26 日	中央政治局會議	會議分析當前我國經濟形勢，研究進一步做好經濟工作的政策措施。
2004 年 3 月 29 日	中央政治局會議	會議研究支援糧食主產區和種糧農民的政策措施及幹部人事制度改革等問題。
2004 年 3 月 18 日	中央政治局常委會會議	會議對進一步學習和貫徹實施《中華人民共和國憲法》進行研究部署。
2004 年 2 月 23 日	中央政治局會議	會議討論《政府工作報告》稿和修改《中國人民政治協商會議章程》部分內容的工作。
2003 年 12 月 23 日	中央政治局會議	會議聽取中央紀律檢查委員會關於十六大以來反腐倡廉工作的彙報，分析黨風廉政建設和反腐敗工作面臨的形勢，研究部署 2004 年的黨風廉政建設和反腐敗工作，討論《中國共產黨黨內監督條例（試行）》稿和《中國共產黨紀律處分條例》修訂稿。會議同意 2004 年 1 月召開中央紀律檢查委員會第三次全體會議。
2003 年 11 月 24 日	中央政治局會議	會議分析當前經濟形勢，研究明年經濟工作；討論進一步加強人才工作、實施人才強國戰略問題。會議決定近期召開中央經濟工作會議和全國人才工作會議，就相關工作進行研究部署。
2003 年 9 月 29 日	中央政治局會議	會議討論十六屆一中全會以來中央政治局的工作，研究完善社會主義市場經濟體制、修改憲法部分內容的建議和實施東北地區等老工業基地振興戰略等問題。十六屆三中全會將於 10 月 11 日至 14 日在北京召開。
2003 年 8 月 11 日	中央政治局會議	會議決定今年 10 月在北京召開中國共產黨第十六屆中央委員會第三次全體會議，主要議程是，中共中央政治局向中央委員會報告工作，討論研究完善社會主義市場經濟體制問題和修改憲法部分內容的建議。

時間	會議名稱	主要內容
2003 年 7 月 21 日	中央政治局會議	研究部署進一步做好經濟工作和公共衛生建設工作等問題。
2003 年 5 月 23 日	中央政治局會議	研究和部署進一步加強人才工作等問題。
2003 年 4 月 28 日	中央政治局會議	研究在全黨興起學習貫徹「三個代表」重要思想新高潮等工作。
2003 年 4 月 17 日	中央政治局常委會會議	聽取有關部門關於非典型肺炎防治工作的彙報，並對進一步做好這項工作進行了研究和部署。
2003 年 3 月 28 日	中央政治局會議	研究進一步改進會議和領導同志活動新聞報導等工作。
2003 年 2 月 21 日	中央政治局會議	會議決定 2 月 24 日至 26 日在北京召開中國共產黨第十六屆中央委員會第二次全體會議。會議討論了《關於深化行政管理體制和機構改革的意見》，會議討論了向第十屆全國人民代表大會第一次會議推薦的國家機構領導人員建議人選和向政協第十屆全國委員會第一次會議推薦的全國政協領導人員建議人選；會議確定將以上兩個方面的內容作爲十六屆二中全會的議題。
2003 年 1 月 28 日	中央政治局會議	聽取中央紀律檢查委員會關於 2003 年工作的彙報，分析黨風廉政建設和反腐敗鬥爭面臨的形勢，研究和部署當前和今後一個時期黨風廉政建設和反腐敗工作。
2002 年 12 月 26 日	中央政治局會議	中央政治局會議聽取有關方面關於農業和農村工作的彙報。會議分析和研究了明年農業和農村工作。
2002 年 12 月 12 日	中央政治局常委會會議	聽取有關部門關於解決困難群衆生產生活問題的情況彙報，並對進一步做好這項工作進行了研究部署。
2002 年 12 月 2 日	中央政治局會議	中央政治局會議分析當前經濟形勢，研究明年經濟工作。
2002 年 11 月 16 日	中央政治局會議	中央政治局會議十六屆中央政治局召開第一次全體會議，專門對學習貫徹黨的十六大精神進行研究部署。

資料來源：新華網，2003。

表 3-2　中央政治局集體學習內容一覽

　　各級領導幹部必須明白，現在社會各個方面的發展日新月異，人民群眾的實踐創造豐富多彩，不學習、不堅持學習、不刻苦學習，勢必會落伍，勢必難以勝任我們所肩負的重大職責，要做合格的領導者和管理者，必須大力加強學習，努力用人類社會創造的豐富知識來充實自己。── 胡錦濤

場次	時間	學習內容	主持人
第二十五次	2005 年 9 月 29 日	國外城市化發展模式和中國特色的城鎮化道路	同濟大學唐子來教授、北京大學周一星教援
第二十四次	2005 年 8 月 26 日	世界反法西斯戰爭的回顧與思考	軍事科學戰爭理論和戰略研究部江英研究員、軍事科學院世界軍事研究部羅援研究員
第二十三次	2005 年 6 月 27 日	國際能源資源形勢和我國能源資源戰略	國土資源部地質調查局張洪濤研究員、國家發展和改革委員會宏觀經濟研究院周大地研究員
第二十二次	2005 年 5 月 31 日	經濟全球化趨勢與當前國際貿易發展的新特點	中國人民大學黃衛平教授、中國社會科學院裴長洪研究員
第二十一次	2005 年 4 月 15 日	關於我國經濟社會發展戰略的若干問題	國務院發展研究中心劉世錦研究員、國家發展和改革委員會宏觀經濟研究院陳東琪研究員
第二十次	2005 年 2 月 21 日	努力構建社會主義和諧社會	中國社會科學院社會學研究所李培林研究員、景天魁研究員
第十九次	2005 年 1 月 24 日	新時期保持共產黨員先進性研究	中央黨史研究室李忠傑教授、全國黨建研究會王庭大研究員
第十八次	2004 年 12 月 27 日	面向 2020 年的中國科技發展戰略	中國科學院孫鴻烈研究員、同濟大學萬鋼教授

場次	時間	學習內容	主持人
第十七次	2004 年 12 月 01 日	中國社會主義道路探索的歷史考察	中央黨校陳雪薇教授、劉海濤教授
第十六次	2004 年 10 月 21 日	我國民族關係史的幾個問題	中央民族大學楊聖敏教授、中國社會科學院郝時遠研究員
第十五次	2004 年 7 月 24 日	堅持國防建設與經濟建設協調發展的方針	總裝備部科技委員會郭桂蓉教授、國防科工委專家諮詢委員會欒恩傑研究員
第十四次	2004 年 6 月 29 日	加強黨的執政能力建設問題	北京大學黃宗良教授、中央黨校盧先福教授
第十三次	2004 年 5 月 28 日	繁榮和發展我國的哲學社會科學	上海財經大學程恩富教授、中國社會科學院李崇富教授
第十二次	2004 年 4 月 26 日	法制建設與完善社會主義市場經濟體制	北京大學吳志攀教授、中國人民大學王利明教授
第十一次	2004 年 3 月 29 日	當今世界農業發展狀況和我國農業發展	農業大學程式教授、農業部農村經濟研究中心柯炳生教授
第十次	2004 年 2 月 23 日	世界格局和我國的安全環境	外交學院秦亞青教授、中國社會科學院張宇燕研究員
第九次	2003 年 11 月 24 日	十五世紀以來世界主要國家發展歷史考察	首都師範大學齊世榮教授、南京大學錢乘旦教授
第八次	2003 年 9 月 29 日	堅持依法治國、建設社會主義政治文明	復旦大學國際關係與公共事務學院林尚立教授、中國社會科學院法學研究所李林研究員

場次	時間	學習內容	主持人
第七次	2003 年 8 月 12 日	世界文化產業發展狀況和我國文化產業發展戰略	中國社會科學院新聞研究所張西明研究員、清華大學新聞與傳播學院熊澄宇教授
第六次	2003 年 7 月 21 日	黨的思想理論與時俱進的歷史考察	中央黨史研究室張啓華研究員、張樹軍研究員
第五次	2003 年 5 月 23 日	世界新軍事變革的發展態勢	軍事科學院科研指導部錢海皓研究員、外國軍事研究部傅立群研究員
第四次	2003 年 4 月 28 日	當代科技發展趨勢和我國的科技發展，以及運用科學技術加強非典型肺炎防治工作	中國科學院王恩哥研究員、清華大學薛瀾教授、中國疾病預防控制中心曾光研究員
第三次	2003 年 3 月 28 日	世界就業發展趨勢和我國就業政策研究	中國人民大學曾湘泉教授、中國社會科學院蔡昉研究員
第二次	2003 年 1 月 28 日	世界經濟形勢和我國經濟發展	中國社會科學院餘永定研究員、江小涓研究員
第一次	2003 年 12 月 26 日	學習憲法	中國人民大學許崇德教授、武漢大學周葉中教授

資料來源：南方網，2005。

參考書目

《大公報》，2005，〈胡錦濤宣布助窮國五措施〉，9 月 16 日：http://www.takungpao.com/news/2005-9-16/MW-457320.htm。

人大新聞網，2005，〈吳邦國：學習五中全會精神切實落實科學發展觀〉，10 月 13 日：http://politics.people.com.cn/GB/1024/3766341.html。

人民網，2002，〈中共中央政治局召開會議研究經濟工作：中共中央總書記胡錦濤主持會議〉：http://www.people.com.cnBIG5/33831/33832/33846/2540148.html。

中華民國外交部網站，2005，〈新聞背景參考資料〉：http://www.mofa.gov.tw/webapp/lp.asp? CtNode=184&CtUnit=76&BaseDSD=54&nowPage=1&pagesize=30。

中國新聞網，2003，〈胡錦濤：領導幹部「權為民所用」、「情為民所繫」、「利為民所謀」〉：http://www.chinanews.com.cn/n/2003-02-18/26/273898.html。

中國選舉與治理網，2005，〈房寧、陳紅太教授解讀，《中國的民主政治建設》白皮書〉：http://www.chinaelections.org/readnews.asp? newsid={6F78FF80-E17E-4BEE-9952-6D39C5D60F2C。

少伯，2005，〈李君如的話不能不聽也不能全聽〉，中國選舉與治理網站：http://www.chinaelections.org/readnews.asp? newsid=%7B375196A1-143C-4DF2-A48B-8B6315A688DE%7D。

毛澤東，1977，〈一九五七年夏季的形勢〉，《毛澤東選集──卷五》，北京：人民出版社，頁 456-465。

何增科等，2004，《中國政治體制改革研究》，北京：中央編譯出版社。

胡偉，1998，《政府過程》，浙江：浙江人民出版社。

胡錦濤，2003，《在「三個代表」重要思想理論研討會上的講話》，北京：人民出版社。

胡繩（編），1991，《中國共產黨的七十年》，北京：中共黨史出版社。

林尚立，2002，《黨內民主──中國共產黨的理論與實踐》，上海：上海社會科學院出版社。

周其明，2005，〈搞民主政治不能諱言憲政——《中國的民主政治建設白皮書》之學習體會〉，中國選舉與治理網：http://www.chinaelections.org/readnews.asp? newsid={8AF7C6BB-8802-41A5-9524-0DC66CCB54DE}。

范平（編），1995，《新時期黨的建設教程》，北京：中共中央黨校出版社。

政協新聞網，2005，〈政協十屆常委會第十一次會議閉幕賈慶林講話〉，10 月 16 日：http://cppcc.people.com.cn/GB/34952/3772668.html。

俞柏林、彭珠、黃還全（編），1991，《中共三代領導集體的理論與實踐》，北京：紅旗出版社。

施九青、倪家泰著，1993，《當代中國政治遵行機制》，山東：山東人民出版社。

黃也平（編），1998，《1978-1998 中國大決策紀實（上）（下）》，北京：光明日報出版社。

南詠，2005，〈從「四個堅持」、「三個代表」、到「新三民主義」〉，褐玉天地的博客：http://heyutiandi.bokee.com/3181439.html。

南方網，2005，〈中央政治局集體學習內容一覽〉： http://www.southcn.com/nflr/llzhuanti/zhengzxuex/200507080542.htm。

陳小利，2005，〈另眼看《中國的民主政治建設白皮書》〉，中國選舉與治理網：http://www.chinaelections.org/readnews.asp? newsid={0E137AF6-96C0-440E-A8B9-D231FE46883A}。

陳瑞生、龐元正、朱滿良（編），1992，《中共中央關於建立老幹部退休制度的決定（節錄）》，〈中國改革全書（1978-1991），政治體制改革卷〉，大連：大連出版社，頁 187-189。

曾勇明，2005 年，〈中央政治局集體學習制度解讀〉，《學習時報》305：http://www.southcn.com/nflr/llzhuanti/zhengzxuex/200510140267.htm。

郭瑞華，2004，《中共對台工作組織體系概論（修訂二版）》，台北：法務部調查局。

葛海彥，2004，〈社會主義民主的本質是實現最廣大人民根本利益〉，《人大研究》2004（12）：http://www.rdyj.com.cn/2004/rdqk-12-3.html。

新華社，2005a，〈科學發展的行動綱領：「十一五」規劃建議誕生記〉，人民網：http://gov.people.com.cn/GB/46728/53739/53743/3802427.html。

新華社，2005b，〈組建專家委員會：「十一五」規劃請群眾建言獻策〉，人民網，10 月 26 日：http://finance.people.com.cn/GB/1037/3801391.html。

新華網，2003，〈新一屆中共中央政治局會議匯總〉：http://news.xinhuanet.com/zhengfu/2003-08/14/content_1026586.htm。

新華網，2005，〈中國的民主政治建設（全文）〉，10 月 19 日：http://big5.xinhuanet.com/gate/big5/news.xinhuanet.com/politics/2005-10/19/content_3645697.htm。

寇健文，2005，《中共菁英政治的演變：制度化與權力轉移 1978-2004》，台北：五南圖書股份有限公司。

楊光斌，2003，《中國政府與政治導論》，北京：中國人民大學出版社。

楊開煌，2000，〈台灣「中國大陸研究」之回顧與前瞻〉，《邁入二十一世紀的政治學》，台北：中國政治學會出版，頁 527-552。

趙建民，1997，《當代中共政治分析》，台北：五南圖書出版公司。

鄭赤琰、文灼非，1996，《中國關係學》，香港：香港中文大學。

萬福義、張勇力、崔清蓮（編），1990，《共產黨員學習辭典》，北京：光明日報出版社。

薄一波，1991，《若干重大決策與事件的回顧（上卷）》，北京：中共中央黨校出版社。

薄一波，1993，《若干重大決策與事件的回顧（下卷）》，北京：中共中央黨校出版社。

Kuhn, Thomas S. 1970. "The Structure of Scientific Revolution." *Philosophers' Web Magazine*. Available at http://www.philosophersnet.com/magazine/article.php? id=476.

Popper, Karl R. 1963. "Science as Falsification." *Stephen Jay Gould Archive*. Available at http://www.stephenjaygould.org/ctrl/popper_falsification.html.

Pye, Lucian W. 1982. *The Dynamics of Chinese Politics*. Cambridge: Oelgeschlager Gunn & Hain.

Rai, Shirin M., and Flemming Christansen. 1996. *Chinese Politics and Society*: *An Introduction*. London: Prentice Hall.

Xiao, Qiang. 2005. "China's Coming People Power--Arthur Waldron." *Chinadigitaltime*. Available at http://chinadigitaltimes.net/2005/10/chinas_coming_people_power_arthur_waldron.php.

第四章

中共與蘇共高層政治的演變：
軌跡、動力與影響*

寇健文

壹、前言

　　根據蘇聯、東歐與中共等許多共黨國家的歷史經驗，早期學者指出共黨政權具有「權力轉移規範不足」與「權力分配不明確」的結構性缺陷。這種缺陷表現在缺乏政治繼承的遊戲規則，權力競爭者往往會利用暴力方式整肅對手，確保鬥爭的戰果；同時也表現在主要黨政領導機構（或領導人）之間的權力劃分和決策責任不明確。[1] 帕特南（Robert D. Putnam）曾指出：「在領導人交替之際，所有政治體系在面對內部或外部壓力時最為脆弱。對於尚未成熟的政治體系來說，這種壓力最大。因此，有能力承受週

* 本文大部分內容曾刊登於《問題與研究》，第 45 卷第 3 期（2006 年 5 月），頁 39-75。感謝政治大學國際關係研究中心《問題與研究》同意轉載。本文原為國科會研究計畫「共黨政權的政治繼承制度化：中共與前蘇聯之比較（2/2）」的成果。初稿曾發表於「中共政權變遷：菁英、制度與政策」學術研討會（中研院政治所，2005 年 11 月 19 日）、政經研究室成果發表會（政大政治系，2005 年 12 月 28 日）。筆者感謝吳玉山、徐斯勤、徐斯儉、耿曙、陶儀芬、王信賢、趙建民、王德育、郭承天等學術先進的指正，以及兩位審查人的意見。同時感謝政大東亞所蔡文軒、林祈昱兩位同學協助蒐集資料。
1 關於這個觀點的文獻論述與實例分析，見寇健文，2000：57-74、2005：46-54。

期性的政治繼承風暴，正是一個政治體系高度制度化的標誌」（1976：68）。這是因為在權力金字塔頂端建立制度的困難度，遠遠超過在中下層建立制度的困難度。從帕特南的觀點來看，中共與其他共黨政權對社會的控制力很強，又實行一元化領導，但依舊不是高度制度化的政治體系。

然而，1990 年代中期以後，中共逐漸跳脫這種週期性的政治危機。在2002 年 11 月十六大之前，已有學者探討中共菁英政治朝制度化發展的可能性，以及即將面臨的挑戰（寇健文，2001：1-16、2002：68-69；Teiwes, 1995: 44-51; Bachman, 2001: 95; Dittmer, 2001: 58; Shambaugh, 2001: 104-105; Shirk, 2001: 139-142; Li, 2001: 2）。在十六大結束之後，更多學者討論制度化的相關議題，普遍認為正式關係的重要性已經顯著提昇，不再是一個可有可無的因素（寇健文，2005：261-266；Nathan, 2003: 6-17; Zheng, 2003: 63-66; Zheng and Lye, 2003: 65-86; Dittmer, 2004: 10-32; Wu, 2004: 69-88; Bo, 2005: 162-189; Zang, 2005: 204-217）。這些探討中共菁英政治制度化的文獻大致有兩個焦點。第一個焦點是領導人更替的正式規則、非正式慣例或實例逐漸形成，如年齡限制與任期限制；第二個焦點則是決策模式逐漸明朗，如集體領導的決策模式逐漸確立，個人獨裁不再出現。政治局、國務院、中央書記處等領導機關的權責也越來越清楚，並走向法制化。雖然這些學者多半認為中共政治的制度化面臨許多挑戰，但制度化的現象確實存在。

這些文獻凸顯出一個重大議題──為何中共菁英政治的發展軌跡逐漸脫離自己早年的困境與蘇聯等多數共黨國家面臨的夢魘？這是一個非常重要的課題。首先，對實務界與區域研究者來說，中共綜合國力快速增加，國際影響力日增，已成為東亞區域強權。既然中共政權的穩定與東亞安定息息相關，我們必須了解中共菁英政治演變的動力、方向與政治影響。其次，對政治學研究者來說，中共現今的發展已經超過蘇聯等其他共黨政權

的階段，進入一個結局未知的境域。從比較共黨研究的基礎上分析中共高層政治的演變，我們可以更精確地解釋它的發展軌跡。同時，我們還能重新評估共黨政權修補制度缺陷的可能性，以及共黨政權發展軌跡歧異的原因——部分共黨國家的菁英政治出現制度化，但其他共黨國家卻沒有類似現象。這些研究成果將有助於比較政治領域的發展，特別是有助於了解共黨國家政治體制改革成功（以及不成功）的原因與條件。

　　本文的目的是透過比較中共（鄧小平時代迄今）與蘇聯（赫魯雪夫（Nikita Khrushchev）時代至戈巴契夫（Mikhail Gorbachev）時代），解釋為何極少數共黨國家能夠（起碼到目前為止）跳脫絕大多數共黨國家共同面臨的體制缺陷，使得高層政治出現制度化的趨勢。[2] 在研究方法上，本文依循「少量個案分析」（small-N analysis）、「最相近個案比較」（most-similar-case comparison）選擇個案。[3] 中共是屬於高層政治出現制度化的個案，蘇聯則是沒有出現制度化的個案。中蘇兩國均為國際強權，其高層政治發展沒有受到國外宗主國的支配，同時擁有類似的政治體制，面臨共通的體制缺陷。更重要的是，兩國領導人都認知到體制缺陷的問題，曾經嘗試建立幹部更替與決策領導的制度。由於兩國的國際自主地位、政治體制、領導人改革意願、改革標的等方面都非常類似，易於本文找出造成中蘇兩國制度發展差異的主因。

---

[2] 之所以比較中蘇兩國，而非僅僅探討中共一個個案的原因，是為了避免「依照依變項某一個值挑選被觀察的個案」（selecting one value on the dependent variable）可能造成的選擇偏差（selection bias）。相關討論參閱 Geddes, 2003: 89-129; King, Keohane, and Verba, 1994: 124-149; Collier, 1996: 56-91。

[3] 在「少量個案分析」的研究中，若是變項過多，將無法找出因果關係。此時解決方法不是增加個案數，就是減少變項。本文採取減少變項的研究策略（Lijphart, 1971: 682-693; Collier, 1991: 7-31）。「最相近個案比較」選擇其他同質性最高的個案，利用同質性控制變項的數量，進而探求造成它們在被解釋項出現差異的原因（Przeworski and Teune, 1970: 31-46）。

在本文中，我們先把中蘇兩國的歷史軌跡分別歸納爲「制度堆積」（institutional layering）和「制度耗散」（institutional dissipation），進而解釋這兩種軌跡出現的原因。兩國出現路徑歧異的關鍵在於領導人主要權力來源的差別——「個人權威」（personal authority）或是「職務權力」（institutional power）。雖然我們並不否認個別領導人性格、身體狀況等非結構性因素在歷史過程中的作用，但領導人主要權力來源作爲一個結構性因素，並且提供最多的解釋力，它不但影響領導人之間的互動、領導人與「推舉人團」（selectorate）之間的互動，還影響結盟策略與政策選擇之間的互動。

簡單來說，「個人權威型」領導人在建立歷史功勳的過程中，不但已經證明自身的卓越領導能力，還能與追隨者形成患難交情。在這種情形下，追隨者對領導人同時產生敬畏感與信任感，不敢隨意抗拒後者。「個人權威型」領導人因而具有建立新制度，或是改變既有制度的能力。與「個人權威型」領導人相比，「職務權力型」領導人更需要利用政策選擇，爭取「推舉人團」多數支持，無法承受過多反彈壓力。由於他們必須遷就「推舉人團」的利益，無形中侷限制度建設的幅度與速度。

當中共進入制度建立階段時，鄧小平等元老屬於「個人權威型」的制度建立者，較容易在推動大規模制度改革的同時，維持多數統治聯盟。在制度深化階段，江澤民、胡錦濤時代的領導人則屬於「職務權力型」領導人，缺少片面扭轉制度發展方向的能力。他們的弱勢反而有利於原有制度精神的延續，以及相關規範的繁衍。此時儘管權力鬥爭仍然不斷出現，派系運作也仍然存在，但權力鬥爭結果往往成爲下一回合較量的遊戲規則。非正式政治促進正式政治的發展，正式政治隨後影響往後非正式政治的進行方式與激烈程度。非正式政治與正式政治之間的關係是互補的、包容的，與 1980 年代兩者是互斥的、對立的情形不同。在蘇聯個案中，赫魯雪夫與

戈巴契夫都是屬於「職務權力型」的制度建立者。「職務權力型」領導人若在推動制度改革時損及「推舉人團」的利益，往往造成多數聯盟的瓦解，導致制度發展的中斷。

　　本文分成五個部分。第一個部分探討現有學術文獻無法解釋中共高層政治走向制度化的原因。第二部分從領導人更替與決策模式兩方面敘述鄧小平時代迄今中共高層政治的發展軌跡，並指出它呈現「制度堆積」的特徵。第三個部分從同樣的兩個面向，敘述史達林（Joseph Stalin）死後蘇共高層政治的演變，並以「制度耗散」形容它的歷史軌跡。根據前兩個部分的陳述，第四個部分提出解釋中蘇共演變軌跡不同的原因。第五個部分則討論制度化趨勢出現後，它對中共高層互動與決策產生的影響，以及發生逆轉的可能性。

貳、被忽略的研究問題：
從比較視野看中共高層政治的制度化趨勢

　　高層政治的內涵可以分成「領導人更替」和「決策模式」兩大面向來觀察。前者觀察的重點是政治菁英進場（entry）和退場（exit）是否受到規範，以及規範程度的嚴密性。後者則著重政治菁英決定重大政策的方式（集體領導或是個人領導）是否受到規範，以及該種決策方式的運作是否穩定。從上述觀點可以看出，無論是領導人更替、決策模式這兩個面向關切的焦點都是「制度化」。在本文中，高層政治的制度化是指「共黨政治菁英是否能建立，以及如何建立一套規範，解決權力競爭與資源分配的問題，避免暴力介入政治鬥爭」。[4]

4　關於這個概念的定義與相關英文文獻的討論，參見寇健文，2005：54-56。

　　儘管近幾年來學界已經注意到中共高層政治的制度化趨勢，但至今尚未提出一個完整的解釋。原因可以歸納成三點。第一個原因是學者並沒有打算解釋制度化出現的原因。1980 年代末期蘇聯東歐共黨政權陸續瓦解後，菁英研究的學術文獻集中討論共黨政權瓦解的原因（民主轉型）與後共黨時期政治發展（民主鞏固）的問題。研究共黨政權瓦解的文獻大致分成結構論與過程論兩大類別，前者強調結構性因素的影響，後者凸顯共黨與反對派菁英分合互動的重要性。結構論又可進一步分爲社會經濟發展、政治文化、共黨內部團結程度、國際影響等不同觀點。[5] 由於當時學界面對的問題是多數共黨政權紛紛瓦解，出乎意料之外，[6] 這些文獻的重點在於解釋共黨政權的瓦解，而比較不會探索它續存的可能性。[7] 這個研究方向無形中預設共黨政權必亡的立場。然而，這個立場應該是被檢驗的命題，而不是研究的前提。若把「共黨政權必定敗亡」當成前提，我們將無法說明中共、越南、古巴、北韓四國共黨政權持續迄今的原因。這種研究方向其實是按照依變項的結果（共黨政權崩潰）選擇個案，造成「選擇偏差」（selection bias）的問題，進而影響研究結論。[8]

　　著重後共黨時期政治發展的文獻集中在民主化以後政治菁英的基本特徵、甄補與輪替、相互競爭，以及前共黨幹部在政權轉型後的政治角色。這些文獻讓我們了解民主化以後政治菁英的互動，以及菁英互動對民主鞏

---

[5]　關於相關文獻的整理和分析，參見吳玉山，1995：7-43。

[6]　卡里維斯（Stathis N. Kalyvas）（1999: 323-343）曾經指出，過去的研究文獻出現嚴重的缺失，使得政治學界無法預見共黨政權的瓦解。這些缺點包括：一、過於偏重類型學（typology），缺少完善的一黨統治的理論與解釋；二、未能建立經濟衰退、意識型態破產、制度結構僵硬，與共黨政權瓦解之間的因果關係；三、混淆衰退（decay）與崩潰（breakdown）兩個不同概念，前者是遠因，後者則是近因，缺少任何一個原因就無法導致共黨政權崩潰。

[7]　吳玉山（1995）曾經從危機途徑的角度，比較蘇聯、匈牙利、中國、越南四個個案，是少數考慮到共黨政權續存的學者。

[8]　關於選擇偏差的討論，參見 King, Keohane, and Verba, 1994: 129-137。

固的影響。不過，這些文獻已經不再注意、不再考慮共黨菁英是否能夠克服體制缺陷，繼續執政的問題。舉例來說，希格里（John Higley）早期認為共黨國家的政治菁英透過意識型態使其結合為一體（ideologically unified），導致共黨政權的穩定（Field and Higley, 1985: 6-10; Field, Higley, and Burton, 1990: 153-162）。但 1980 年代末期共黨世界瓦解後，他就只研究後共黨時期的政治發展，不再探討現存共黨政權的問題（Higley, Pakulski, and Wesolowski, 1998; Dogan and Higley, 1998; Higley and Lengyel, 2000）。

部分學者雖然注意到共黨國家出現制度化的現象，但並未解釋出現的原因。舉例來說，有些研究中國的學者以制度化作為江澤民、胡錦濤之間權力和平轉移的原因；或是侷限在敘述的層面，極力說明制度化現象的存在。前者如薄智躍（Zhiyue Bo）（2005: 165）認為制度化導致正式制度的重要性高於非正式關係網絡，進而促成這次權力和平轉移。後者如臧小偉（Xiaowei Zang）（2005: 210-215）根據領導人選擇與更替率，顯示制度化重要性的增加。研究越南的學者也經常出現「敘述現象，但不解釋現象」的情形。他們都提到越共高層政治已經出現制度化的現象，如年齡限制、任期限制、地域考量、集體領導等等，但通常不會解釋這種現象出現的原因（Beresford, 1988: 85-90; Pike, 1989: 117-120, 1992: 78-79; Womack, 1997: 84; Abuza, 1998: 1109; Thayer, 2002: 81-83; Ninh, 1989: 222）。這樣一來，制度化的原因沒有被充分討論。

第二個原因是學界無法合理解釋非正式政治（informal politics）、正式政治（formal politics）並存的原因，以及兩者的互動關係，以致無法回答中共高層政治制度化的問題。1980 年代派系政治途徑認為非正式政治阻礙正式政治的發展，兩者的關係在本質上是對立的、互斥的關係。部分學者曾指出正式職務、制度因素在派系政治中扮演一定角色。如羅德明（Lowell

Dittmer）（1995: 17）認為正式職務（formal position）經常是形成非正式權力（informal power）的前提條件。一旦剝奪派系領導人在國家機器內的正式職務，這個派系的關係網絡很容易就瓦解。謝淑麗（Susan L. Shirk）（2002: 298）認為計畫經濟，以及由上到下的幹部任命制度給領導人豐沛資源經營扈從關係。這些都是派系政治與扈從關係中的制度因素。但他們仍無法釐清江澤民時代以後正式政治與非正式政治間的關係，也就無法說明領導人「七十歲劃線離退」如何從權力鬥爭的產物轉變為領導人退休的規範。

在這種情形下，學界無法合理說明 1990 年代以後正式政治如何從非正式政治充斥的環境下成長、正式政治成長之後非正式政治為何繼續存在，以及兩者如何並存。強調制度化的學者只好在凸顯制度因素日益重要的同時，也承認非正式政治仍然舉足輕重（Bo, 2005: 164）。質疑制度化的學者正好相反，在質疑制度化的發展程度和政治後果時，也不得不承認中共在這方面確實有所進步（Fewsmith, 2002: 27, 2003: 6-7）。然而，學界仍然沒有回答當前中共政治中，非正式政治、正式政治兩者的互動關係究竟為何──是互斥的、對立的，還是互補的、包容的。如此一來，學界自然無法解釋中共高層政治出現制度化的原因，以及造成的影響。[9]

第三個原因是學者的分析集中在中共一個國家，缺少比較研究的視野。儘管部分學者分析中共出現制度化的原因，卻未利用其他案例交叉對比，無法建構最好的解釋。舉例來說，有學者指出，隨著革命元老逐漸凋零，現職領導人掌握真正的決策權力。此後，後革命世代領導人退休後無法享有革命元老的影響力（Shirk, 2002: 303-304）。其中的關鍵正是領導人主

---

[9] 事實上，從相關文獻中可以發現，越南高層政治也出現制度化的趨勢，而且與中共相當類似。相關論述可參考 Field and Higley, 1985: 6-10; Field, Higley, and Burton, 1990: 153-162。

要權力來源的改變——從個人威望轉變為職務權力（寇健文，2005：264-266）。然而，同樣經歷世代交替的蘇聯並沒有出現類似的制度化結果。在蘇聯歷史中，領導人主要權力來源的轉變在赫魯雪夫掌權時出現，類似中共現行規範的領導人更替機制（任期限制、年齡限制）或是決策模式（集體領導）也曾出現在蘇共中全會的決議中，甚至納入黨章中。但這些改革措施並未造成蘇共高層政治邁向制度化。經過其他個案對比之後，原本看似合理的解釋出現有待補強之處。由此可見，缺乏多國比較視野對研究中共高層政治造成的不利影響。

　　上述三點對於現有文獻的觀察提供本文鋪陳的基本構想。首先，為了更精確的解釋中共個案，我們將選擇前蘇聯作為對照個案。前蘇聯與中共具有類似的政治體制，分享共同的體制缺陷。兩國都嘗試修補這些體制缺陷，但結局完全不同。赫魯雪夫與戈巴契夫的努力徹底失敗，無法形成制度化現象；鄧小平的改革卻獲得某種程度上的成功。透過分析中蘇兩國高層政治的發展軌跡、演變動力，我們可以觀察造成中共制度化的原因，是否能通過蘇共個案的檢驗。其次，在解釋中蘇兩國高層政治的制度化之前，我們要先勾勒出它們的歷史軌跡特徵，說明制度化趨勢的存在。分析的軌跡期間分別是鄧小平時代後迄今，以及赫魯雪夫時代至戈巴契夫時代。最後，我們將指出 1980 年代初期鄧小平推動制度改革後，1990 年代中期中共高層政治出現本質變化，並說明這些變化如何提供爾後制度發展的動力。在接下來的兩節中，我們將分別呈現中共與蘇共高層政治演變的軌跡特徵。

參、中共高層政治演變的軌跡：
鄧小平到胡錦濤

1978 年鄧小平重掌政權後，他和陳雲、葉劍英等革命元老曾經反省如

何避免文革事件再度出現。他們思考的方向分為兩方面：第一、有計畫地培養專業性強、政治可靠的接班人，因應經濟建設需求，解決幹部老化與專業性不足，並防止文革餘孽重掌政權。第二、防止權力過分集中，解決毛澤東統治後期黨內政治生活弊端叢生的問題。自 1980 年代起，中共逐步推出廢除幹部終身制、建立幹部四化標準等政策；同時倡導黨政分開，確立領導機構的權限，並以集體領導與個人分工相結合的制度作為決策的基本原則。[10]

　　經過二十餘年的發展，中共菁英政治已在領導人更替與決策模式兩方面出現制度化的現象。[11] 領導人更替部分的現象包括：

1. 年齡限制──政治局委員與政治局常委等領導人不應在年滿 70 歲後繼續連任。

2. 梯隊接班──政治局、政治局常委會兩級領導班子呈現年齡的梯形配置，同一層次領導班子也呈現年齡的梯形分布。

3. 任期制──防止任期過長的「任期限制」（同一職務任職十年以上的情形遞減），以及防止職務更替過於頻繁的「任期保障」（在一屆任期之間中途被解職的情形減少）均有發展。

4. 「循序漸進、按部就班」的升遷規律──未先歷練正部級職務或擔任中委（含候補中委）直接晉升政治局委員（含政治局候補委員），以及未單獨歷練政治委員即出任政治局常委的人數與比例，最晚於十四大後逐漸降低，晉升所需平均時間則最晚於十四大後逐漸增加。[12]

---

10 關於鄧小平等革命元老的改革思維，以及 1980 年代改革措施的推動，參見寇健文，2005：78-97、101-131。

11 除另有註明資料出處外，本段與下一段對於中共高層政治制度化的觀察均來自寇健文，2005：189-258。

12 許多學者都注意到年齡限制與任期限制的重要性（Wu, 2004: 79-81; Zhao, 2004: 35）。然而，除了寇健文之外，任期保障和升遷規律兩項指標並未受到其他學者足夠的重視。

在決策模式方面的制度化現象包括：

1. 集體領導與個人分工相結合的制度趨於穩定——制定政治局等領導
   機關的工作規則，內容包括職權、會議制度、文件審批制度、健全
   民主集中制和黨的生活制度等（張文正（編），1999：75）（見
   表 4-1）。政治局常委的職務分工、排名，以及領導小組組長職務
   之分配也出現固定的模式。總書記、全國人大委員長、總理、全國
   政協主席、中央書記處常務書記等五人固定由政治局常委擔任，並
   分列政治局常委排名的前五名。各領導小組組長通常由總書記、總
   理、書記處常務書記擔任，總書記擔任幾個最重要的小組組長。

2. 確立政治局（及其常委會）為決策中心——1980 年代末期以後，數
   次黨章修改的方向均為強化政治局及其常委會的決策地位，如減少
   中央書記處的決策角色、廢除中顧委。隨著革命元老退出政壇，政
   治局及政治局常委會的決策地位更加確立。

表 4-1　中共政治局常委會與政治局工作規則的重點

	政治局常委會	政治局
職權	1. 根據全國代表大會和中央委員會確定的路線、方針、政策，對涉及全局工作的方針、政策性問題進行研究並提出意見，提交政治局審議。 2. 負責規劃實施政治局制定的方針、政策。 3. 負責對中紀委、中央軍委以及全國人大常委會黨組、國務院黨組提出的政策性問題做出決策。	1. 根據全國代表大會和中央委員會確定的路線、方針、政策，討論並決定以中共中央名義發布涉及全局工作的方針、政策性文件。 2. 聽取和審查常委會工作報告。 3. 負責審議中紀委、中央軍委以及全國人大常委會黨組、國務院黨組提出的重大事項。

	政治局常委會	政治局
職權	4. 審議並提出黨中央各部部長，各省（自治區、直轄市）黨委書記和國家機關各部（委）部長（主任），各省省長（自治區主席、直轄市市長）人選，提交政治局討論決定。負責審批黨中央各部副部長，各省（自治區、直轄市）黨委副書記、常委的任免；審批國家機關各部（委）副部長（副主任），各省副省長（自治區副主席、直轄市副市長）人選的提名。 5. 對重大突發事件，有權及時做出相應決定，並以中共中央名義發文件。 6. 向政治局負責並報告工作，接受其監督。	4. 負責審批黨中央各部部長，各省、自治區、直轄市黨委書記的任免；審批國家機關各部（委）部長（主任），各省省長（自治區主席、直轄市市長）任免的提名。 5. 負責召開中委會全體會議，每年一至兩次。 6. 向中委會負責並報告工作，接受其監督。
會議制度	1. 決策一般以會議的形式進行。一般每週舉行會議一次。 2. 會議議題由總書記或受其委託之常委確定。中央書記處或有關部門準備會議重要討論文件。 3. 會議由總書記召集並主持，或由其臨時委託之常委主持。 4. 決定問題時，按少數服從多數的原則進行表決，表決可採用無記名方式，舉手方式或其他方式。決定重要幹部的任免或提名人選時，應逐個表決。表決結果由主持人當場宣布。【推測表決方式與政治局相同】	1. 決策一般以會議的形式進行。一般每月舉行會議一次。中央政治局也實行民主集中和集體領導的原則。 2. 政治局決定問題時，按少數服從多數的原則進行表決，表決可採用無記名方式，舉手方式或其他方式。決定重要幹部的任免或提名人選時，應逐個表決。表決結果由主持人當場宣布。
文件審批制度	1. 每次會議均做記錄並編印會議紀要。會議紀要由總書記或受其委託之常委簽發。 2. 會議紀要應發給政治局全體同志，作為向政治局通報工作的一種方式。 3. 經會議討論通過或經常委傳閱同意的文件，由總書記或受其委託之常委審核簽發。	

	政治局常委會	政治局
健全民主集中制和黨的生活制度	1. 實行民主集中制原則，實行集體領導制度。個人無權決定應由集體決定的重大問題，無權改變集體決定。 2. 必須堅決執行集體決議。如有不同意見，可在內部提出討論。在沒有重新做出決定前，不得有任何與集體決定相違反的行動。 3. 代表中共中央發表的重要講話、重要文件，事先須經會議討論通過或傳閱同意，有的須提請政治局批准。個人發表涉及重大問題的講話或文章，發表前應當履行一定的送批程序。 4. 在參觀、視察、參加會議和其他活動時，可以發表指導工作的個人意見，但不代表政治局常委會。	1. 政治局實行民主集中和集體領導的原則。【推測應與常委會之規定相同】 2. 政治局每年召開一次生活會，進行批評和自我批評。

資料來源：施九青，2002：462-464；甄曉英、張維克，1989：157；王貴秀，1995：226；吳國光，1997：376-378。
*筆者感謝政大政研所碩士劉松福提供資料來源。

　　綜合過去二十多年的歷史軌跡來看，中共高層政治的制度化是類似「制度堆積」的過程。「制度堆積」是一種結合鎖入（lock-in）與革新（innovation）的制度演變方式。整套制度的某些部分已進入鎖入過程，穩定性很高，但其他部分環繞在不變的部分重新修定或衍生新的規範。這個概念原本是指制度改革者無力全盤廢除既有制度，只好做出某種妥協與適應，結果出現一個立場不同的新生制度建立在既有制度上的現象（Thelen, 2002: 225-228）。例如執政者在無法廢除原有公共養老金制度的情形下，只能退而建立私人養老金與公共養老金並存的制度。在本文中，「制度堆積」用來描述目標類似的新生規範建立在既有規範之上，使得整個制度呈現累積發展的現象。

　　這種演變的軌跡具有兩個特性。第一、制度密度不斷增加。制度精神——制度設計的根本用意與運作邏輯——已經出現，但部分應該被規範

的地方被有意或無意遺漏。因此，整個制度在創建時是殘缺、不完整的結構。之後，新的規定或慣例依據制度精神逐漸繁衍，制度涵蓋的層面越來越廣，未被規範的地方則逐漸縮小。在這個過程中，個別細部規範不斷新生、修正或消失，甚至出現不協調的短期現象。但從長期來看，整個演變方向是延續現有制度精神，而非破壞它。[13]

　　第二、制度拘束力逐漸增加。拘束力的強化可能以兩種不同方式表現出來。一種方式是由形式上的規範逐漸演變為實質規範。[14] 規範剛出現時可能徒具形式，對政治行為沒有強大的拘束力。政治菁英依照「潛規則」行事，經常違反形式上存在的規定。[15] 然而，隨著時間的消逝，支撐潛規則運作的動力逐漸減弱，原來徒具形式意義的規範逐漸具有拘束力，成為實質的行為規範。另一種方式是由允許例外情形的柔性規範逐漸轉為一體適用的剛性規範。正式制度在設計時就預留彈性空間，要求多數政治行為者必須遵守規定，但特許少數人無須遵守。這種例外條款逐漸被與制度精神相符的新生規定或慣例取代。

　　在 1970 年代末期至 1990 年代初期，鄧小平推動幹部制度與領導體制改革，但高層政治的制度化多半是在 1990 年代中期以後出現。舉例來說，當今中共領導人的退場機制是以年齡限制為核心，輔之以任期限制。1982

---

[13] 研究美國國會制度化的學者曾經提到類似的觀點，認為制度化是一個「大蓋頭」概念（umbrella concept），其中包含許多發展方向類似、發展速度不一致的層面，而非一致的、直線的、同質的過程。因此，制度化意味朝某個方向發展的一個大趨勢，而個別小趨勢變異、互相牴觸的程度與範圍會隨著時間加長而逐漸縮小（Hibbing, 1988: 707-710; Sisson, 1972: 26）。

[14] 在此，本文認定制度的（形式）存在並不代表它能全面地拘束、塑造政治行為。諾斯（Douglass C. North）曾經指出，制度的強制力（enforcement）很少一直處於完美（或是不完美）的狀態。這顯示制度對政治行為的拘束力並不是制度存在的基本要件。關於制度強制力的問題，參見 North, 1990: 54-60。

[15] 潛規則指與正式規定形成的制度相悖，但獲得廣泛接受的行為慣例。這些行為慣例才是決定行為的主要因素（吳思，2004：471-472）。

年 2 月中共發布《關於建立老幹部退休制度的決定》，建立正省部級幹部 65 歲退休，副省部級幹部 60 歲退休的原則性規定，但允許他們經組織同意後提前或延後離休（中共中央文獻研究室（編），1987：414）。基於現實的考量，該「決定」替鄧小平、陳雲、葉劍英等人開了一個後門，不受退休年齡的限制。「在黨和國家領導人中，需要保留少量超過離休退休年齡界線的老革命家。特別是在當前和今後一個時期的歷史條件下，……更需要有若干位經驗豐富、德高望重，能夠深謀遠慮、統籌全局，而且精力上能工作的老同志，留在黨和國家的中樞領導崗位上」（中共中央文獻研究室（編），1987：415）。換言之，中共幹部退休制度在創立時根本就是一個不完整的制度。

1990 年代中期以後，幹部退休的年齡限制逐漸向上延伸至領導人層級。1997 年江澤民爲了逼退喬石，透過政治局決議，達成政治局常委與政治局委員年滿 70 歲以後不應再連任的協議。[16] 此即「七十歲劃線」的由來。2001 年 9 月中共高層取得共識，十六屆政治局委員年齡要在 60 歲左右，政治局常委的最大年齡不能超過 70 歲（文匯報，2001）。儘管之後傳出江澤民不想交出決策實權的各種傳聞，[17] 中共十六大人事改組結果仍然符合當初協議。由此來看，年齡限制確實已經進一步發展。然而，目前僅能證明這兩個重要職務都不是終身制，仍缺少充分證據（明文規定或不成

---

[16] 2001 年 2 月《爭鳴》報導說，朱鎔基在該年國務院黨組的新年組織生活會中透露，中共在 1997 年 5 月政治局常委會、8 月政治局會議上通過決議。「原則上黨政領導在換屆時年齡超過 70 歲即應退下，但有『特殊情況』，『特別時期』和『戰略上的需要』的個別領導人則屬例外。」引述自《世界日報》，2001。楊光斌也指出，「根據政治局 1997 年宣布的規定，除了極特別情況，所有高層領導（包括政治局常委和國務院正副總理），都不應在年滿 70 歲以後尋求下一任期」（2003：40）。胡鞍鋼（2003：8）則以喬石正常退休爲例，指出中共自十五大起實施領導人「到點退休制」。黎安友（Andrew Nathan）（2003: 215）曾提到建立「七十歲劃線」共識時，江澤民連同保證在十六大時退休，不再尋求連任。
[17] 這些傳聞包括恢復黨主席制、成立國家安全委員會、曾慶紅升任政治局委員、解放軍將領與省級領導人上書請求江澤民留任等（Dittmer, 2004: 21）。

文慣例）說明總書記與軍委主席是否受到 70 歲的限制。

　　決策模式方面的制度化也呈現「制度堆積」現象。中共決策模式的核心為政治局及其常委會的集體領導，其他相關細節規範的發展圍繞著這個原則繁衍。1980 年代中期以前，鄧小平等元老雖為政治局常委，但政治局、政治局常委會不常開會，主要決策並非透過正式會議決定。[18] 1987 年十三大中共中央領導班子年輕化後，政治局開會才逐漸正常，具備決策核心的形式（但仍無最後決策權）。同時，十三大修改黨章，將中央書記處改為政治局及其常委會的辦事機構，確立兩者的隸屬關係。1987 年 11 月政治局通過三個有關中央領導班子運作的工作規則。[19] 其目的一方面要落實黨政職能分開的政策，另一方面要使集體領導制度化，加強對黨的領導人的監督和制約（張文正（編），1999：74）。這些變革都成為日後決策模式的基本框架。最後，中共通過主要黨政領導機關的工作規則，具體的規範政治局、政治局常委會、中央書記處、國務院的權責劃分、會議制度、文件審批制度、健全民主集中制和黨的生活制度等事項。[20] 這使得集體領導原則具有細節的運作規範，不再是空泛的理念。

---

[18] 吳國光（1997：306）、李銳（2001：36-37）、鮑大可（A. Doak Barnett）（1985：10-11）都曾指出，在 1980 年代中期，政治局、政治局常委會或因老人過多，或因無法解決路線分歧，政治局、政治局常委會開會次數不多。

[19] 這三個工作規則分別是《十三屆中央政治局工作規則（試行）》、《十三屆中央政治局常務委員會工作規則（試行）》，《十三屆中央書記處工作規則（試行）》。這三個試行規則參考《關於中央委員會工作規則與紀律的決定》（1938 年 3 月政治局通過）和《關於中央機構調整及精簡的決定》（1943 年 3 月政治局通過），根據十三大政治體制改革的要求制訂（陳瑞生、龐元正、朱滿良（編），1992：37；張文正（編），1991：93）。筆者感謝政大政研所碩士劉松福提供有關工作規則的資料。此後，2002 年 12 月十六屆政治局第一次會議又討論通過《十六屆中央政治局工作規則》（人民網，2002）。

[20] 除了前述中共制訂的三個黨務領導機關的工作規則外，第七屆全國人大新選出的國務院也在第一次全體會議上通過自身的工作規則。按照大陸學者的觀點，兩套工作規則確立中共中央和國務院各自的職能、工作範圍和工作方式，提供黨政職能分開的初步規範（陳瑞生、龐元正、朱滿良（編），1992：37-38）。

　　然而，當時元老干政情形嚴重，現任領導人的決策受到退休領導人左右，政治局空有決策中心的名義。1987 年胡耀邦被迫辭職、1989 年趙紫陽被罷黜，以及 1992 年鄧小平南巡迫使江澤民改變立場都是明顯例子。1992 年十四大廢除中顧委，退休老幹部無法利用這個機構干預第一線領導機構決策。1990 年代中期以後，革命元老逐漸凋零，退休領導人再也無法否決現任領導人決策，政治局與政治局常委會才真正成為實質的決策核心。

肆、蘇共高層政治演變的軌跡：
赫魯雪夫到戈巴契夫

　　相對於中共的「制度堆積」，蘇共高層政治演變軌跡的特徵是「制度耗散」。從在史達林死後至蘇聯瓦解的 40 年中，赫魯雪夫、安德洛波夫（Yurii Andropov）、戈巴契夫都曾指出幹部終身制與權力過分集中的後遺症，甚至連造成蘇聯長期停滯的布里茲涅夫也批評過權力過分集中的弊病。因此，蘇共曾經以黨章修正條文、中委會決議、政治局決議、其他官方文件等方式，訂立幹部更替、決策模式的條款，或由最高領導人提出改革芻議。換言之，就像中共領導人一樣，蘇共領導人注意到他們政治體制的缺陷，著手進行改革。然而，相關規範或改革芻議雖然出現，卻沒有出現累積、擴散的效果。它們通常不是被提議改革的領導人親手撕毀，就是遭到新任領導人廢止。

　　「制度耗散」的兩個特性與「制度堆積」正好相反。第一、制度密度始終稀疏。儘管制度想要解決的問題已經很明確，制度精神也已經出現，但是其他具體的配套規範卻無法在既有基礎上繼續繁衍，填補未被規範的地方。換言之，整個制度始終處於雛型的狀態，無法細緻化。第二、制度

拘束力始終薄弱。拘束力薄弱可能以兩種方式表現出來。一種方式是政治菁英依照「潛規則」行事，經常違反形式上存在的規定，卻不會受到制止或懲罰。另一種方式則是制度始終處於允許例外的柔性規範狀態，無法成爲剛性規範。例外條款的存在抵觸原有制度精神，而是否適用例外條款的決定權掌握在最高權力者手中。當然，這兩個特性彼此之間有關聯性，不會出現制度密度高但沒有拘束力，或是制度密度低但拘束力高的情形。

　　在歷次蘇共政治改革中，赫魯雪夫的改革是最重要的一次。他是第一位後革命世代領導人，直接面對史達林遺留下來的問題。[21] 同時，他在位11 年（1953 年至 1964 年），有充分的時間推動制度改革。赫魯雪夫的改革思路可歸納爲「幹部更替制」與「集體領導」。幹部更替制包含任期制、替換配額兩個部分。就制度設計的目的來說，幹部更替制同時具有幹部年輕化與防止權力過分集中兩個任務，與中共想要解決的問題非常類似。[22] 因此，蘇共二十二大黨章第二十五條規定，在每次黨大會（四年召開一次）進行選舉時，中央主席團（即政治局）與中委會成員至少更換四分之一，一般最多只能連續當選三屆。期滿退出領導機關的幹部可在日後選舉中重新當選。此外，加盟共和國到基層的蘇共領導幹部也有類似的規定。但

---

[21] 當時蘇共面對幹部制度的缺陷包括幹部任免大權全部集中在黨機關、黨政幹部兼職制和職務終身制、幹部特權、以「展開階級鬥爭」與「維護領袖威望」爲幹部選任標準等。決策體制的缺陷包括以敵我矛盾處理黨內分歧、個人獨裁與個人崇拜等等（劉克明、金輝（編），1990：258-268、294-298）。

[22] 1961 年 10 月蘇共二十二大上，赫魯雪夫指出，爲了要貫徹集體領導，防止權力過分集中與個人崇拜，以及促進領導階層的年輕化與新老傳承，蘇共決定實施領導幹部更替制。同時提出各級黨組織擴大採取選舉制與報告制的原則、提高各級黨大會、黨委、其他黨內會議全體會議自由討論的功能、加強批評與自我批評等措施（新華月報，1961a：174-175）。事實上，史達林死後不久，赫魯雪夫就開始強調廢除幹部終身制。1953 年 7 月蘇共中全會決議，只有依靠中委會集體智慧才能保證對黨和國家實行正確的領導，並提出廢除幹部終身制，由選舉制和任期制代替委任制（邵明英，2002：62）。1956 年 2 月赫魯雪夫在蘇共二十大報告中提出在重用老幹部的同時，應該大膽起用有實務經驗績效的青年幹部（魏澤煥，1998：218）。

當時爲少數高層領導人開了一個後門，不受連任限制。部分領導人獲得四分之三投票代表秘密投票同意後，可在更長的時間內連續選入領導機關（新華月報，1961b：179）。

在決策模式方面，1956 年 2 月蘇共二十大上，赫魯雪夫在中委會工作報告中批判史達林個人崇拜的錯誤，強調恢復集體領導原則（陽明山莊（編），1956：114-115）。他在他的秘密報告中更直接批評史達林以對敵鬥爭方法對付黨內異議者、以個人崇拜破壞法制、破壞定期召開大會和中委會的集體領導原則（邢廣程，1998a：78；周尚文、葉書宗、王斯德，2002：610-612；陸南泉等（編），2002：538-541）。批判個人獨裁的直接結果就是強調實行集體領導。蘇共二十二大黨章總則指出，蘇共把嚴格遵守列寧主義的黨內生活準則和集體領導制視爲工作基礎（新華月報，1961b：176）；再加上史達林死後蘇共不存在政治強人，實施集體領導也是大勢所趨。

蘇共集體領導的具體運作包含幾個部分。第一、黨政最高職務分開，由不同人擔任（但當時未提出支持這個做法的理論依據）。赫魯雪夫擔任蘇共第一書記，部長會議主席先由馬林可夫（Georgii Malenkov），後由布爾加寧（Nikolai Bulganin）擔任。第二、蘇共中央主席團定期集會，每週至少一次，重大問題均經集體討論決定。成員可提出不同意見，進行激烈辯論，時常因意見分歧而延遲定案時間。如果不能達成一致意見，則由簡單多數票決定。主席團若無法解決一些重大分歧，提交中委會討論決定。第三、定期舉行蘇共黨大與中全會。按照當時蘇共黨章規定，黨大會每四年召開一次，中委會每半年一次，但實際開會次數均高於黨章規定（劉克明、金輝（編），1990：427-429；陸南泉等（編），2002：555；王長江、姜躍等，2002：214-215）。

然而，赫魯雪夫建立的制度並未存活下來。首先，在 1957 年 6 月蘇

共中全會通過「關於馬林可夫、卡岡諾維奇（Lazar Kaganovich）、莫洛托夫（Vyacheslav Molotov）反黨集團的決議」之後，赫魯雪夫開始違背執政初期強調的集體領導原則。1958 年赫魯雪夫取代布爾加寧為部長會議主席，破壞黨政分開。1957 年以後進入中央主席團和書記處的人選都是赫魯雪夫的親信，基本上是由他一人拍板定案（丁篤本，1999：212）。他早期批判史達林的個人崇拜，但大權在握後他也逐漸走向個人崇拜（魏澤煥，1998：226-229）。其次，幹部更替制雖然促使幹部隊伍年輕化，但引起幹部嚴重不安，使得主席團與中委會成員逐漸背他而去（魏澤煥，1998：221；劉克明、金輝（編），1990：441-443）。再加上其他改革政策的失敗，[23] 布里茲涅夫（Leonid Brezhnev）等人於 1964 年在主席團會議上逼迫赫魯雪夫辭職。支持罷免案的人不是曾經在 1957 年支持他對抗「反黨集團」，就是他自己提拔出來的親信（丁篤本，1999：212-213）。[24]

布里滋涅夫上台後，蘇共廢除幹部更替制。1966 年 4 月蘇共二十三大批評幹部更替的硬性規定，刪除黨章相關條文。此舉增加幹部隊伍的穩定性，自然受到歡迎。當以任期制被廢除之後，蘇共一度採取年齡限制的做法。[25] 然而，年齡限制為基礎的退休機制並未繼續發展，反倒是終身制成為蘇共高層政治的慣例。[26] 布里茲涅夫（1906/12-1982/11）、蘇斯洛夫

---

[23] 引起不滿的政策包括墾荒政策導致農業災難、區分工業與農業黨引起地方權力分配混亂、片面裁軍 120 萬人、古巴事件與柏林危機的退卻、共黨陣營的分裂等（邢廣程，1998b：4；畢英賢（編），1989：198）。

[24] 除米高揚（Anastas Mikoyan）和赫魯雪夫本人外，出席的主席團成員全部支持辭職案。

[25] 1964 年 10 月蘇共中委會開會不久，蘇共中委會做出決定，不再允許年滿 70 歲的黨員在黨和政府的工作中擔任領導職務。1965 年 12 月米高揚以年齡超過 70 歲和體弱多病為由，辭去最高蘇維埃主席團主席（邢廣程，1998b：13）。米高揚在其辭職演說中特別提到他已經超過 70 歲，而且開刀後身體不好（*Current Digest of the Soviet Union*, 1965: 5）。

[26] 關於蘇共領導階層老化與缺少新血補充情形，見丁篤本，1999：243-246；劉克明、金輝（編），1990：548-550。

（Mikhail Suslov）（1902/11-1982/1）、契 爾 年 科（Konstantin Chernen-ko）（1911/9-1985/3）都是年過 70 歲，卻依然留在政治局，最後死在任上的例子。契爾年科更是在 73 歲的時候才接任總書記。

在決策模式的部分，布里茲涅夫執政初期重申集體領導的重要性。1964年 10 月蘇共中全會批評赫魯雪夫執政後期出現的個人獨裁與個人崇拜，強調從中央到地方各級黨組織都要遵守集體領導原則。[27] 但當三頭馬車中的包戈尼（Nikolai Podgornyi）、科錫金（Aleksei Kosygin）辭職之後，集體領導再度形同具文。到了布里茲涅夫執政晚期，國家大事是由他個人或少數領導人決定（劉克明、金輝（編），1990：543）。[28] 布里茲涅夫用人唯親，重用他過去在地方工作時的舊屬，同時出現個人崇拜現象（丁篤本，1999：248；劉克明、金輝（編），1990：544-545）。等到他身體健康衰退後，政治局等重要會議更是流於形式，毫無決策功能（陸南泉等（編），2002：601-602；Kenez, 1999: 214）。

布里茲涅夫病死之後，安德洛波夫繼位。他有意進行改革，並提拔年輕幹部進入蘇共領導階層，但因身體狀況不佳，沒有機會徹底改造蘇聯高層政治的運作。[29] 1985 年 3 月毫無建樹的契爾年科死亡後，戈巴契夫接掌

---

[27] 1964 年 10 月蘇共中央主席團以「破壞列寧主義集體領導原則所犯的種種錯誤和不當行爲」爲由，接受赫魯雪夫被迫提出的辭職（周尚文、葉書宗、王斯德，2002：652）。

[28] 舉例來說，1971 年布里茲涅夫以個人名義簽署公布蘇共第九個五年計畫，而 1979年出兵阿富汗也只由布里茲涅夫、蘇斯洛夫、外交部長葛羅米柯（Andrei Gromyko）、國防部長烏斯季諾夫（Dmitrii Ustinov）等四人做出決定（格・阿・阿爾巴托夫，1998：274-279；邵明英，2002：62）。另一種說法是 1979 年蘇聯入侵阿富汗是由總書記布里茲涅夫、外交部長葛羅米柯、國防部長烏斯蒂諾夫、國安會主席安德洛波夫四人決定，政治局並未扮演決策角色（文匯報，1989。引述自尹慶耀，1990：60）。

[29] 舉例來說，1983 年 8 月安德洛波夫提到要建立幹部退休制度，但一個月後他就病倒（丁篤本，1999：254）。

總書記職務。戈巴契夫在位六年（1985 年至 1991 年），大量替換幹部，出現 1930 年代以來前所未有的規模。到了 1986 年 2 月蘇共二十七大召開時，最高領導班子已經更換三分之二成員，新選出的中委會 40% 的成員是第一次當選（丁篤本，1999：259-260；劉克明、金輝（編），1990：671；畢英賢，1986：63-66）。

從 1985 年 3 月接任總書記至 1990 年 2 月蘇共放棄領導地位之間，戈巴契夫的改革屬於「改良」共黨體制的性質。1990 年 2 月以後，蘇共承認多黨政治，他的改革已經跳脫共黨政權的框架，不在本文討論的範圍內。在「改良」共黨體制的期間內，他的改革也涉及高層政治的運作。在領導人更替部分，戈巴契夫嘗試建立以差額選舉和任期制為基本精神的機制。1987 年 1 月蘇共中全會通過《關於改造與黨幹部政策》，改革幹部選舉制度。[30] 重點包括加盟共和國第一書記以下各級幹部均在黨委會上以無記名投票方式產生、各級委員會個別委員擁有候選人提名權、候選人人數不限等（周尚文、葉書宗、王斯德，2002：818；畢英賢，1990：2）。至此，蘇共幹部選任制度從任命制轉向選舉制。1988 年 6 月蘇共召開第十九次全國代表會議，會中決議幹部問題以選舉結果為依據。各級黨委成員和書記均須經選舉產生，黨內選舉採取廣泛討論候選人、秘密投票、差額選舉等原則。同時規定蘇共中委會以下所有選舉產生的幹部任期五年，政治局委員和總書記的任期不超過兩屆。其後舉行的地方換屆改選中，各級黨委會落選的書記超過 16 萬人（丁篤本，1999：268）。

---

[30] 在 1987 年 1 月的蘇共中委會上，戈巴契夫指出以往的幹部政策出現四個缺點。第一、未能確保延續性與新陳代謝兩個原則，導致整個領導班子的老化與弱化。第二、黨委花費過多時間精力在經濟管理問題上，導致幹部的政治與理論與訓練被忽略。第三、中高層幹部流動出現停滯現象，但基層的流動率又過高。第四、不稱職、不負責任的人不受到黨的處分，長期在職（畢英賢，1987：39-40）。

　　在決策模式方面，戈巴契夫的目的是在一黨領導的原則下保障人民權利，展現意見多元化。他把國家權力的重心從黨委轉爲國家機關，並在人民代表大會制度下引進權力制衡機制。1988 年 6 月蘇共召開第十九次全國代表會議，改革重心轉向政治領域。會議提出公開性、民主化和社會主義輿論多元化是改革的必要條件，通過《關於蘇聯社會民主化和政治體制改革》的決議。爲了達成黨政職能區分，決策權由各級黨委轉向同級蘇維埃或人民代表大會，並加強後者對政府施政的監督權限。同時，蘇共中全會設立各種重要政策的委員會，大量精簡蘇共中央機構中職能與政府部門功能相近的單位（丁篤本，1999：268）。爲了確保黨對國家的領導地位，實行「黨政領導合一」原則——蘇共推薦各級黨委第一書記擔任各級蘇維埃主席，但主席職務須經蘇維埃人民代表秘密投票通過。[31]

　　在黨內決策方面，戈巴契夫強調集體領導原則。一切重大決策必須經過政治局決議，總書記僅以政治局成員身分參加表決（畢英賢，1990：2）。要達到黨內民主的目的，資訊公開是非常重要的前提。1987 年 1 月蘇共中全會上，戈巴契夫強調民主化與公開性對改革的重要性。中全會以後，蘇共政治局每周例會等各種內部重要會議資訊日益公開，不僅公布決議，也公布代表發言內容（周尙文、葉書宗、王斯德，2002：819）。第十九次全國代表會議更決議中央政治局須定期向中全會報告和提供消息，黨委全體會議和關於黨和社會生活重要問題決議案草案也都應該公布（王承宗，1988：17）。

　　戈巴契夫的改革不但帶來蘇聯社會的多元化，也導致蘇共內部的嚴重分歧。在整個蘇聯經濟社會情況不斷惡化的情形下，他受到黨內左右兩派的夾擊，以及黨外反對派的挑戰，使得他越來越難推展他的路線。1990 年 2 月蘇共中全會根據戈巴契夫報告，決定放棄蘇共領導地位，修改相關憲

---

31 新華月報，1988：173；王承宗，1988：16。

法條文，並建立三權分立與總統制的國家體制。至此，戈巴契夫終結社會主義體制內的改革嘗試，轉爲走向民主政治。然而，蘇聯依舊走向崩解的結局。

伍、領導人權力來源對制度化的影響

在前兩節中，我們從領導人更替與決策模式兩個面向，觀察中蘇共高層政治的歷史軌跡。中共在鄧小平時代以後的路徑是「制度堆積」，蘇共在赫魯雪夫時代以後的路徑則是「制度耗散」。兩國歷史凸顯三個值得注意的地方。第一、中蘇共高層領導人都警覺幹部終身制和權力過分集中的後遺症，有意解決這些問題。兩國同時選擇集體領導作爲解決決策問題的方案。在領導人更替部分，中共選擇年齡劃線爲主要退場機制，蘇共則選擇任期制爲退場機制。雖然兩國都有類似提議與努力，但結果不同。

第二、在蘇共個案中，許多規範是以成文方式出現，但仍舊無法深化繁衍。相反的，在中共個案中，許多規範是以政治局會議決議、不成文慣例等方式出現。雖然這種形式的規範比較容易被廢止，實際上的結果卻正好相反。這顯示有其他因素對於規範的繁衍、廢止造成決定性影響，而規範的形式——成文規則或是不成文慣例——不一定是最重要的因素。

第三、中共和蘇共的經驗顯示，領導人更替與決策模式的制度在建立之初都不是完整的體系。舉例來說，在鄧小平和赫魯雪夫的幹部制度改革中，明文指出少部分領導人不受（年齡或任期）限制。因此，當制度精神確立時，其他配套規範是否立即同時出現、配套規範是否周延都不是決定制度化成敗的關鍵。我們必須探索哪些因素促使新生規範朝著制度精神指涉的方向繁衍，使得制度的完整性不斷增加。

現在的問題是如何解釋中蘇兩國擁有類似的政治體制、相近的改革動

機與芻議，卻出現截然不同的結果——「制度堆積」與「制度耗散」的差異。制度化原本是一個連續過程，但為了觀察、解釋它的演變軌跡，我們以「制度建立者退場」為分界點，將制度化的過程分成「制度建立」和「制度深化」兩個階段。這個區分將有助於我們釐清在這兩個階段中，相同的因素是否造成不同的影響。換言之，我們不預設「固定影響」（constant effect）的存在。一個在建立階段產生正面影響的因素，可能在深化階段產生負面影響，反之亦然。

　　制度建立階段的出現，在於最高領導人（或團體）基於某種目的，做出建立制度的決定。[32] 權力的制度化意味權力的限制，即限制領導人處理政務的任意裁量權（Huntington, 1965: 423）。因此，制度建立者必須解決集體利益（建立制度）與個人利益（擴張權力）的矛盾。這種集體與個人利益的矛盾一方面存在於制度建立者本身（如何在不削減自身權力的前提下，推動制度建設）；另一方面存在於制度建立者與其他政治菁英之間（如何在領導班子維持多數聯盟的前提下，推動制度建設）。制度深化階段的形成，主要表現在制度建立者離開政壇，喪失權力之後，現存制度規範持續存在、深化，醞釀出存在的價值（寇健文，2005：63-67）。根據上述標準，鄧小平時代屬於制度建立階段，江澤民與胡錦濤時代則屬於制度深化階段。赫魯雪夫、戈巴契夫兩個時代都屬於制度建立階段，沒有進入制度

---

[32] 由於鄧小平、赫魯雪夫等中蘇領導人察覺原有體制的缺點，有意進行制度改革，因此本文未在理論層次上討論領導人的動機問題。領導人推動制度建設的動機，大致可分為兩種（可能並存的）來源。第一種來源是政權內生的動力。例如原有制度設計不良，無法發揮應有功能，或無法因應新的經社環境需求，迫使領導人建立新制度。第二種來源是政權外部的動力。例如領導人根據其他國家的經驗，建立新制度或改變現有制度，或是外在環境的壓力迫使領導人改善現有制度（寇健文，2005：64）。由以上觀點可以得知，政治制度化未必與經濟發展（或市場化改革）有關。舉例來說，在 1969 年胡志明死後，越共決策就一直採取集體領導模式，而越南經濟改革是在 1980 年代中期以後才實施。關於越共集體領導模式的討論，見 Pike, 1989: 117-120; Beresford, 1988: 85-90; 梁錦文，1998：14-22。

深化階段，因而呈現制度耗散的現象。

以「制度建立者退場」作爲分界點的主因在於當制度建立者退場之後，我們才能追蹤規範持續的原因。制度存在於不斷變動的情境中，需要適當的環境支撐，以便與環境形成相輔相成的互動關係。一旦環境劇烈變遷，破壞原有制度「遺產再生」（legacy reproduction）過程，就容易開啓制度變遷的大門（Thelen, 1999: 396）。領導人更替與決策程序的制度涉及領導人的權力分配，很容易受到高層權力格局變化的影響。制度建立者通常是現任最高領導人，如果他們扮演新制度的守護神，自然容易提供制度發展所需的權力格局。倘若制度建立者僅把制度當成工具，恣意而行，親手破壞他創立的規範，制度化的過程在建立階段就宣告終止，無法進入深化階段──規範持續發展，並醞釀出存在的價值。

當制度建立者退場之後，領導中心的權力分配隨之出現變化。此時，新的權力格局是否提供穩定環境，就成了制度深化的關鍵。舉例來說，制度建立者可以貫徹自己的意志，推動權力的制度化，但他的繼承人未必具有延續這個任務的權力和意願。因此，當制度建立者退場後，新出現的權力格局和已經建立的制度精神是否處於契合狀態，直接影響制度演變是否產生「路徑依賴」（path dependence）。

「人爲的」將制度化區隔爲「制度建立」與「制度深化」兩個階段之後，中蘇兩國路徑歧異的問題可以再細分爲兩個問題：

1. 爲什麼中共通過制度建立階段的試煉，蘇共卻無法通過？
2. 爲什麼中共在制度深化階段，繁衍更多的規範？

我們認爲領導人的主要權力來源是回答這兩個問題的關鍵。共黨國家的權力結構是「互惠式求責」（reciprocal accountability），領導人和「推舉人團」──有權推選領導人的共黨菁英──存在雙向的委託──代理關

係（Roeder, 1992: 22-39; Shirk, 1993: 82-91）。領導人可能是單一領導人或是領導集體（政治局），有權任免黨政軍高級幹部。「推舉人團」的組成因時因地不同，但主要是中央委員會成員。中央委員會通常由中央黨政職能部門負責人、重要地方領導人、軍方高級將領組成。由於黨章規定中央委員會有權選舉政治局成員，他們可以參與推舉領導人的過程。當然，有時會出現退休元老參與推舉新任領導人的情形。領導人之間的權力關係、領導人和「推舉人團」之間的權力關係，以及菁英結盟考量與政策選擇的互動關係，構成了共黨國家政治生活的三個主軸。

　　儘管「互惠式求責」確實存在，但領導人和「推舉人團」之間的權力關係卻不對等，而且不對等的程度隨著領導人主要權力來源不同而變化。[33]在理論上，領導人有非正式的個人權威、正式的職務權力兩種權力來源（寇健文，2001：2；Dittmer, 1978: 29-32, 1995: 10-12; Zhao, 2004: 64-65）。個人權威是領導人透過歷史功勳、重大成就或是個人魅力等方式，取得政治威望，獲得追隨者對其個人的忠誠。此外，親戚關係、校友關係、同事關係、同鄉關係等一般私人關係也能幫助領導人贏得追隨者的效忠，建立個人權威。由於這些關係都是建立在人格特質上，使得個人權威無法從原來領導人轉移到新任領導人身上。相較之下，職務權力依附在非個人化的組織結構。一旦領導人離開該職，職務權力就會迅速消失。換言之，個人權威建立在韋伯（Max Weber）所說傳統型的（traditional）、個人魅力型的（charismatic）統治合法性基礎。職務權力則是建立在法理型的（legal-rational）合法性基礎之上。前兩種合法性基礎都具有濃厚的個人化（per-sonalist）色彩，後者則是非人格化（impersonal）的本質（Bendix, 1977:

---

[33] 謝淑麗（1993: 84）指出，由於領導人擁有任免高級幹部、擬定中央委員會名單的權力，以及共黨內部有禁止成立派系的規定，前者對後者的影響力大於後者對前者的影響力。但她的觀點集中在領導人的職務權力，沒有討論到領導人的個人權威會加劇對他們與「推舉人團」之間的不平等關係。

290-457）。雖然領導人同時依賴個人權威與職務權力鞏固領導地位，但兩種權力來源重要性的消長會產生深遠的政治後果。在本文中，以個人權威爲主要權力來源的領導人可稱爲「個人權威型」領導人，以職務權力爲主的領導人則稱爲「職務權力型」領導人。

　　毫無疑問的，革命世代領導人屬於「個人權威型」的領導人。他們的個人權威由歷史功勳和私人關係網絡兩個部分組成，而締造前者的過程又會強化後者的緊密性。領導人在建立歷史功勳的過程中，不但已經證明自身的卓越領導能力，還能與追隨者形成患難交情。在這種情形下，追隨者對領導人同時產生敬畏感與信任感，不敢隨意抗拒後者。在權力鬥爭、解決黨內路線爭議的關鍵時刻，這種經歷生死與共建立起的私人關係往往比校友關係、同鄉關係，同事關係，甚至官僚組織中的正式關係來得更牢靠、更有用。因此，對革命世代領導人來說，職務權力固然可以增加他們的權力，但個人權威的重要性仍大於職務權力。他們不必依靠職務權力，也能維持相當程度的決策影響力。

　　後革命世代領導人若未曾領導國家度過政經危機，則屬於「職務權力型」領導人。由於缺乏重大功勳，他們的個人權威僅能建立於親戚關係、校友關係、同事關係，以及同鄉關係之上。然而，這種私人關係的影響力不如歷史功勳，無法提供崇高的個人威望。在這種情形下，後革命世代領導人必須控制官方職務，方能鞏固個人權力基礎。一旦喪失正式官職，他們的個人權威會在幾年之內消失殆盡，同時快速喪失決策影響力。由以上討論可見，革命世代與後革命世代之間的權力轉移通常揭示領導人主要權力來源的改變。

　　領導人主要權力來源的變化直接衝擊領導人和「推舉人團」之間的關係，影響領導人維持多數聯盟的政策抉擇，進而塑造制度發展的軌跡。「個人權威型」領導人當政的時候，領導人與「推舉人團」之間的關係接近由

上到下的委託——代理關係，使得推舉領導人的過程成為禮儀式活動。因此，領導人的強勢地位使得他們比較不需要仰賴政策抉擇，爭取「推舉人團」多數支持。由於維持多數聯盟的成本較低，他們的政策選項範圍隨之擴大，選擇政策的自主性也較高。在這種情況下，「個人權威型」領導人具有建立新制度，或是改變既有制度的能力。如果有意推動制度建設，他們比較容易推動有利於國家長期發展需要，但損及「推舉人團」私人權益的政策。如果無意推行遵守既有規範，他們也容易壓抑「推舉人團」中維護制度規範的聲音，擴充自身權力。

反過來說，在「職務權力型」領導人當政的時候，領導人和「推舉人團」之間的關係雖然也不平等，但懸殊程度遠小於「個人權威型」領導人當政之時。同時，各領導人之間（主席團或政治局成員之間）的權力關係也相對平等。如果領導人之間出現嚴重分歧，「推舉人團」將是兩派領導人決定勝負的地方（Shirk, 1993: 88）。反對派若能與高級幹部結合起來，可能在「推舉人團」中變成多數，罷黜現任最高領導人（制度建立者）。如果革命元老在「推舉人團」中扮演重要角色，而領導人卻不是革命元老，「互惠式求責」中的優勢會向「推舉人團」傾斜。

由此可見，與「個人權威型」領導人相比，「職務權力型」領導人更需要利用政策選擇，爭取「推舉人團」多數支持，因而無法承受過多反彈壓力。由於維持多數統治聯盟的成本較高，「個人權威型」領導人的政策選項範圍隨之縮小，選擇政策的自主性也較低。若是他們不顧「推舉人團」多數成員的權益，執意推動制度改革，很容易造成多數聯盟的崩潰，重創制度化。這說明了成功的「職務權力型」領導人必須是「共識建立者」（consensus builder）的原因。由於他們必須遷就「推舉人團」的利益，無形中侷限制度建設的幅度與速度。

根據上述討論，領導人主要權力來源影響制度化的關係逐漸明朗（見

表 4-2）。在制度建立階段，制度建立者最好是「個人權威型」領導人。他們對「推舉人團」的強勢地位提供設計制度時所需的自主性，也提供壓制反改革聲浪的力量。如果制度建立者是「職務權力型」領導人，他們的弱勢地位不但窄化開創新制度所需的選擇空間，也削弱了掃除反彈聲浪的能力，容易導致制度建設的夭折。在制度深化階段，接替制度建立者的新領導人最好是「職務權力型」領導人。他們對「推舉人團」的弱勢地位侷限他們破壞既有制度的能力，使得新生規範得以環繞制度精神繼續發展。如果新任領導人是「個人權威型」領導人，他們的強勢地位反而構成制度精神延續的威脅。

表 4-2　領導人權力來源對制度化的影響

	「個人權威型」領導人	「職務權力型」領導人
主要權力來源	非正式的個人權威（歷史功勳、私人關係網絡）	正式的職務權力
次要權力來源	正式的職務權力	非正式的個人權威（私人關係網絡）
在「推舉人團」中維持多數聯盟的成本	成本較低（具有強勢地位，政策自主性高，抗壓性高）	成本較高（僅有弱勢地位，政策自主性低，抗壓性低）
對制度化的影響	對制度建立階段有利，對制度深化階段不利。	對制度建立階段不利，對制度深化階段有利。

陸、類似改革芻議、不同結果：中蘇共發展軌跡的比較

接下來，我們就把焦點放到中共、蘇共兩個案例上。為了凸顯領導人主要權力來源對制度發展軌跡的影響，本文將先回答「中共通過制度建立

階段的試煉，蘇共卻無法通過」的問題，再單獨說明「中共在制度深化階段，繁衍更多的規範」的原因。

中共在進入制度建立階段時，正是由「個人權威型」領導人掌權。鄧小平、陳雲、葉劍英、李先念等人是具有歷史功勳（革命建國、結束文革）的革命世代領導人，在黨政軍各部門擁有許多曾經生死與共的舊部，並身兼政治局常委、軍委主席多項重要職務。由於同時擁有崇高的個人威望與重要的職務權力，他們與「推舉人團」（當時仍為革命世代幹部）之間的權力關係非常不對等。此外，鄧小平、陳雲等革命元老同意廢除幹部終身制，推動集體領導體制，並且規定少數革命世代的領導人（即他們自己）不受退休年齡的限制，以免出現他們之間爆發「誰退誰不退」的衝突。1980年代初期革命元老們達成改革協議，並保障切身利益之後，權益受損（被強迫限齡退休）的其他老幹部無法組成一個新的多數聯盟，抗拒退休制度的建立。

當然，無法組成新的多數聯盟並不意味老幹部沒有反彈的聲音。為了降低老幹部的不滿情緒，鄧小平等人還重新塑造社會價值，讓大家接受幹部退休制度的合理性與正當性。單純的推動公共政策需要國家強制力的持續介入，方能確保執行效果。當公共政策背後的意涵轉變成社會價值時，就能降低對強制力的依賴。[34] 此時，當事人若不順從，不但要面對國家的強制執行，還要面對社會異樣眼光的壓力。當時中共採取的具體做法包括成立中央級和省級顧問委員會，作為老幹部邁向完全退休的轉接站、維持退休老幹部的政治待遇、提高老幹部的離退津貼、公開表揚老幹部退休行

---

[34] 麥尼（Melanie Manion）（1993: 32-42）曾指出將公共政策與社會價值標準結合在一起的方法，包括把新政策與現有價值觀連結起來、論證新政策的合理性、頒布符合新政策的示範性法規或工作綱要、樹立順從新政策的典範性人物、建立誘因機制鼓勵執行新政策者，並懲罰不執行者。

爲等等。同時，退休制度讓中青年幹部成爲受益者，使得他們成爲該政策的最佳執行者。隨後老幹部們不是辦理離休，就是退居二線崗位。由於鄧小平等人非常長壽，中共有十餘年時間進行幹部世代交替的工作，也把幹部退休政策內化爲正確的社會價值觀。

蘇共與中共的情形正好相反。蘇共在後史達林時期數度進入制度建立階段，但制度建立者都屬於「職務權力型」領導人。史達林在其統治時期大肆殺戮革命世代領導人（參與 1917 年 10 月革命，在列寧時代擔任要職的老布爾什維克黨員），能夠在 1950 年代以後繼續活躍政壇的革命元老已經很少（Kenez, 1999: 106-110; McCauley, 1993: 100-108; Kotz and Weir, 2002: 28-36）。舉例來說，1919 年至 1935 年間選出的 31 位政治局委員中，有 20 人在 1930 年代的大整肅中被殺害。[35] 極少數成爲史達林親信而殘存下來的革命世代領導人，如莫洛托夫、卡岡諾維奇等人，又在 1957 年以後又被赫魯雪夫鬥倒失勢。因此，在赫魯雪夫時代以後，蘇聯完全由「職務權力型」領導人掌權，沒有出現革命元老重返權力中心或是幕後干政的情形。

由於缺少堅實個人權威，赫魯雪夫與戈巴契夫推動改革的過程中都面臨同樣的問題──在推動制度建設的過程中，無法在「推舉人團」中維持穩定的多數聯盟。儘管他們一度在主席團（或政治局）中形成多數聯盟，但這個聯盟在推動改革過程中逐漸瓦解，使得他們喪失主導政局發展的能力。

赫魯雪夫一上台之後就大規模替換領導幹部，時間甚至早於幹部更替制納入黨章之前。1957 年赫魯雪夫靠著中委會支持，擊敗馬林可夫等政

---

35 關於史達林大整肅情形，參見魏澤煥，1998：186-196；丁篤本，1999：141-144；
   Conquest, 1973。

敵。自此他掌握大權，提拔許多親信進入主席團。然而，他與主席團（即政治局）成員之間、他與「推舉人團」之間的權力關係相對平等。舉例來說，赫魯雪夫和他的親信幾乎都是在史達林統治時期開始竄起，可說是大整肅的受益者。在赫魯雪夫掌權後才嶄露頭角的人反而較少。當赫魯雪夫的政策（特別是幹部更替制）嚴重損害中央與地方領導幹部的仕途與特權時，他們反過來聯合罷黜赫魯雪夫。

1961 年蘇共二十二大選出的主席團中，庫西寧（Otto Kuusinen）（1881 年生）、什維爾尼克（Nikolai Shvernik）（1888 年生）、赫魯雪夫（1894 年生）、米高揚（Anastas Mikoyan）（1895 年生）四人出生於1900 年之前，其餘近 15 人均在 1902 年至 1917 年之間出生。[36] 由於赫魯雪夫在主席團中的親信比他年輕 8 歲至 23 歲，因此當時蘇共領導班子並無嚴重老化的問題。在共黨體制中，幹部職位不但涉及仕途發展，還與幹部享受的經濟特權有關。一旦喪失職務，將連同失去住房、醫療、購物等等特權。赫魯雪夫的幹部更替制損及親信的仕途發展，再加上他對於離職幹部沒有政治安排，導致多數聯盟瓦解。1964 年密謀罷黜赫魯雪夫的核心分子包括許多他拔擢的幹部，也包括許多曾在 1957 年「反黨集團」事件中力挺赫魯雪夫的人，其中布里茲涅夫還是赫魯雪夫親自選定的接班人選。反對赫魯雪夫的主席團成員結合軍隊、特務系統、地方領導幹部，在「推舉人團」中形成絕對多數，罷黜赫魯雪夫。因此，儘管 1957 年赫魯雪夫獲得中央委員會支持，打敗馬林可夫等「反黨集團」，但中央委員會反而在1964 年同意罷黜他。

戈巴契夫的情形和赫魯雪夫極為相似。戈巴契夫 1985 年上台以後大量淘汰布里茲涅夫和契爾年科的追隨者（主要是年邁的幹部），甄補安德洛

---

36 蘇共領導人出生資料係由筆者整理蒐集。

波夫和戈巴契夫的支持者（主要是較年輕的幹部）擔任要職。與他角逐總書記寶座的羅曼諾夫（Grigorii Romanov）也於 1985 年 7 月被解除所有職務，被迫退休。本文前面敘述蘇共高層政治演變軌跡時曾經指出，到了 1986 年蘇共二十七大召開時，他已經更替蘇共政治局三分之二的成員，甚至在新選出的中委會中有 40% 的成員是第一次當選。

　　然而，提拔盟友、親信進入政治局或擔任要職，並未讓戈巴契夫擁有穩定的多數聯盟。當他的改革政策（差額選舉、幹部任期制等）削弱蘇共的權力基礎，引起黨內不同意見時，他的多數聯盟便開始瓦解。戈巴契夫執政初期建立的多數聯盟逐漸向保守（維持蘇共一黨統治與蘇聯統一）和激進（支持民主化與市場經濟）兩個方向崩解，他自己反倒成為少數派。舉例來說，利加契夫（Egor Ligachev）在選舉總書記時支持戈巴契夫，是後者的盟友。戈巴契夫上台後委以「第二書記」的地位，但最後兩人意見不合，分道揚鑣。在被迫離開權力中心之前，利加契夫是保守派的代表性人物。葉爾辛（Boris Yeltsin）被戈巴契夫提拔為中央書記處書記、政治局候補委員，但最後兩人形同水火。前者成為激進改革派的領袖，終結戈巴契夫與蘇聯的政治生命。1991 年 8 月發動政變的主謀者，如副總統亞納耶夫（Gennadii Yanaev）、總理帕夫洛夫（Valentin Pavlov）、國防部長葉佐夫（Dmitrii Yazov）、內政部長普戈（Boris Pugo）、國家安全委員會主席克留奇可夫（Vladimir Kryuchkov）等人，也是戈巴契夫一手提拔出來的幹部，最終成了保守派的核心份子。

　　由此可見，無論赫魯雪夫、戈巴契夫提拔多少盟友親信進入主席團（政治局）或是中委會，任命他們擔任重要職務、把多少政敵趕出重要領導機構，他們都無法改變一件事實——作為「職務權力型」領導人，他們和「推舉人團」之間的關係是真正的「互惠式求責」。當他們的制度改革損及「推舉人團」成員的利益時，僅僅憑藉職務權力是無法紓解反對聲浪，有

效維持多數聯盟。因此，就算他們的改革政策在初期順利獲得多數支持，成為黨綱、黨章一部分或是中委會決議，最後還是無法通過制度建立階段的考驗。

接下來我們的焦點回到中共身上，回答為什麼中共在制度深化階段繁衍更多的規範。中共在 1990 年代中期進入制度深化階段。當鄧小平、陳雲等人陸續逝世時，絕大多數革命元老不是已經過世，就是年邁身體不佳，無力重返第一線領導崗位。舉例來說，在六四事件中扮演重要角色的八大老中，有七人於 1992 年至 1997 年之間過世或失勢（寇健文，2005：146-147）。因此，鄧小平死後，已經沒有革命元老有意願、有能力扭轉鄧小平確立的制度精神（廢除終身制與集體領導）。

1980 年代末期江澤民等後革命世代領導人接掌大位時，革命元老仍然繼續幕後操控政局。政治局常委們背後各有各的元老支持，誰也無法扳倒對方。等到 1990 年代中期他們真正掌權後，他們都是屬於「職務權力型」領導人，彼此之間的權力地位較為平等，政治經歷也旗鼓相當，政治局常委會因而呈現「多頭馬車」的權力格局。在這種情形下，領導人必須依賴協商妥協進行決策。領導人除非取得共識，否則不易推翻已經建立的制度精神。於是，「多頭馬車」的權力格局成為制度建立者退場之後，繼續支撐制度精神的動力（寇健文，2005：264-266）。制度規範累積之後，又有助於穩定「多頭馬車」的格局。因此，逐漸形成「多頭馬車」權力格局、制度規範相互強化的機制。

在此同時，經過十餘年的推動，廢除終身制、集體領導已經成為主流價值觀，成為既存制度繼續深化的輔助力量。這些新的價值觀在 1980 年代受到部分政治現實的壓抑，如幹部退休制度不適用於少數革命元老、退休元老干預現任領導人集體決策等等。但革命元老凋零之後，這些價值觀與「多頭馬車」格局相互呼應，強化維護制度精神的動力。這些發展都增加

了領導人背離原有制度精神的困難度。因此，成文規定和不成文規範、慣
例容易環繞在制度精神周圍繁衍、累積。

　　舉例來說，1997 年江澤民以年齡因素逼退喬石之後，「七十歲劃線離
退」就成了領導人退場的先例。如果總書記想要推翻此一慣例，不但違反
「廢除終身制」的社會價值，更重要的是，這種做法很難獲得政治局常委
會多數支持。由於任命制的關係，即使總書記的主要權力來源爲職務權力，
權力仍會逐漸集中。要遏制權力過分集中，必須透過年齡限制或任期限制
機制，防止他在沒有限制的期間內，透過任命制掌控整個領導班子與「推
舉人團」。[37] 因此，除非找到另一個替代方案（如以任期限制代替年齡限
制），否則將危及集體領導的穩定。

　　如果總書記可以不斷連任，而其他政治局常委必須受到「七十歲劃線
離退」的拘束，政治利益受損的後者必然不願意支持這個改變。就算總書
記和其他政治局常委都可以不斷連任，因總書記握有最多資源、較少的限
制，他的權力成長速度仍會超過其他常委，依舊不利於後者。[38] 此外，江
澤民時代其他政治局常委均非江的親信（頂多是盟友），升遷仕途完全不
靠江澤民提攜，故不需要以鞏固江澤民地位來保障自己的仕途。江澤民又
是「職務權力型」領導人，沒有崇高的個人威望，無法在缺乏共識的情形
下恣意破壞現有制度。在總書記長期掌權不利於集體利益，又無助於個人
利益的情形下，多數常委必定會以廢除終身制爲名義，中斷總書記累積權
力的期間。這說明江澤民爲什麼無法在十六大時續任總書記。可以預期的
是，江澤民陸續交出總書記、國家主席與軍委主席之後，這個先例又會影
響將來胡錦濤的退休時間。

---

[37] 布里茲涅夫就是在沒有期限的情形下，花了十多年集中權力，破壞集體領導原則。
[38] 國務院總理、常務副總理、人大委員長等職務還必須受到兩屆十年的任期限制。

柒、主要權力來源改變對派系政治的衝擊

　　了解中蘇共高層政治路徑差異的原因後，我們接下來要回答兩個問題：成文規則和不成文規範不斷繁衍後，對中共高層政治產生什麼影響呢？由於制度化是一個可以逆轉的過程，逆轉會在什麼條件下出現呢？儘管制度化仍在繼續進行中，我們認為主要權力來源的改變與制度化的現有成果，已經改變中共菁英政治的原貌，不但縮短派系生命週期，幹部較常變換所屬派系，也阻礙強人政治的出現。

　　首先，主要權力來源的改變中斷了領導人與追隨者之間「保護——忠誠」關係的循環再生。派系政治的基本特徵是領導人提供政治保護，換取其追隨者對他個人的政治效忠。在 1980 年代，少數革命元老坐擁崇高個人威望，並且以「保護者」的身分去支配年輕的第一線領導人。其中最明顯的例子就是鄧小平與胡耀邦、趙紫陽的關係。這群革命元老在退休之後，仍繼續為追隨者提供政治保護，換取追隨者的政治支持。

　　然而，在 1990 年代中期之後，職務權力與個人權威的重要性出現變化，嚴重弱化退休領導人保護追隨者的能力。退休的「職務權力型」領導人儘管可以利用勸服或施壓等方式影響現任領導人，但已經無法否決後者的決策。既然退休領導人無法逼迫現任領導人實踐其政治承諾，就很難繼續保護追隨者的政治利益。在原有派系領導人的保護傘消退之時，許多追隨者會伺機投靠新派系的領導人。很明顯的，這些新的派系領導人具有任免、輪調幹部的職務權力。換句話說，在新任領導人運用職務鞏固權力過程中，退休領導人的影響力將逐漸被瓦解。派系在原有領導人喪失正式職位後，便會出現樹倒猢猻散的現象。

　　與 1980 年代相比，派系成員（特別是正部級以下成員）轉換效忠對象

的情形則會大幅增加。我們除了要考慮各種傳統的私人關係之外，還必須考慮「西瓜效應」——原屬某派系的現任幹部為了仕途發展，趕快利用機會表達對新任領導人的效忠。新任領導人為求盡快鞏固權力，也樂於接收從退休領導人派系投靠過來的幹部。由於原有派系版圖在領導人退休後很快產生變化，中共派系的生命週期在 1990 年代中期之後已經縮短。這說明當江澤民把重要黨政職務陸續交給胡錦濤之後，為什麼前者的權力資源就會逐漸消失，後者的權力資源則不斷增加。十六大之後的兩年中，中共高層政治逐漸從一個中心（江澤民），轉變為兩個中心（江澤民、胡錦濤），再轉變為一個中心（胡錦濤）。

其次，主要權力來源從個人權威轉移到職務權力，使得強人政治不易再現。對共黨國家的領導人來說，他們之間的權力分配是一個周而復始的循環。新領導班子即位之初，各領導人的權力相對平等，但一段時間之後，權力逐漸朝向少數一兩位領導人集中，權力分配因此越來越不平均（Dittmer, 2001: 60）。在 1980 年代，中共領導人可以無期限地聚集權力，他們在獲取重要職位前，便因擁有革命建國功勳而樹立崇高的個人權威。在辭去正式職務之後，又可以藉由強大的個人威望繼續發揮決策影響力。少數領導人甚至凝聚足夠權力摧毀集體領導，導致強人政治的出現。

1990 年代中葉之後，職務權力的重要性增加。藉由「七十歲劃線離退」的機制縮短個別領導人累積權力的時間，強人政治已不易重現。首先，由於缺少重大歷史功勳，擔任政治局常委的「職務權力型」領導人擁有比較薄弱的權力基礎，需要較長的時間去鞏固領導地位。其次，他們在喪失主要的政治職位後，不太可能繼續擴充自己的權力。第三，高層領導人控制各自獨立的官僚機構。這使得各領導人之間的關係頂多屬於盟友關係，彼此地位相對平等，而非主從關係。最明顯的例子就是 1989 年江澤民上台迄今，中共政治局常委沒有一人是另一位現任常委的保護者，也沒有一位

常委的仕途發展是靠另一位常委提拔。但在 1980 年代，鄧小平提拔胡耀邦、趙紫陽擔任政治局常委，他們之間的關係則是主從關係，而非同僚關係。

在這種情形下，中共領導班子中還是會產生出一位權力較大的領導人，但他也只能算是「同儕中的第一人」，而非政治強人。他必須和其他領導人協商妥協。更重要的，他缺乏背離既存的慣例與規範中脫離的力量，無法改變多數高層已經建立的政治共識。

儘管中共派系政治仍然存在，並沒有消失，但派系運作必須在現有制度規範的框架中進行。這一點正是當今中共派系政治與 1980 年代的最大差別。此時，制度化的發展可能是權力鬥爭的副產品，未必是領導人主觀願的實現。權力鬥爭仍扮演重要角色，但獲勝的一方缺少片面撕毀協議的能量。雖然協議本身是權力鬥爭的產物，它卻往往成爲下一回合權力鬥爭的規範，制約領導人未來的行爲。最典型的例子就是領導人「七十歲劃線離退」原則的建立與發展。儘管 1997 年喬石退休是權力鬥爭的產物，他的退休卻產生影響深遠的意外結果（unintended consequence）。年齡限制突破原來僅適用於省部級層級以下幹部的範圍，朝領導人層級發展。

在權力角逐者缺少實力推翻現存規範的情形下，權力鬥爭由零和遊戲（暴力權力鬥爭）轉化爲非零和競賽（和平權力鬥爭），進一步強化制度存在的價值。換言之，在這個過程中，已建立的制度精神受到現實政治的強化，強化後的制度規範又約束日後權力鬥爭的激烈程度與進行方式。再加上幹部退休、集體領導等原則逐漸成爲主流的價值標準，無形中增強制度發展的力量。此時制度化已經逐漸進入「鎖入」的狀態，個別領導人想擺脫既有制度的難度更高。[39]

---

39 但對於現有制度尙未規範的地方，模糊空間仍然存在。此時權力較量將成爲創造先例的關鍵。

　　最後，「職務權力型」領導人比較不容易推動大規模改革，特別是損及「推舉人團」成員利益的改革。在制度深化階段，路徑依賴造成相關規範環繞在制度精神周圍不斷出現，也使得高層政治的不確定性降低。然而，從第三節的討論中可以發現，進行大規模改革的空間已隨之縮小。在「互惠式求責」的權力框架下，以「個人權威型」領導人比較可能完成符合國家社會需要，但損及「推舉人團」利益的政改。「職務權力型」領導人就很難推動類似的政改，否則容易造成多數聯盟的瓦解。儘管團結的領導班子或許可以抵擋高級幹部的反彈與壓力，然而這並不是一件容易的事。畢竟領導班子成員之間的權力關係相對平等，爭奪最高領導職務的慾望可能會掩蓋共體時艱、相忍為國的需要。根據這個推論，胡錦濤推動的政改措施，如黨內民主、高官問責制、基層選舉、審計監督等等，恐怕都會具有謹慎、保守、漸進的基本性質。[40]

　　不過，制度是存在於不斷變動的情境之中，因此制度的穩定就需要適當力量的支撐。一旦環境劇烈變遷，就容易造成制度變遷。由於中共高層政治制度化的動力來自領導人主要權力來源的轉變，我們可以推論一旦個人威望的重要性再度超越職務權力，制度化的過程就可能出現逆轉。舉例來說，胡錦濤若能建立重大歷史功勳，例如帶領民眾打贏一場主要戰爭，他的歷史功勳就可能提供強大的個人威望，足以推動大規模政改。一旦他

---

40 國內部分學者曾經指出中共政治改革的侷限性，但未能充分解釋這種侷限性產生的原因。舉例來說，趙建民、張執中（2005：299-341）曾以組織內捲化的觀點，說明中共為了繼續堅持一黨執政地位、民主集中制等基本原則，導致提昇黨內民主、黨的社會階層代表性時面臨很大的侷限性。「組織內捲化」現象確實存在，但他們沒有說明造成內捲化的動力為何。徐斯儉（2001：1-29）提出「政治最小化改革」的觀點，認為中共政改只是因應經改需要而做的基本措施，無意更動黨國體制的本質。他認為中共不會主動進行大規模政改的原因，一方面是改革者會受到黨內強硬派的質疑，另一方面是擔心重蹈蘇聯瓦解的覆轍。「政治最小化改革」的觀點也指出中共政改的侷限性，但該文無法說明為何改革者無法抗拒、忽視強硬派質疑大規模政改的原因。本文的觀點從領導人維持多數聯盟的成本切入，正好補充徐斯儉的觀點。

掌握堅實的個人威望，又有成為獨裁者的野心，此時反而會破壞制度化自我強化的機制。

捌、結論

如同前言提到的，本文的目的在於解釋中共高層政治出現制度化的原因，並闡述制度化對未來高層互動產生的影響，以及制度化逆轉的條件。為了提高解釋的完整性與正確性，本文以蘇共個案作為中共個案的對照案例。中蘇兩國擁有類似的政治體制、相近的改革動機與芻議，卻出現不同的發展結果。中共高層政治演變的軌跡可稱為「制度堆積」，蘇共則可稱為「制度耗散」。在中共個案中，廢除終身制（以年齡限制為主）、集體領導等鄧小平等人奠定的制度精神在他們離開政壇後繼續繁衍、累積。在蘇共個案中，廢除終身制（以任期限制為主）、集體領導等核心概念多次被提出，卻出現人亡政息的結局。

對於兩國發展軌跡歧異的解釋與制度化的政治影響，本文通過回答下列四個問題來提出答案。分別是：

1. 為什麼中共成功通過制度建立階度的試煉，蘇共卻無法通過？
2. 什麼動力讓中共在制度深化階段繁衍更多的規範？
3. 成文規則和不成文規範不斷繁衍後，對中共高層的互動產生什麼影響？
4. 在什麼條件下制度化會出現逆轉？

經過中蘇兩國比較分析之後，本文認為中蘇共高層政治出現路徑歧異的關鍵在於領導人主要權力來源的差別——個人權威或是職務權力。在中共個案中，「個人權威型」領導人扮演制度建立者的角色。擁有堅實個人

權威與職務權力的他們比較容易維持多數聯盟，可以推動對國家發展長期有利，但損及高級幹部權益的改革政策。當主要領導人對改革方向都具有共識的時候，尤其如此。等到制度建立者退場以後，由「職務權力型」領導接掌大位。他們缺少堅實的個人權威，容易形成穩定的多頭馬車的權力格局，與鄧小平奠定的制度精神相符，有助於制度化發展。此外，中共同時塑造與改革芻議相符的社會價值，因而增加日後領導人背離制度精神的困難。在蘇共個案中，制度建立者都是屬於「職務權力型」領導人。缺少崇高個人權威的他們比較不容易維持多數聯盟。當他們推動不利於「推舉人團」權益的改革時，多數聯盟逐漸瓦解，制度改革也以失敗收場。

在中共個案中，領導人主要權力來源的變化中斷了領導人與追隨者之間「保護——效忠」關係的循環再生，嚴重弱化領導人退休後保護追隨者的能力，導致派系生命週期的縮短，也造成強人政治不易再現。不過，制度是存在於不斷變動的情境之中，因此制度的穩定需要適當力量支撐。由於現階段中共高層政治制度化的動力來自領導人以職務權力為主要權力來源，一旦個人威望的重要性再度超越職務權力，制度化的過程就可能出現逆轉。

參考書目

《文匯報》（香港），2001，9 月 27 日。

《世界日報》，2001，2 月 11 日。

《新華月報》，1961a，〈關於蘇聯共產黨綱領的報告〉，206：174-175。

《新華月報》，1961b，〈蘇聯共產二十二次黨章〉，206：176-179。

《新華月報》，1988，〈蘇聯公布蘇共第十九次代表會議六項決議〉，525：173。

人民網，2002，《十六屆中央政治局工作規則》，12 月 3 日：http://www.people.com.cn/GB/shizheng/16/20021203/879655.html。

丁篤本，1999，《蘇聯政體與官制史》，湖南：湖南師範大學出版社。

中共中央文獻研究室（編），1987，〈中共中央關於建立老幹部退休制度的決定（1982 年 2 月 20 日）〉，《十一屆三中全會以來重要文獻選讀（上冊）》，北京：人民出版社，頁 411-421。

尹慶耀，1990，〈戈巴契夫繼承的遺產和面臨的難題〉，《問題與研究》30（3）：55-66。

王承宗，1988，〈蘇聯共產黨第十九次黨代表會議研析〉，《問題與研究》27（12）：12-21。

王長江、姜躍等著，2002，《現代政黨執政方式比較研究》，上海：上海人民出版社。

王貴秀，1995，《論民主和民主集中制》，北京：中國社會科學出版社。

吳玉山，1995，《共產世界的變遷：四個共黨政權之比較》，台北：東大圖書公司。

吳思，2004，《隱蔽的秩序——拆解歷史弈局》，海口：海南出版社。

吳國光，1997，《趙紫陽與政治改革》，台北：遠景。

李銳，2001，〈耀邦去世前的談話〉，《當代中國研究》（美國）75：36-37。

邢廣程，1998a，《蘇聯高層決策 70 年，第三冊》，北京：世界知識出版社。

邢廣程，1998b，《蘇聯高層決策 70 年，第四冊》，北京：世界知識出版社。

周尚文、葉書宗、王斯德，2002，《蘇聯興亡史，新一版》，上海：上海人民出版社。

邵明英，2002，〈蘇聯權力監督機制演變的歷史考察及啓示〉，《華北電力大學學報》（社會科學版）1：60-63。

施九青，2002，《當代中國政治運行機制，第二版》，濟南：山東人民出版社。

胡鞍鋼，2003，〈黨的「十六大」與中國走向〉，胡鞍鋼、王紹光、周建明（編），《第二次轉型：國家制度建設》，北京：清華大學出版社，頁 213-234。

徐斯儉，2001，〈中國大陸九十年代以來之政治改革與制度變遷〉，《中國大陸研究》44（5）：1-29。

格・阿・阿爾巴托夫著，徐葵等譯，1998，《蘇聯政治內幕：知情者的見證》，北京：新華出版社。

寇健文，2000，〈政治繼承與共黨國家政權結構穩定性的比較研究〉，《問題與研究》39（3）：57-74。

寇健文，2001，〈中共「幹部年輕化」與政治繼承〉，《中國大陸研究》44（5）：1-16。

寇健文，2002，〈權力轉移與「梯隊接班」機制的發展〉，丁樹範（編），《胡錦濤時代的挑戰》，台北：新新聞，頁 68-69。

寇健文，2005，《中共菁英政治的演變：制度化與權力轉移，1978-2004》，再版，台北：五南。

張文正（編），1991，《黨的領導概論》，北京：中共中央黨校出版社。

張文正（編），1999，《黨的領導概論，修訂本》，北京：中共中央黨校出版社。

梁錦文，1998，〈越南新「三頭馬車」之分析〉，《東南亞季刊》3（3）：14-22。

畢英賢，1986，〈蘇共「二十七大」對上層權力結構的調整〉，《問題與研究》25（7）：63-66。

畢英賢，1987，〈蘇聯的經濟改革與「民主化」〉，《問題與研究》26（6）：39-40。

畢英賢（編），1989，《蘇聯，增修版》，台北：政大國關中心。

畢英賢，1990，〈蘇聯的民主化與政治體制改革〉，《問題與研究》29（7）：1-11。

陳瑞生、龐元正、朱滿良（編），1992，《中國改革全書（1978-1991）：政治體制改革卷》，大連：大連人民出版社。

陸南泉等（編），2002，《蘇聯興亡史論》，北京：人民出版社。

陽明山莊（編），1956，《俄共第二十次代表大會重要報告及決議彙編（上冊）》，台北：陽明山莊。

楊光斌，2003，《中國政府與政治導論》，北京：中國人民大學出版社。

甄曉英、張維克，1989，〈對黨的領導人的監督設想〉，《黨建文匯》（瀋陽），複印報刊資料，北京：中國人民大學書報資料中心，頁157。

趙建民、張執中，2005，〈組織內捲與列寧式政黨的調適與變遷：中國共產黨個案分析〉，《人文及社會科學論叢》17（2）：299-341。

劉克明、金輝（編），1990，《蘇聯政治經濟體制七十年》，北京：中國社會科學出版社。

魏澤煥，1998，《蘇共興衰透視》，廣東：廣東人民出版社。

Abuza, Zachary. 1998. "Leadership Transition in Vietnam since the Eighth Party Congress: The Unfinished Congress." *Asian Survey* 38(12): 1105-1121.

Bachman, David. 2001. "The Paradox of Analysing Elite Politics under Jiang." *China Journal* 45: 95-100.

Barnett, A. Doak. 1985. *The Making of Foreign Policy in China*. Boulder, CO: Westview Press.

Bendix, Reinhard. 1977. *Max Weber: An Intellectual Portrait*. Berkeley, CA: University of California Press.

Beresford, Melanie. 1988. *Vietnam: Politics, Economics, and Society*. New York, NY: Pinter.

Bo, Zhiyue. 2005. "Political Succession and Elite Politics in Twenty-First Century China: Toward a Perspective of 'Power Balancing'." *Issues & Studies* 41(1): 162-189.

Collier, David. 1991. "The Comparative Method." In *Comparative Political Dynamics*, eds. Dankwart A. Rustow and Kenneth Paul Erickson. New

York, NY: Harper Collins Publishers, pp. 7-31.

Collier, David. 1996. "Insights and Pitfalls: Selection Bias in Qualitative Research." *World Politics* 49(1): 56-91.

Conquest, Robert. 1973. *The Great Terror: Stalin's Purge of the Thirties*, Revised ed. New York, NY: Collier Books.

Current Digest of the Soviet Union. 1965. "Supreme Soviet Meets: Podgorny Replaces Mikoyan." 17(49): 5.

David M. Kotz、Fred Weir 著，曹榮湘、孟明歧等譯，2002，《來自上層的革命：蘇聯體制的終結》，北京：中國人民大學出版社。

Dittmer, Lowell. 1978. "Bases of Power in China: A Theory and Analysis of the Fall of the 'Gang of Four'." *World Politics* 31(1): 29-32.

Dittmer, Lowell. 1995. "Chinese Informal Politics." *China Journal* 34: 1-34.

Dittmer, Lowell. 2001. "The Changing Shape of Elite Power Politics." *China Journal* 45: 53-67.

Dittmer, Lowell. 2004. "Leadership Change and Chinese Political Development." In *The New Chinese Leadership: Challenges and Opportunities after the 16th Party Congress*, eds. Yun-han Chu, Chih-Cheng Lo and Ramon H. Myers. Cambridge: Cambridge University, pp. 10-32.

Dogan, Mattei, and John Higley, eds. 1998. *Elites, Crises, and the Origins of Regimes*. Lanham, MD: Rowman & Littlefield.

Fewsmith, Joseph. 2002. "Generation Transition in China." *Washington Quarterly* 25(4): 23-25.

Fewsmith, Joseph. 2003. "The Sixteen National Party Congress: The Succession that Didn't Happen." *China Quarterly* 173: 1-16.

Field, G. Lowell, John Higley, and Michael G. Burton. 1990. "A New Elite Framework for Political Sociology." *Revue Europeenne Des Sciences Sociales* 28: 153-162.

Field, Lowell, and John Higley. 1985. "National Elites and Political Stability." *Research in Politics and Society* 1: 6-10.

Geddes, Barbara. 2003. *Paradigms and Sand Castles: Theory Building and Research Design in Comparative Politics*. Ann Arbor, MI: University of

Michigan Press.

Hibbing, John R. 1988. "Legislative Institutionalization with Illustrations from the British House of Commons." *American Journal of Political Review* 32 (3): 707-710.

Higley, John, and György Lengyel, eds. 2000. *Elites after State Socialism: Theories and Analysis*. Lanham, MD: Rowman & Littlefield.

Higley, John, Jan Pakulski, and Wlodzimierz Wesolowski, eds. 1998. *Postcommunist Elites and Democracy in Eastern Europe*. London: Macmillan.

Huntington, Samuel P. 1965. "Political Development and Political Decay." *World Politics* 17(3): 386-430.

Kalyvas, Stathis N. 1999. "The Decay and Breakdown of Communist One-party Systems." *Annual Review of Political Science* 2: 323-343.

Kenez, Peter. 1999. *A History of the Soviet Union from the Beginning to the End*. Cambridge: Cambridge University Press.

King, Gary, Robert O. Keohane, and Sidney Verba. 1994. *Designing Social Inquiry: Scientific Inference in Qualitative Research*. Princeton, NJ: Princeton University Press.

Li, Cheng. 2001. "China's Political Succession: Four Myths in the U.S." *Foreign Policy in Focus* (May): 2 (http://www.foreignpolicy-infocus.org/pdf/gac/0105chinamyths.pdf).

Lijphart, Arend. 1971. "Comparative Politics and the Comparative Method." *American Political Science Review* 65(3): 682-693.

Manion, Melanie. 1993. *Retirement of Revolutions in China: Public Policies, Social Norms, Private Interests*. Princeton, NJ: Princeton University Press.

McCauley, Martin. 1993. *The Soviet Union, 1917-1991*, 2nd ed. New York, NY: Longman.

Nathan, Andrew. 2003. "China's Changing of the Guard: Authoritarian Resilience." *Journal of Democracy* 14(1): 6-17.

Ninh, Kim. 1989. "In the Era of Renovation: Leadership and Security in Vietnam." *Contemporary Southeast Asia* 11(2): 213-235.

North, Douglass C. 1990. *Institutions, Institutional Change and Economic*

Performance. Cambridge: Cambridge University Press.

Pike, Douglas. 1989. "Origins of Leadership Change in the Socialist Republic of Vietnam." In *Leadership Change in Communist States*, ed. Raymond Taras. Boston: Unwin Hyman, pp. 117-120.

Pike, Douglas. 1992. "Vietnam in 1991: The Turning Point." *Asian Survey* 32 (1): 78-79.

Przeworski, Adam, and Henry Teune. 1970. *The Logic of Comparative Social Inquiry*. New York, NY: Wiley-Interscience.

Putnam, Robert D. 1976. *The Comparative Study of Political Elites*. Englewood Cliffs, NJ: Prentice-Hall.

Roeder, Philip G. 1992. *Red Sunset: The Failure of the Soviet Union*. Princeton, NJ: Princeton University Press.

Shambaugh, David. 2001. "The Dynamics of Elite Politics during the Jiang Era." *China Journal* 45: 104-105.

Shirk, Susan L. 1993. *The Political Logic of Economic Reform in China*. Berkeley, CA: University of California Press.

Shirk, Susan L. 2001. "Will the Institutionalization of Party Leadership Survive the 2002-03 Succession?" *China Journal* 45: 139-142.

Shirk, Susan L. 2002. "The Delayed Institutionalization of Leadership Politics." In *The Nature of Chinese Politics: From Mao to Jiang*, ed. Unger, Jonathan. Armonk, NY: M.E. Sharpe, pp. 297-311.

Sisson, Richard. 1972. "Comparative Legislative Institutionalization: A Theoretical Exploration." In *Legislatures in Comparative Perspective*, ed. Allan Kornberg. New York, NY: D. McKay, pp. 17-38.

Teiwes, Frederick C. 1995. "The Paradoxical Post-Mao Transition: From Obeying the Leader to 'Normal Politics'." *China Journal* 34: 44-51.

Thayer, Carlyle A. 2002. "Vietnam in 2001: the Ninth Party Congress and After." *Asian Survey* 42(1): 81-83.

Thelen, Kathleen. 1999. "Historical Institutionalism in Comparative Politics." *Annual Review of Political Science* 2: 396-404.

Thelen, Kathleen. 2002. "How Institutions Evolve." In *Comparative Histori-*

cal Analysis in the Social Sciences, eds. James Mahoney and Dietrich Ru-
eschemeyer. Cambridge: Cambridge University Press, pp. 225-228.

Womack, Brantly. 1997. "Vietnam in 1996: Reform Immoblilism." *Asian Sur-
vey* 37(1): 79-87.

Wu, Yu-shan. 2004. "Jiang and After: Technocratic Rule, Generational Re-
placement and Mentor Politics." In *The New Chinese Leadership*, eds. Yun-
han Chu, Chih-Cheng Lo and Ramon H. Myers. Cambridge: Cambridge
University Press, pp. 69-88.

Zang, Xiaowei. 2005. "Institutionalization and Elite Behavior in Reform
China." *Issues & Studies* 41(1): 204-217.

Zhao, Suisheng. 2004. "The New Generation of Leadership and the Direction
of Political Reform after the 16th Party Congress." In *The New Chinese
Leadership,* eds. Yun-han Chu, Chih-Cheng Lo and Ramon H. Myers.
Cambridge: Cambridge University Press, pp. 33-68.

Zheng, Shiping. 2003. "Crossing the Political Minefields of Succession: From
Jiang Zemin to Hu Jiantao." In *China's Post-Jiang Leadership Succession:
Problems and Perspectives*, eds. John Wong and Zheng Yongnian. Singa-
pore: Singapore University Press and World Scientific, pp. 63-66.

Zheng, Yongnian, and Liang Fook Lye. 2003. "Elite Politics and the Fourth
Generation of Chinese Leadership." *Journal of Chinese Political Science* 8
(1 & 2): 65-86.

第五章

「軟紀律約束」
改革中共黨國體制的內在限制[*]

徐斯儉

壹、為何中共黨國體制需要政治改革

在 2004 年 9 月舉行十六屆四中全會時，中共中央宣示要「加強執政能力」。此一舉動顯示出中共政權對於其所面臨的統治危機及合法性危機已有所警覺。中共所面臨的這些危機可以反映在不斷增加的幹部腐敗案例，及不斷擴大的幹部腐敗規模，尤其是各級領導幹部。在 1997 年十五大中共中央紀檢委向中央委員會所提交的報告中顯示，總共有 669,300 名黨員遭受黨紀處分。到了 2002 年十六大中紀委的報告中，此一數字增加到了 846,150 人。被開除黨籍的黨員由十五大報告中的 121,500 人增加到十六大報告中的 137,711 人。縣級接受黨紀處分的幹部由十五大時的 20,295 人增加到十六大時的 28,996 人，其增加率是 42.9%。在副省級和局級幹部中受到黨紀處分的由十五大時的 1,673 人增加到十六大時的 2,422 人，增幅為 44.8%。省部級幹部受到黨紀處分的從十五大時的 78 人增加到十六大時的 98 人，增幅為 25.6%（瞭望新聞周刊，2004）。表 5-1 顯示上述腐敗案例

[*] 本文大部分內容已獲接受以〈「軟紀律約束」──中共強化監督之政改的內在限制〉為題刊登於《中國大陸研究》，第 50 卷第 2 期，中華民國 96 年 6 月號。感謝政治大學國際關係研究中心《中國大陸研究》同意轉載。

在十五大到十六大期間增加的情況。從表 5-1 中可看出，根據中共自己的統計，較基層的幹部腐敗情況甚於高層幹部。

表 5-1　中國共產黨黨員幹部腐敗情形（1997 年與 2002 年）　（單位：人）

腐敗案例種類	1997	2002	增幅
接受黨紀處分之幹部	669,300	846,150	26.4%
開除黨籍之黨員數	121,500	137,711	13.3%
省部級受黨紀處分之幹部	78	98	25.6%
副省級及局級受黨紀處分之幹部	1,673	2,422	44.8%
縣級受黨紀處分之幹部	20,295	28,996	42.9%

　　除了各級幹部貪腐人數及規模擴大以外，另一個重要的趨勢是「一把手」的貪腐現象越來越嚴重。2003 年中共官方《瞭望》周刊載文指出，「群體性腐敗」和「一把手腐敗」已經成為中國腐敗的前兩大突出新特點，而「對一把手權力監督制約不夠」則居於腐敗滋生的六大原因的首位（孫志勇，2003）。中國科學院與清華大學國情研究中心於 2003 年完成了一份「中國高官腐敗的特點和變化趨勢研究」，此份研究顯示，中國從 1978 年到 2002 年的二十餘年間，腐敗案件呈現十大趨勢，其中第一大趨勢是「與 1980 年代相比，1990 年代受到司法懲處的高官數量和嚴重程度都大幅度增加」，第四大趨勢是「腐敗窩案、串案在增多」，也就是集體貪腐的情形在增加，而此一現象的原因則主要是「一把手」腐敗的結果（人民網，2003）。根據四川省黨建研究會在 2004 年所做的一份問卷調查表明，73.3% 的人認為應該將「一把手」作為監督的重點和難點，但目前仍存在著「不落實監督、不好監督、不敢監督、不想監督、不積極監督等問題」（人民網，2004）。這些觀察或研究都指出了同樣的趨勢，也就是在「一把手」貪腐的帶領下，幹部官員的集體貪腐也在擴大，且往往監督機制失靈。實際上，就中國的法規建設上而言，並不缺乏反腐的各種法規。根據

人民日報的一篇文章顯示，從十五大到 2003 年 11 月初，全國省部級以上機關制定的黨風廉政建設方面的法律法規及其他規範性文件就達 2,000 項，其中中央紀委、監察部制定了一百二十多項（夏長勇，2004）。所以真正的問題是，究竟為何中共黨國體制的紀律和監督機制失靈了呢？

無論如何，如何制約各層級的幹部，尤其是領導幹部的腐敗，便成了中國政治體制改革的重要任務。面對合法性逐漸流失的挑戰，胡錦濤從十六大接班之後，對於推動政治改革採取了比江澤民更為主動的做法，此一對政改較為積極的態度也形成了胡與江明顯不同的執政風格之一。然而，經過了兩三年，胡錦濤在政治體制改革上與某些外界原來的期望有所落差（Kristof, 2005a, 2005b）。

本文嘗試從理論的角度，深入中共黨國體制的內部，尋求中共在監督機制方面的政治改革為何無法突破的原因。針對前述中共不斷推出紀律監督機制的改革文件卻仍不斷失靈的現象，本文提出「軟紀律約束」的概念，嘗試從黨國體制內各級幹部的微觀理性角度，來描述為何會出現看似權力集中的中共黨國體制，卻無法真正以黨紀約束其各級領導幹部的現象，並指出要改變此一現象必然會與中共黨國體制中「民主集中制」的基本原則相悖，造成對此「軟紀律約束」之改革企圖的內在困境。其次，本文將以「地方發展型國家」及「權力轉移」兩個中介變項，來說明它們如何對於硬化「軟紀律約束」的改革可能形成進一步的限制。接著本文將以四個在十六大後胡錦濤提出的改革措施：「黨內監督條例」、「審計風暴」、「問責制」及「輿論監督」作為檢證上述理論假設的案例。本文將根據案例中的現象，設法印證由「軟紀律約束」所推出的若干假設。

本文認為，如果不能跨出朝向制度化「權力分立」（separation of

powers）[1]的政治改革，則中共黨國體制的「軟紀律約束」現象將無法改變，腐敗與濫權必然繼續擴大。任何企圖在既有黨國體制內部硬化「軟紀律約束」的改革努力，都可能因爲與「民主集中制」之下朝向「權力集中」的內在自然傾向相矛盾，而面臨困境。本文最後還將從「軟紀律約束」此一理論觀點，與若干解釋政權轉型的理論進行對話，點出「軟紀律約束」作爲中共黨國體制朝向民主轉型的一項不利因素。

貳、「軟紀律約束」──中共黨國體制的一項內在邏輯

一、「軟紀律約束」作爲一項內在的組織邏輯

中共的黨國體制通常宣稱自己的組織原理是「民主集中制」（demo-cratic centralism），但其實踐過程中往往「集中」的元素遠比「民主」的元素要強得多。根據黨綱，作爲黨內組織原則的「民主集中制」，其基本原則首先是「黨員個人服從黨的組織，少數服從多數，下級組織服從上級組織，全黨各個組織和全體黨員服從黨的全國代表大會和中央委員會。」[2]在中共黨國體制內往往被理解爲一種高度集中且紀律嚴明的體制。但實際上，整個體制中卻充滿了「軟紀律約束」的現象，也就是此體制對其政治行動者（各級官員及幹部）實際上無法課予眞正的紀律約束，因而在此體制中產生了一種無法使這些行動者爲其不當行爲負起責任的傾向。

對於此一「軟紀律約束」概念，本文意指以下一系列現象：

1　此處的「權力分立」是指不同（黨或國家）的機關，各自在憲法上有最終獨立的權力來源，而非來自其他權力機關的授予，且實際上按照此一憲法所訂立的原則施行。

2　《中國共產黨章程》，第十條第一款。

（一）中共黨國體制對權力牽制的制度性安排

1. 在中共黨國體制中，黨內監督的專門機關是黨的各級紀律委員會，而黨的委員會則也負有對所在委員會、同級紀委和黨委工作部門、直屬機構、派出機關以及相當於這一級別的黨組（黨委）的工作進行監督的責任。[3] 其他在國家體制中所建立起來的監督機關（人大、檢察院、監察部）的監督功能，即使能發揮，其作用的重要性也不及黨內監督。

2. 在同一個行政層級中，雖然該級黨的委員會及書記在形式上其功能與同級國家機關是有區別的，但由於黨才是真正的核心，最重要的決定仍是由黨委做出。而在各級黨的組織中，照理說各級黨代表大會是最高權力機關，黨代表大會選舉出常委及紀委。但是黨代表大會往往無法真正執行日常事務的決定，而是由黨代表大會所選舉出的黨的委員會執行。而照理說黨的委員會是集體領導，但實際上往往權力集中在由黨的委員會所選出的書記，形成了黨委委員實際上向書記負責的情形。所以，實際的情況是，各級行政層級或單位中，黨的書記往往才是真正的第一把手（王貴秀，1999：76）。本來只是黨委中與其他委員處於平行位子的黨委書記，往往成了其他黨委的上級（學習時報，2005），形成了以黨委書記一把手為主的一元化個人領導（林尚立，2002：54）。由於共黨體制中的組織原則是將權力集中於各級黨的委員會，各級紀律委員會是受到上級紀律委員會以及同級黨委的雙重領導，[4] 因此各級紀委並不能脫離同級黨委的領導。紀委固然有「對所在委員會及其派駐機構、派出的巡視機構的工作進行監督」以及「對所在委員會常委、委員和派駐

3　《中國共產黨黨內監督條例（試行）》，第六條、第七條。
4　《中國共產黨章程》，第八章第四十三條。

機構、派出的巡視機構的負責人進行監督」的權力，但是紀委本身的工作和負責人也受到同級黨委的監督。[5] 簡言之，黨的委員會和紀委互相監督，但往往黨委及黨委書記才是真正權力掌握者。更何況，各級紀委書記的任命雖是由上級紀委決定，但須徵詢該級黨委的意見。[6] 因此紀委對黨委領導人的監督往往難以落實。只要此一原則維持不變，在同級中就不可能有真正水平的負責或權力制衡。因此真正對政治與行政權力的制衡只能發生在下級對垂直上級的負責機制中，也就是下級黨委對上級黨委的負責，和上級黨委對下級黨委的權力牽制。

3. 對於某級行政單位的權力是否真正能產生制衡的機制，主要取決於該級黨委，或者說黨委的黨委書記的權力是否真正能受到制衡。

4. 如果黨能夠將紀委的組織從屬關係變成由上向下派生，而非從屬於同級黨委，也就是變成由上至下的集中，則才可能在黨內形成一個獨立的系統，如此才能對地方黨委、書記、乃至政府產生真正的制衡。若此，則將在同一層級的黨內產生橫向的權力分立。

5. 另一種牽制黨委權力的方法則是，允許從屬於其他行政單位或更高層級行政單位的傳播媒體揭發該黨委或該單位領導的不當之處。

（二）加強黨內紀律之政治改革的內在矛盾

6. 在此種同級黨國體制內的權力分立尚未產生之前，任何意欲限制各級黨委領導幹部權力、或者認真懲罰其下級黨委的政治改革，由於都必須經由各級黨委來實踐，因此任何一級黨委在實踐此種改革時，都只會在不影響其自身權力的前提下進行。

5　《中國共產黨黨內監督條例（試行）》，第六條、第七條、第八條、第九條。

6　人民日報一篇時評指出：「紀委書記、監察局長的任職，市委書記有相當的『說話權』，紀檢幹部的工資、住房、子女上學與就業等現實問題，都要在本地解決，在這種情況下，你叫紀委書記如何放心大膽地監督市委書記（夏長勇，2004）？」

7. 對於任何一級黨委而言，如果發現下一級黨委有所不當，應予懲罰，這也只能在上一級（也就是執行改革者）本身不涉入下一級黨委之不當行爲的前提下，此懲罰才能發生。因此此種懲罰在一般情況下只能受到非常局部的實行。

8. 即使上一級黨委未涉入下級黨委的不當行爲，因而願意對下級黨委進行懲罰，但任何一級黨委想要對下級黨委進行懲罰，必然會影響其他尚未被處罰但也隱藏著不當行爲的其他下級，其他下級將可能產生牴觸心理，或者採取政治上的不配合。因此對任何一級黨委而言，在其他條件不變下，此種對下級的懲罰在政治上都將是必須付出成本的。

9. 因此，當此種懲罰成本很大時，除非對於認眞執行對下級黨委的懲罰能帶來額外的政治收益，或者讓他們能對下級其他未受懲罰的黨委進行撫慰性的額外政治收益分配，否則對於各級黨委而言，這種懲罰寧願不做。當上級推動各種嚴明黨內紀律的政治改革時，對各級黨委而言，一種理性的回應方式是表面上很認眞執行，但實際上對於改革的執行打折扣，也就是陽奉陰違。

10. 由於大家都如此做，因此改革最終會無疾而終。如果大家都能預料到這樣的結果，就將更加深了大家不願認眞執行的意願，因爲「法不責眾」，如果大家都不認眞執行，每個個別黨委因爲不認眞執行而受到懲罰的可能就會變小。

11. 如果自上而下的改革動力非常強，眞正從制度上限制了各級黨委的任意權力，則各級黨委的既得利益將受到傷害，在其他政策執行上也有可能採取消極或者不配合的態度，使得高層意志政令無法通行，甚至發生與中央唱反調情形，最終使得高層不得不暫緩削弱各級黨委權力的改革。

12. 在此種政治環境下，當進行嚴明黨內紀律的改革爲其個人所帶來之

政治收益不能大於其政治成本時，真正執行此種改革將是不理性的。為了要讓至少部分下級黨委或黨政領導願意認真執行此種改革，上級領導必須付出一些政治成本，讓那些認真執行改革的下級領導能獲得政治收益，更好的方法是該收益是可以繼續向下分配，或者可以進一步產生更大政治收益。但當此種政治收益是有限時，或者其分配具有排他性時，只能向某些下級分配，那麼也只能讓個別下級形成改革的模範，而很難真正普遍地推開。

（三）　由於上述原因，在垂直負責的黨國體制不變之下，此種旨在嚴明黨內紀律，或限制各級黨委權力的政治改革必將最終無法達成其目的。如果此一後果大家都知道，那麼在此種情況下對各級黨委權力的紀律限制都將是軟性而非剛性的。

　　上述對於「軟紀律約束」此一概念的陳述，是一組演繹式的論證。論證的起點是中共黨國體制內對權力限制的制度性安排，也就是受著雙重領導的各級紀委。而在第一部分也就是黨內權力牽制制度性安排中，推出如果要有真正的權力制衡，必須讓紀委脫離黨委的領導。另外一種可能就是讓從屬於其他單位的媒體揭發某黨委的弊端。第二部分則是從下層各級黨委微觀的基礎出發，解釋為何在既有體制下推動嚴明黨內紀律的政治改革非常困難。最關鍵的原因在於此種政治改革的本質不像經濟改革是能對行動者產生新的微觀層次效益，反而會形成其微觀層次的成本。而即使最高層領導藉著分配額外政治收益的方式讓某些下級黨委願意推行改革，由於政治額外收益必然有限，其分配往往具有排他性，因此改革在平時只能在局部獲得示範性的推行，而難以全面推開。

　　所謂的「軟紀律約束」，本身由以下幾個部分構成：「軟紀律考核」、

「軟紀律懲罰」、「軟紀律執行」。所謂黨內紀律的考核、懲罰、及執行的約束是軟性的，是指紀委對於該所屬黨委黨員的紀律考核最終仍須經過黨委同意。譬如，按照《中國共產黨黨內監督條例（試行）》（簡稱「黨內監督條例」）第十二條規定：「凡屬方針政策性的大事，凡屬全局性的問題，凡屬重要幹部的推薦、任免和獎懲，都要按照集體領導、民主集中、個別醞釀、會議決定的原則，由黨的委員會集體討論做出決定。」又譬如根據《中國共產黨紀律處分條例》第六條：「實施黨紀處分，應當按照規定程序經黨組織集體討論決定。」如果是這樣，實際上紀委的最終懲罰權無法獨立行使，而須經過黨委集體同意而行使的。

二、硬化「軟紀律約束改革」之政治改革與「民主集中制」的矛盾

中共中央黨校的著名反腐學者李永忠指出，許多地方的紀委或者不敢、或者不願意、或者甚至沒有能力對同級黨委成員進行認真嚴格的監督與紀律檢查（李永忠，2004：12-14）。這就是本文所指出的「軟紀律約束」之表現。根據李教授的論點，真正解決的辦法在於必須改變「議行合一」的原則，也就是要分開決議與執行的機關。按照李教授的構想，應該是各級黨的委員會做出決議，常委會應該是執行，紀委是監督，三者人員不重疊，權力各有獨立的來源。如果要讓紀委有獨立的權力來源，李永忠認為最終紀委必須在政治與行政上都成為垂直領導的系統（李永忠，2002：22-24；邵道生，2004）。這當然並非目前的狀況。中央黨校的另一位著名教授王貴秀則明白主張應該實行「黨內三權分立」（胡壹，2003：24-25），也就是在中央全國黨代會設常委會作為決策機關、中央委員會作為執行機關、中央紀委作為監督機關；在地方則也是同構：常任化的黨代表大會作為決策機關、黨委作為執行機關、紀委作為監督機關（中央社，2004）。

　　且不說是否各級黨委應該成為王貴秀所說的「黨內三權分立」，就算是要將紀委變成政治與業務上完全的垂直領導，勢必將會破壞黨的委員會作為「民主集中制」權力中心的地位。這個問題在中央與地方都存在。因為在中央與地方黨的紀委雖然都是由黨代表大會選出，並對黨代表大會負責，但是由於紀委書記往往也是常委成員，重大懲處、升遷案件須由黨委同意，因此實際上權力在地方集中於黨委常委，在中央集中於政治局常委。如果照王貴秀所說實行黨內三權分立，則同級黨的組織雖然可能較為民主，但其權力就不是「集中」的，此處所謂不是「集中」，不只是說權力分立後的黨其權力無法集中於黨委書記，甚至將無法再集中於所謂黨的委員會的「集體領導」之下。因為所謂的集體領導，是指黨委是日常黨政事務的最高決策單位，就算是集體決策，最後也只能集中表現為一個意志。但如果黨內監督權與黨委分立，就將有出現兩個意志的可能。這在地方也許還不是那麼嚴重，但到了中央將非常嚴重，因為一旦中共政治局常委與紀委是具有分庭抗禮的權力，勢必在日常政治生活中形成某種政治領導權的競爭，將不利黨的一元化領導。

三、「地方發展型國家」對進行硬化「軟紀律約束」政治改革的限制

　　上述的「軟紀律約束」是中共黨國體制在一般情形下的情形，本段將處理在以「地方發展型國家」為主要經濟發展動力之一的中國，上述「軟紀律約束」的現象如何受到進一步的強化。

　　所謂「地方發展型國家」，意指在改革開放之後，尤其是江澤民主政的中後期，中國經濟發展策略的主要動力之一，是中央政府在改革開放的政策下，將許多經濟及行政決策權下放給地方，讓各級地方政府因地制宜，逐漸從僵硬的計畫經濟中走出來，搞活社會主義市場經濟。其結果是，各

級地方政府或者是各部委往往藉著其行政權力，或者直接進入市場，或者藉著操作其權力控制下的生產要素，扮演著推進經濟成長的角色。而中央也往往睜一隻眼、閉一隻眼，藉著將經濟審批權及各種行政權下放的過程，激勵各級地方政府或部委，使其能取得經濟上的利益，以便於推動其轄下或域內之經濟成長。雖然此種「地方發展型國家」的確帶來了經濟成長，但也同時帶來了廣泛的貪腐、尋租，或者各種掠奪性的政府行為，譬如無償或低償徵收土地以進行牟利性的土地開發。在這段經濟轉型期間，「地方發展型國家」固然藉著集中權力來動員資源並吸引投資，以達到快速經濟成長的目的，但其集中權力的濫用也帶來了大量的腐敗機會，出現了黨政軍機關經商熱、開發區熱、房地產熱等，各級政府官員腐敗動機都因之大大增強，因而造成社會與國家的矛盾，並侵蝕中共政權合法性的基礎（人民網，2003）。不僅如此，隨著上述此種「放權讓利」的經濟發展過程，由於經濟發展需要強大集中的行政權主導，權力集中於一把手的傾向也得到進一步加強（學習時報，2005）。也就是說，此種放權讓利的經濟改革過程中的「地方發展型國家」，由於有增強權力集中的傾向，也因此對於黨內的紀律約束起了進一步軟化的效果。

　　當整個政權越是以經濟成長作為其主要合法性基礎時，就越難進行可能挫傷經濟成長的政治改革。而當中央政府越是依賴「地方發展型國家」作為其經濟成長的基礎，也就越困難推行普遍削弱地方任意性權力的政治改革，而必須靠著懲罰個別地方作為來遏止地方濫用權力。而對於地方政府或部委而言，權力的集中（並因此而必然帶有一定任意性）對於刺激經濟發展而言是很重要的，任何限制此一權力集中的政治改革不僅如上一段所言是在政治上對其不利，更是在經濟上削弱其利益。簡言之，加強紀律以限制其具任意性集中性權力的改革，對這些地方或部委的黨政領導而言，不僅有政治的成本，更有經濟的成本。

　　因此，只要地方政府或部委能夠造成高度經濟成長，而又沒有引起太大的社會矛盾，那麼這些單位的黨政領導進行上述政治改革的動機將很弱。要他們進行此種改革需要的不是上述的政治利益補償，而是需要經濟利益的補償。基於此種原因，那些比較難以達成經濟成長，或者面臨嚴重的社會矛盾的地方政府，才比較有動機藉著進行此種政治體制改革獲得額外的政治收益。且在地方必須相互競爭的環境下，那些無法創造經濟成長的地方黨政領導幹部，甚至有可能主動爭取進行此種具有成本的政治改革，倒不是為了爭取政治利益補貼，而是在沒有人做的情況下他首先出頭願意做，反而有可能為他創造出額外的政治收益。此外，當一個地方的社會矛盾太過激烈時，在其他（政治、經濟）條件不變的情形下，若不處理可能會受到政治上的懲罰，因而即使改革有成本，可能不改革的成本更大，因而也會產生願意進行改革的動機。[7]

　　簡言之，一般而言，「地方發展型國家」的現象使得在「軟紀律約束」之下的各級黨委，更加地不願意推行嚴明黨內紀律的政治改革，因為除了政治收益以外，他們還會需要經濟收益作為推動此種政治改革的補償誘因。但是相對地，對於不能藉著「地方發展型國家」推動經濟成長，以及社會矛盾太過劇烈的地方政府而言，則更有動機進行上述政治改革。不過，即使如此，「軟紀律約束」的現象並未消失；且當後面兩種地方政府因為進行嚴明紀律的政治改革而改善了政治社會環境，因而帶來經濟成長之後，其繼續改革的動機又可能逐漸減弱。

7　根據中國科學院與清華大學國情中心的《中國高官腐敗的特點和變化趨勢研究》顯示，相比較而言，沿海地區發案率稍高於內陸地區。但從案值來說，沿海和北京、雲南等經濟較為發達省份，高官腐敗的涉案金額明顯高於內陸省份（人民網，2003）。

四、「權力轉移」過程對進行硬化「軟紀律約束」政治改革的限制

對於企圖硬化「軟紀律約束」之政治改革的另一種限制，則來自於中共最高權力之「權力轉移」的過程。在本文第二段介紹「軟權力限制」概念時，曾提到在中共黨國體制內，只有下對上的垂直負責系統能牽制各級黨委集中的權力。但由於下級黨委的理性計算，使得看似嚴謹的紀律實際上難以嚴明，企圖強化紀律的改革也難以推展，形成了所謂對各級黨政領導幹部的「軟紀律約束」。要真正改革此種「軟紀律約束」，就必須產生獨立於黨委領導之外的監督體系，而產生強化此種看似獨立於該級黨委之外的監督或牽制權力就必然成為政治改革的選擇。

此種強化黨委以外機關權力的改革，潛在來說具有權力分立的傾向。因為此種改革進行到底，就是要強化在黨委以外機關對黨委的牽制權力，最終絕對化的做法就是根本脫離該機關與被牽制黨委的從屬關係，那就是在同級的權力分立。最應該這麼做的，如本文前述，應該是紀委。如果紀委真的將其領導完全歸於上級紀委領導，也就是切斷受該級黨委的領導關係，由「雙重領導」變成「垂直領導」，那麼其結果一方面固然是在同級內產生了對該級黨委的權力分立，以及真正有效的權力制衡；但是另一方面，也會在整個黨內形成一個獨立於各級黨委之外的紀委系統。這個紀委系統一直頂到中央，中共中央的紀委等於掌握一個完全獨立的系統，其領導者的權力必然非常大，因為他將有一個獨立且可以牽制其他系統的全國性權力基礎，此人必然是政治局常委之一。如此，在政治局中，他有可能會形成對於受他牽制的其他政治局成員的潛在挑戰，而政治局常委的集體領導本質將失去穩定性。

同樣的道理，如果黨允許媒體批評或監督異地的黨政領導，那麼雖然

該媒體仍然接受其所從屬之黨委宣傳部的領導，但整體而言，所謂「異地監督」實際上有可能形成媒體並未受到黨的強力約束，也就是會掏空了「黨管媒體」的原則。若是如此，就可能形成一個地方黨委與另一個地方黨委的爭執，此種爭執如果沒有制度性的解決方式，則非常有可能上升爲高層的爭執。

　　上述兩種情形，在中共中央最高權力交接的過程中，將有可能形成非常大的危機。因此當權力交接之前，因爲充滿了權力交接的各種不確定性，以及緊接著權力交接之後，由於新接班者權力尙未穩固，都不太可能產生上述此種性質的政治改革。因爲這樣舊的和新的總書記才能確定別的政治局常委不會藉此種改革，形成奪取或牽制其權力的另一個權力核心。對於新任的總書記，當其接班後的頭兩三年，即使宣布了此種改革的進行，也未必能夠獲得各級黨委的認眞執行。因爲一方面他在高層的權力尙未穩固，害怕其他高層領導趁機崛起；另一方面則也是因爲他的政治資本尙未豐厚，不足以分配政治及經濟利益以激勵下級認眞執行。

　　當新任總書記完成整個或部分形式權力之接班後（主要指接掌總書記、國家主席及中央軍委等職位），其實際權力可能尙未完全鞏固。在此時刻，推出具有硬化「軟紀律約束」的改革，有可能有助於其權力的鞏固，因爲此種改革可以被使用於清除非嫡系派系人馬，或者藉著清除部分地方貪腐官員以樹立其領導威望。因此，無論是否能得到普遍的執行，即便只能在局部或個別案例得到執行，此時推出具有硬化「軟紀律約束」的改革，都將有利於甫接班的總書記鞏固其政治權力。

　　此外，當新接班的總書記權力穩固後，他可能因爲已經掃除其他派系對他的威脅，也因而將較有可能開始從事具有普遍制度性意義的政治改革，來硬化此種黨內的「軟紀律約束」。但是，當權力已經鞏固的總書記即將步入布置下一輪接班人選時，如果進行此種具有權力分立傾向的改革，則

有可能引起新接班候選人的疑慮，因為新的接班人將承接一個不完整的權力，其權力將受到其同輩紀委的牽制，如此容易引起常委內部的不團結，不利於權力的順利繼承。當下一代越是缺乏一個明星級領袖人物作為自然的權力繼承人，此種具有權力分立傾向的政治制度改革越難在權力繼承展開的過程中推行。且當下一任的總書記繼承人確定時，該繼承人也不會願意在其繼承之前進行此種具有權力分立意義的改革，因為這樣有可能讓其對手有可乘之機，對其權力形成潛在的威脅。但是當黨內繼承產生劇烈競爭時，某些處於劣勢的競爭者反而有可能主張此種傾向於權力分立的制度性改革，以作為未來牽制一把手的制度基礎。然而，當不同的競爭者都還有希望時，任何一個候選人都不會希望有這樣的權力分立改革出現，以免未來形成分裂集體的可能。面對權力轉移過程中諸多的不確定性，在位的領導人將很難在權力繼承的過程開始後，採取這樣一種具有權力分立傾向的政治體制改革。

　　綜合而言，依照中共權力轉移的邏輯，當權力繼承過程（下一屆政治局常委領導人要進入政治局、總書記候選人要進入常委）已經展開之後，以及已繼位的總書記權力尚未鞏固前（至少前任總書記必須完全卸下各種職位），都不利於具有權力分立傾向之政治改革的開展。一般而言，如果一任總書記及政治局常委是連任兩屆中央委員會，那麼也只有在第一任的中後期，也就是第一任的第二到第四年的兩三年內，才是有利於展開此類政治改革的時段。

參、硬化「軟紀律約束」的政治改革案例

一、案例一：黨內監督條例

　　由於近年來中共發現各級領導幹部產生嚴重的貪腐及違紀事件，因此在十六大之後就在「黨內民主」的改革主軸下，提出了加強黨內監督的改革方向。中共在 2004 年 2 月 17 日公布了《中國共產黨黨內監督條例（試行）》。該條例的主要目的是在建立監督各級黨政領導人的機制，尤其是各級單位的「一把手」，也就是各級黨委書記。[8] 根據此條例，各級的紀律委員會（紀委）是黨內監督的專門機關，負責「對所在委員會及其派駐機構、派出的巡視機構的工作進行監督」（第九條第一款）以及「對所在委員會常委、委員和派駐機構、派出的巡視機構的負責人進行監督」（第九條第二款）。但是，如前所述，首先，依照中國共產黨章程第八章第四十三條：「黨的地方各級紀律檢查委員會和基層紀律檢查委員會在同級黨的委員會和上級紀律檢查委員會雙重領導下進行工作。」以及本條例第八條規定，「黨的地方各級紀委和基層紀委在同級黨委和上級紀委領導下」，也就是接受條和塊的雙重領導。其次，黨的各級委員會也同樣有監督功能，負責「對所在委員會、同級紀委和黨委工作部門、直屬機構、派出機關以及相當於這一級別的黨組（黨委）的工作進行監督」（第七條第一款）、以及「對所在委員會、同級紀委的常委、委員和黨委工作部門、直屬機構、派出機關以及相當於這一級別的黨組（黨委）的負責人進行監督」（第七條第二款）。

---

[8]　《中國共產黨黨內監督條例（試行）》第三條：「黨內監督的重點對象是黨的各級領導機關和領導幹部，特別是各級領導班子主要負責人。」此外，可見《中國新聞周刊》，2004：14-15。

　　但是，由於黨委平時並非經常開會，在黨委全委會不開會時，實際上運作日常事務的是黨委的常委會，而常委會的權力集中在黨委書記。這也是爲何「黨內監督條例」特別強調重點是放在各級黨政領導人，也就是一把手身上。而紀委實際上也是常委會的成員之一，也受到黨委書記的領導。在日常的運作中，便很難想像受黨委書記領導的紀委書記能監督他的領導人。當然，在「黨內監督條例」第八條中也有以下的規定：「黨的地方和部門紀委、黨組紀檢組可以直接向上級紀委報告本地區、本系統、本單位發生的重大問題。」也就是說，紀委如果發現其黨委書記有違反黨紀的問題，若忌憚於其平日領導權，可以向另一個領導，也就是上級紀委報告。但這麼做實際上並不容易，因爲仍有政治風險的計算。除非下一級紀委確定其同級黨委書記不能在上級擺平紀委對他的舉發，或者確定此事上級黨委沒有涉入，否則一旦這個向上舉發的動作被同級黨委擺平，或者上級根本不處理，甚至反而交回本級黨委，那麼這個紀委一定會受到政治上的報復。

　　雖然「黨內監督條例」作爲一項政治改革並沒有眞正產生制度上的權力分立，但是仍有一些其他的改革是朝向這個方向進行的。在 2004 年，在中紀委監察部派駐機構統一管理工作會上，中央紀委書記吳官正宣布了要全面實行對派駐機構的統一管理，將派駐機構由中央紀委監察部和駐在部門黨委雙重領導改爲由中央紀委監察部統一管理，直接領導。這是對於「條條」紀委的垂直領導改革，但是對於「塊塊」，仍然維持著「雙重領導」的格局。只不過，中央紀委的巡視組和各省委巡視組加大了對省、地黨政主要領導和黨政班子的巡視監督（李永忠，2004：12-14）。這雖然距離李永忠或王貴秀教授所勾勒的藍圖仍有一段距離，但是可以看出有朝著權力分立方向移動的跡象。但是畢竟地方各省的情況比部委複雜，並沒有啓動「紀委」垂直領導的改革。但是顯然中央也是瞭解本文所說的「軟紀律約

束」的問題，因此才要以「巡視」的方式加強其對地方各級黨政領導監督約束的功能。

二、案例二：審計風暴

　　另一個以較爲獨立的權力機關對各級政府和部委機關產生權力牽制作用的例子是審計風暴。審計風暴是由 2003 年度審計報告的公布所引發的。其實審計是本來就一直存在的一項行政權（國家審計局隸屬國務院），對所屬行政機關及事業單位進行監督的功能，審計報告每年也都提請人大審議，只不過過去的報告從來沒有詳細地臚列各個受到審計單位的具體缺失，尤其是公共開支不當使用或者帳目不清的部分。在 2004 年 7 月 23 日國家審計局向第十屆人大常委會第十次會議提交了 2003 年度的審計報告（新華網，2004），隨後此報告向社會公開。此報告由於公布了幾個部委和金融機構對公款的不當使用或浪費情形，引起了輿論的廣泛注意及迴響，因而在媒體引起了一場所謂的「審計風暴」。接著此一風暴，許多媒體和網友質問相關官員是否也應該爲其行爲負起責任，繼而引起了另一場「問責風暴」（人民網，2005c）。接著在 2004 以及 2005 年的審計報告都揭露了許多部門、地方、單位的財政問題，譬如 2005 年的審計報告指出，中央 32 個部門的「違規」問題造成了 90 億元人民幣的損失。2006 年的審計報告公布後，審計長李金華表示，隨著審計工作的「作用力越大，反作用力也越大」，且被審計單位的重大問題被「揭露得越深，這種反作用力越大」（人民網，2005e）。

　　此一審計風暴對許多行政機關不當行使其職權產生了牽制的作用，並且受到社會正面的評價，但一方面審計報告指出的問題愈來愈多，另一方面也顯示問題並未眞正因爲審計報告的公開而有所大幅度改善，此一改革作爲牽制官員權力的制度限制也立刻被中國知識界清楚地指出。

　　整體而言，對現行中國審計制度有三類批評。首先，論者認爲，應將審計權改爲垂直領導，但此種改革的努力受到阻礙。報導指出，中國國家審計局局長李金華已明白表示，各級審計單位將不會改爲垂直領導。他說無法這麼做有兩個原因：第一個原因是因爲審計權的產生是源於憲法，如果要對審計權有所調整，必須要修改憲法相關條文，並不容易。第二個原因則是各地方黨政領導都對審計工作作爲監督下級機關的一項制度給予高度重視，讓地方的領導直接領導地方審計單位將會對全國審計工作的開展有所助益（多維新聞網，2005a）。上述兩種原因並不能眞正保證一個在地方隸屬於各級人民政府、在中央隸屬於國務院的審計單位，能否眞正對行政機關進行獨立公正的審計，其道理與紀委相似。

　　第二種批評的意見則主張，應該將審計權移交給人大（楊肅昌，2003：4-8）。因爲按照《中華人民共和國憲法》，行政機關應該對人大負責，人大則應該負責監督行政機關，因此將對行政機關具有監督作用的「審計權」交給人大是再自然不過了。第三種批評的意見，如審計局副局長項俊波指出，應該將審計作爲與人民檢察院和人民法院平行的另一個對行政能產生監督的機關（中國新聞周刊，2004）。這兩種批評的意見都沒有引起中共政權的任何回應。如果要實現上述兩種任何一項意見，都必須修改憲法，其改革成本較高。

　　在 2005 年 9 月 7 日舉行的國務院常務會議上，《中華人民共和國審計法修正案（草案）》經討論並原則通過，決定經進一步修改後，由國務院提請全國人大常委會審議。根據中國官方媒體報導，修正案在現行審計法七章五十一條的基礎上增加到七章五十八條，條文改動佔三分之二以上，篇幅較現行審計法增加近四分之一。但是，上述建議將審計權由現行行政權轉爲立法權，以及將審計機關改爲垂直管理等意見都沒有在修正案中有所體現，而增強審計機關獨立性等問題也僅是略有呼應（中國經濟網，

2005）。在沒有進行權力分立制度性改革的前提下，對於由上而下的審計責任追究仍有加強，譬如由審計署、中組部、人事部、監察部、中紀委五個部門，形成了專門負責對高官進行經濟責任審計的聯席會議制度，其辦公室就設在審計署（南方新聞網，2004）。只是這種高官經濟責任審計機制仍然是行政和黨內部的機制。審計改革雖然一度掀起了對行政權的風暴，但是一旦落實爲制度性的改革，仍然無法突破作爲行政內部自我監督的機制，也就是仍然無法朝向「權力分立」的方向產生制度性的突破。難怪有人認爲，實際上每年「審計風暴」颳過之後，被指出有問題的部委眞正提出整改的寥寥可數（人民網，2005f），而審計每年所揭發的問題也是屢審屢犯、屢犯屢審（人民網，2005d）。審計改革才進行了三年，立刻又顯出了「軟紀律約束」的現象。

三、案例三：問責制

　　中共中央於 2004 年 9 月公布了《黨政領導幹部辭職暫行規定》，據此產生了一般中國社會所說的「問責制」。此一制度產生的背景主要還是與 SARS 流行後，衛生部長張文康及北京市長孟學農爲負起未能及時公布疫情而遭革職的背景有關。此一規定的發布也就是將此種官員必須爲其失職負責給予了一種制度性的規範，也比較符合中共從江澤民到胡錦濤政權都一再強調的「依法治國」原則。

　　根據此規定，行政官員的辭職共分四類：「因公辭職」、「自願辭職」、「引咎辭職」和「責令辭職」。後兩種辭職是與領導幹部因其失職或不當行爲負起行政責任有關。所謂「引咎辭職」，是指領導幹部主動爲其行政失誤或失職負起行政責任而辭職；而「責令辭職」則是指黨的相關部門（紀委及組織部）責令那些被認爲不適合繼續擔任現職的相關領導幹部辭職。根據此規定，經由人大或政協選舉或派任的領導幹部，應該根據

相關法律法規的規定提出辭職。根據後面這兩種規定辭職的領導幹部，如有違反法律者也應當依法負起法律責任（中國新聞網，2004）。

這項改革推出後也受到中國社會的歡迎，因為這也是對行政官員及各級幹部的權力產生牽制的一項改革，並且可以增加整個政治體制的負責程度。但一如上述兩項改革，此項改革也有明顯的制度限制。首先，批評者指出，此項規定關於何時以及在何種條件下領導幹部應該「引咎辭職」規定十分模糊。在那些廣為媒體報導的事件中，往往相關領導幹部引咎辭職的可能性比那些媒體報導較少的案例更高，也就是說「引咎辭職」並沒有一種客觀或可預期的標準。在同一事件中，究竟是政府領導官員應先辭職呢，還是黨的領導幹部應先辭職呢（中國選舉與治理網，2004a）？針對於此，有許多地方正在推行進一步的相關改革，以釐清上述制度中的模糊之處。例如陝西在 2004 年 8 月公布了一份文件，規定了十種幹部應該引咎辭職的情形（陳有謀，2004）。與此類似的，海南省做出了四種情形的規定，河北省則規定了 11 種情形。深圳市不僅出了一份文件做出了相關規定，且甚至將引咎辭職寫入了地方法規（雅虎台灣新聞，2005）。

其次，《黨政領導幹部辭職暫行規定》並沒有規定辭職的官員何時或何種條件下可以復出（郭振綱，2005）。一個廣為報導的例子是，重慶中石油公司總經理馬富才由於重慶油井事故辭職，但不久就重新被任命為即將成立的國家能源總局的副局長（新華網，2005a）。批評者認為，如果剛辭職的官員很快又可以被任命新職，甚至是更好的職位，那麼辭職又有何意義。

第三種批評的意見則指出，以「引咎辭職」或「責令辭職」的方式讓黨政領導幹部辭職其實是不符合憲政原理，或者會削弱憲法權威的。根據現行《中華人民共和國憲法》，官員應向選出他們的人大提出辭職。從憲政的角度而言，官員是否能辭職，應該由人大決定，而不是由官員自己是

否「引咎」決定，也不應該由上級黨委決定。進一步而言，任何官員是否應該辭職，或是否應該被撤銷其職權，在憲法上最終應由人大的權力決定（中國選舉與治理網，2004a）。然而，最近通過的《中華人民共和國公務員法》也將「引咎辭職」包括了進去。根據該法第八十二條，當政府領導官員因其嚴重失誤或失職，以致引起嚴重損失或造成惡劣社會影響者，或應為重大公共意外事件負責時，應當引咎辭職。如果政府領導官員因為不適合繼續擔任其職務而應當引咎辭職，但卻未提出辭呈者，應當被責令辭去其職務（中華人民共和國人事部網站，2005）。

　　將此兩種辭職納入公務員法其實並未真正解決其合憲性的問題。因為這仍然沒有解決究竟是上級黨委或是同級人大才是真正決定官員是否辭職的機關。此外，仍然有人會質疑，如果政府領導官員辭職了，真正是一把手的同級黨委書記是否也應該為同一原因負起責任呢？

　　簡言之，所謂「問責制」作為一項讓各級幹部官員必須更加負責的政治改革，固然有其正面的效果，然此項改革不僅仍以黨的領導（而非憲法中的國家機關）來確定真正的責任機制與最終決定權，而且此種問責也仍然是上對下的，是黨的上級機關對下級問責，而非平行的人大向行政機關問責。也就是此項改革不僅沒有突破所謂黨的「民主集中制」原則，且也完全沒有向「權力分立」邁出任何一小步。

四、案例四：媒體和輿論監督

　　在《中國共產黨黨內監督條例（試行）》中「輿論監督」被列為黨內監督的方法之一。在 2005 年 4 月，中共中央辦公廳公布了「關於進一步加強和改進輿論監督工作的意見」。此份文件要求地方政府不准封閉信息、藏匿事實，也不准通過賄賂或非法遊說干預輿論監督。同時，中共宣傳部

和國家廣電總局共同發布了《關於新聞採編人員從業管理的規定（試行）》
（人民網，2005b）。這些文件似乎都顯示了黨中央的意圖是想要利用輿論
作爲監督各級地方黨政幹部的工具。例如，2005 年 4 月 1 日公布的《深
圳市預防職務犯罪條例》中也明白規定，媒體有權利依法對國家工作人員
執行公務進行輿論監督，並也應爲其監督報導負責（南振中，2005）。

　　但是，中共中央希望以輿論監督地方領導的意圖，並不能被解釋爲中
共政權對社會的壟斷性權力有所讓步。中共政權也公布了好幾個規範媒體
工作者如何批評政府及領導幹部的文件。中共中央宣傳部、國家廣電總局、
以及國家新聞出版署於 2005 年 3 月共同公布了《關於新聞採編人員從業
管理的規定》（人民網，2005a）。根據報導，此一文件中黨限制了媒體批
評其他地方的領導幹部。中央的媒體如果想要批評地方政府的工作，這樣
的報導必須送受批評單位上級黨委討論（多維新聞網，2005b）。根據此一
文件，國家廣電總局又發布了好幾份文件。2005 年 4 月公布的《廣播影視
新聞採編人員從業管理的實施方案（試行）》規定，當報導黨政幹部違法
或違反黨紀時，新聞採編人員應確保該報導之效應爲正面，並應克服負面
影響。他們也應該保持自覺，遵守報導紀律，注意此種報導所產生的政治
與社會影響。在報導這類新聞時，應注意保持此種新聞適當的質與量。爲
了不要產生不良的社會影響，新聞採編人員不應該報導太多此類新聞、不
應該以不當的方式報導此類新聞、不應選擇不當的內容報導此類新聞、也
不應當對此類新聞進行過度報導（國家廣電部網站，2005）。

　　根據另一份文件於 2005 年 5 月公布的《廣播電視輿論監督工作的要
求的通知》，指名批評某位領導幹部應受到嚴格控制。當時在有必要點名
批評某位領導幹部時，該報導節目須送交受批評領導幹部之上一級黨委審
查，並經由廣播電視台領導幹部之同意方可公開播出（新華網，2005b）。

　　簡言之，輿論監督的改革固然顯示中共中央願意利用媒體作爲一種對

地方幹部的外部監督機制，但在要求地方幹部不得拒絕由媒體進行之輿論監督的同時，仍然強調需要用黨來嚴格控制此種監督。媒體的輿論監督仍然必須在由上對下的黨委控制體制之下運作，這包括了須經過被批評者上級黨委的同意，以及若是廣電報導則須經電台黨政領導的同意這兩層把關。所謂媒體的「異地監督」，過去是鑽了黨管媒體的漏洞，但是後來的這些文件卻把這些漏洞都補了起來，重新確立了黨管媒體的原則。本來輿論改革中的媒體具有「異體監督」，或者說具有權力分立的監督傾向，但是之後的幾種文件卻又將此種改革重新拉回「黨管媒體」的「同體監督」架構中。

肆、理論反省

一、對「軟紀律約束」改革的困難

（一）　受到黨國「一元化領導」的內在牽制

　　首先，可以看到各項改革的意圖，基本上都是嘗試以制度化的方式朝向某種權力分立傾向對「軟紀律約束」進行改革。中紀委對派駐機構的紀檢部門進行垂直統一管理，這是在中央派出單位建立起某種權力分立；國家審計局公布各地方及部門的財政缺失，這可以看成是中央對於「放權讓利」的各「地方發展型國家」的一種制約，雖然都屬於行政權內部的制約，但畢竟國家審計報告對於這些單位而言是一種外部的經濟制約；問責制是一項具體的課責機制，是要官員負起責任的改革，雖然並非從具體的權力分立著手，但對於權力的過於濫用有一定嚇阻作用；而媒體和輿論監督則與審計類似，是從被監督單位的外部引進另一種力量來制約其權力的濫用，

可以看出來，從權力行使單位的外部引進各種機制來制約其權力的濫用與誤用，已經是中共進行政治體制改革的方向。

然而，這些改革卻又不約而同地受到限制。雖然中央垂直管理了中央直屬單位的紀檢單位，但是對於受到放權讓利的地方政府，「黨內監督條例」卻仍然沒有更動地方各級紀委的雙重領導架構。同樣地，審計也仍然沒有改成垂直領導，更不用說被歸於人大或者成為另一個獨立的權力。而媒體輿論在進行了若干年打擦邊球的「異地監督」之後，有可能形成地方之間互相攻擊以及架空黨對媒體控制的情況下，立即發布了好幾條補足黨對媒體控制的規定，再一次排除了媒體作為牽制各地黨政領導的另一種獨立權力的可能。

這些改革所受的牽制，其方向都是再次確立黨國領導的一元化傾向，其所受限制的現象都符合本文對「軟紀律約束」所提出推論性的理論觀察。

（二） 改革推出時間與「權力交接」的邏輯

首先，上述四項改革推出的時間，都是在十六屆三中全會之後，就在四中全會，江澤民也讓出了其僅剩的中央軍委會主席的職位，使胡錦濤完全完成了其權力形式上的鞏固。這基本上符合本文所推論，也就是對「軟紀律約束」的改革，必須在新的最高領導人接班後，能鞏固其權力之後的一段時間推出。

其次，在推出後無法全面被各級執行的情形，也符合前述「軟紀律約束」理論的推論。各項改革即使是在十六屆三中全會與四中全會之間被推出，但胡錦濤的地位尚未完全鞏固，因此各種改革受到一定程度的抵制也符合理論推論。

再者，未來值得觀察的是，各種針對「軟紀律約束」具有權力分立傾向的政治改革，是否在十七大進入權力接班安排時程後就會放慢腳步？

（三）　地方以「軟改革」與中央進行博弈

在沒有權力分立的情況下，由上至下的垂直監督最典型的問題就是「委託──代理人關係」（principal-agent relationship）中所產生的難題。受委託者如果看清了委託者最終不能不將權力的行使集中地委託給受委託者，那麼受委託者在執行委託者希望受委託者自行限制其權力的改革時，必然不會認真執行。本文稱之爲「軟改革」。因爲受委託者會藉著加強其與委託者共同利益的一面，來抵銷受委託者必須對其權力進行自我設限的改革。這是對於「軟紀律約束」進行改革時必然面臨的困境。

本文所提到各項改革推出後，可看出其執行都遇到阻礙，多少符合此一邏輯。譬如黨內權力分立眞正重要的改革其實還不是「黨內監督條例」的推出，而是「黨代會常任制」改革的推開。此項改革也是明列在十六大政治報告之中，被揭櫫爲黨內民主的政治體制改革目標之一。但是在上述各種改革推出之後，「黨代會常任制」的改革仍然在試點和據說將進一步推開的階段（中國新聞網，2005）。各省往往只將此種改革以一種只進行形式上、而非具有實質突破意義的方式進行，因此並未發揮該項改革眞正的意義。[9]審計監督的改革一方面其風暴性愈來愈低，每年公布的問題並沒有獲得徹底改善的跡象，另一方面深入改革的困難也愈來愈大。輿論監督不僅有各種條例規定重新肯定了各級黨委的權威，根據這些中央的規定，更有地方推出具有實質限制輿論監督的具體辦法。譬如南京市市委宣傳部就發布一份文件《新聞單位輿論監督稿件審核辦法（試行）》，要求發出輿論監督稿件的媒體記者必須要與受監督之當事人見面，並還必須經編輯、

9　所謂沒有實質突破，是指此改革過去在試點的過程中始終無法眞正突破給黨代會實質的權力，也就是實質的權力仍掌握在常委手中。這就是本文所說改革的受委託執行者不會眞正執行消解自己權力的改革（中國網，2003）。

部主任和分管總編輯三級審閱審定方可見報（施萱，2005）。這些地方政府所進行的「軟改革」，就是地方官員與中央就改革所進行的一種博弈。

這些地方的官員看準了對於硬化「軟紀律約束」的各項改革，難免會遇到與黨的民主集中制相矛盾之處，因此便善於利用「加強黨的領導」的口號，發布反向的文件，抵銷前述改革的企圖。這正是因為他們看清楚了此種改革有內在的矛盾性。也有對於改革不予理睬、或者進行補救，等到風頭一過，改革內在的矛盾性一暴露，改革就會進行不下去。本文的案例，說明了地方以「軟改革」與中央就硬化「軟紀律約束」進行博弈。

二、「後極權威權政體」的「不可調適性」

比較政治學者林茲（Juan Linz）（2000: 245-261）將後極權的共黨體制也列為威權政體的一種，中共黨國體制應屬於此種「後極權的威權政體」。它已經失去典型「極權政體」的一些特徵，如意識型態的絕對主導性、黨國對經濟的全面控制、政治運動的重要性、促成全面的社會革命等；但卻也仍保留了許多極權政體的制度元素，如一黨體制、對政治組織、社會組織、新聞媒體、武裝力量的壟斷性。它也開始有許多威權政體的特色，譬如不具有責任政治的性質、沒有清楚的意識型態、沒有大規模或密集的群眾動員、由一個領袖或小集團行使權力、權力行使沒有清楚的規則、但其行使模式相當可預期等等（林佳龍、徐斯儉，2003：11-30）。對研究中共黨政體制的比較政治學者而言，更重要的問題不僅是中共黨國體制目前是何種政體，而是究竟中共黨國政體是否在朝向民主化的方向變遷，還是有可能產生反動變化的可能？

針對列寧式政黨的演化，學者 Bruce J. Dickson（1997）曾經以「調適」（adaptation）一詞來比較中共與國民黨威權政體進行比較。他認為，

並沒有先天決定性的理由，列寧式政黨無法朝向民主化方向「調適」，這主要取決於三個因素：「黨內強硬派與改革派之間的競爭、政黨對環境監測系統回應的有效性，以及環境本身的性質，主要是指國內外有利於或不利於政治改革的因素」（Dickson, 1997: 17-18）。如果放在政權轉型的脈絡中來看，本文所指出中共黨國體制的「軟紀律約束」現象，應該被視為中共黨國體制在政權分類的光譜中，限制其自身朝向民主政體進一步演化的內在原因。現在與過去相比，中共的確已經失去了許多「極權政體」的特徵，但是仍然殘存的「極權政體」特質卻顯得無比頑強，「軟紀律約束」正是其一。並且正是這種殘存的特質，指出了中共黨國體制作為一種「退化的極權政體」也好，作為一種「後極權威權政體」也好，作為一種「列寧式政黨」也好，實際上還有其「不可調適性」的一面。

　　研究蘇聯的學者 William Odom（1976, 1992）曾指出，「極權政體」與「威權政體」之間的差別並非是程度的問題，而是屬於不同類別的問題。極權政體在意識型態、制度及歷史上妨礙其朝向民主轉型的包袱要遠遠大於威權政體。Bruce Dickson（1997: 10）則認為 Odom 的論點太過決定性。對於此一對話，本文的主張並沒有認為「軟紀律約束」對於中共黨國體制朝向民主化變遷具有決定性的妨礙作用，或者說「後極權威權政體」必然不可能朝向民主方向變遷。本文只是指出我們不可忽略此種政體所存在的限制性因素。在比較政治學中，研究者往往更多地強調某種政體的動態面或者變遷的可能，而忽略其不變的一面；或者說，研究者往往對於為何在充滿了其他動態性因子的同時，中共黨國體制作為一個「後極權威權政體」仍然持續不進行「調適」的原因，缺乏理論性的解釋。本文所舉出的「軟紀律約束」，可以提醒比較政治學者，在研究中共黨國體制時，不要忽略其內在的頑強「不可調適」的一面。

伍、結論

本文認為，中共政權由於權力過於集中於各級黨委書記，且由於經濟發展乃是以中央政府對地方政府的「放權讓利」為主軸展開，因此造就了各級非常集權的黨政一把手，藉著經濟發展所形成的各種權錢交易的機會，進行尋租與貪腐，造成了數目愈來愈多、規模愈來愈大、牽扯愈來愈廣的中共幹部集體貪腐現象。本文從中共黨內組織的角度剖析，提出「軟紀律約束」此一概念，來描述解釋為何中共看似權力集中的黨國體制，卻對各級幹部，尤其是領導幹部，無法加以約束。從此一與中共組織本質息息相關的「軟紀律約束」概念出發，本文指出若要改革此一現象，必須進行具有朝向「權力分立」方向移動的政治改革。

本文檢視「黨內監督條例」、「審計風暴」、「問責制」和「輿論媒體監督」四個案例，發現雖然中共政權明明知道「軟紀律約束」是必須改革的，且改革的方向應該是朝向權力分立進行，且這幾項改革是在胡錦濤權力逐漸鞏固，且常委可說並不存在重大矛盾的時候推出的，但仍然無法在權力分立上產生制度性的突破。胡錦濤政府的政治改革目前仍未脫離「軟紀律約束」的陷阱。這證明了本文對「軟紀律約束」的假設：由於改革勢必破壞中共體制的核心要素：「民主集中制」和「集體領導」原則，或者破壞「以黨領政」的原則，因此此種改革非常困難。即使推出了初步具有權力分立意義的改革，地方政府仍會以「軟改革」來抵銷中央硬化「軟紀律約束」的努力，而此一「軟紀律約束」最終將構成自身從「後極權威權政體」中繼續向更為民主之政體轉化的最主要內在限制。

參考書目

《學習時報》，2005，〈集體領導與黨政關係〉295，7 月 27 日：http://www.studytimes.com.cn/chinese/zhuanti/xxsb/925950.htm。

《中國新聞周刊》，2004，〈黨內監督條例瞄準一把手〉，3 月 1 日：14-15。

《瞭望新聞周刊》，2004，〈黨內監督條例出台的前前後後〉，2004（1），1 月 5 日：16-18。

人民網，2003，〈中國高官腐敗呈現十大趨勢〉，（轉載自《中國經濟時報》），6 月 2 日：http://www.peopledaily.com.cn/GB/shizheng/19/20030602/1006069.html。

人民網，2004，〈四川調查一把手緣何監督難下級難以監督上級〉，11 月 1 日：http://unn.people.com.cn/GB/14748/2956364.html。

人民網，2005a，〈中宣部等聯合發出新聞採編人員從業管理規定〉，3 月 22 日：http://politics.people.com.cn/GB/1027/3261635.html。

人民網，2005b，〈中央出台輿論監督意見基層不得封鎖消息〉，4 月 20 日：http://politics.people.com.cn/GB/3333697.html。

人民網，2005c，〈審計風暴轉向問責風暴〉，7 月 4 日：http://finance.people.com.cn/GB/1037/3515647.html。

人民網，2005d，〈屢犯屢審、屢審屢犯：國家審計制度向何處去？〉，7 月 15 日：http://finance.people.com.cn/GB/1045/3546061.html。

人民網，2005e，〈李金華當前審計有五大困難大案調查難度加大〉，9 月 8 日：http://politics.people.com.cn/GB/1026/3677985.html。

人民網，2005f，〈上榜部委整改者寥寥，審計署的拳頭還不夠硬〉，10 月 13 日：http://finance.people.com.cn/GB/1045/3764555.html。

中華人民共和國人事部網站，2005，〈第十屆全國人大常委會第十五次會議通過《中華人民共和國公務員法》〉，4 月 27 日：http://www.mop.gov.cn/zcfg/content.asp? id=235&1。

中央社（台北電），2004，〈中共黨內權力結構欠缺合理分配制衡監督〉，雅虎台灣新聞（轉載自《東方瞭望周刊》），5 月 31 日：http://tw.new.yahoo.com/040531/43/oy9a.html。

中國新聞網，2004，〈黨政領導幹部公開選拔、辭職暫行規定等文件頒布〉，9月8日：http://news.sina.com.cn/c/2004-09-08/16193620185s.shtml。

中國新聞網，2005，〈中共中央有關部門正在研究擴大黨代會常任制試點〉，7月7日：www.chinanews.com.cn/news/2005/2005-07-07。

中國經濟網，2005，〈審計法修訂草案通過，審計體制微調執法主體明確〉，9月14日：http://big5.ce.cn/new_hgjj/guonei/zhbd/200509/14/t20050914_4676713.shtml。

中國網，2003，〈李永忠：「黨代會常任制」是黨內民主新突破〉，10月30日：http://www.china.org.cn/chinese/zhuanti/sljszqh/432007.htm。

中國選舉與治理網，2004a，〈問責制與憲政理念衝突〉：http://www.chinaelections.org/readnews.asp? newsid={67A801DD-DABC-4C89-9hA4F-2ED002870286}。

中國選舉與治理網，2004b，〈審計風暴迄今無官員辭職媒體呼籲四不放過〉：http://www.chinaelections.org/readnews.asp? newsid={A88500B1-6339-403D-BE6F-07D2EA4B98DA A671-A205988FFE6C}。

王貴秀，1999，〈落實民主監督制度以權力制約權力〉，劉智峰（編），《中國政治體制改革問題報告》，北京：中國電影出版社，頁69-77。

多維新聞網，2005a，〈國家審計署審計長：審計系統暫不會實施垂直管理〉，5月5日：http://www7.chinesenewsnet.com/Main/News/SinoNews/Mainland/zxs_2005-05-05_570404.shml。

多維新聞網，2005b，〈中共禁傳媒搞異地批評監督〉，6月6日：http://www7.chinesenewsnet.com/MainNews/SinoNews/Mainland/cna_2005_06_06_23_10_56_333.html。

李永忠，2002，〈關於改革黨委「議行合一」領導體制的思考〉，《中國黨政幹部論壇》2002（1）：22-24。

李永忠，2004，〈加強黨內監督的兩個「最重要」〉，《中國黨政幹部論壇》2004（8）：12-14。

林佳龍、徐斯儉，2003，〈導論：退化的極權主義與中國未來發展〉，《未來中國：退化的極權主義》，台北：時報文化出版社，頁11-30。

林尚立，2002，《黨內民主——中國共產黨的理論與實踐》，上海：上海社會科學院出版社。

邵道生，2004，〈怎樣監督第一把手〉，人民網（轉載自《黨建雜誌》2004
　　（1）），1 月 12 日：http://www.china.org.cn/chinese/OP-c/478325.htm。

南方新聞網，2004，〈審計風暴一月後問題部委不願正面應對〉，7 月 21
　　日：http://www.southcn.com/news/china/china05/sjfb/fx/200407210351.htm。

南振中，2005，〈輿論監督是維護人民群眾根本利益的重要途徑〉，人民
　　網，6 月 20 日：http://politics.people.com.cn/GB/30178/3480885.html。

施萱，2005，〈市委宣傳部輿論監督稿件要與當事人見面〉，南京報業網
　　（轉載自《金陵晚報》），7 月 26 日：http://www.njnews.cn/q/ca650361.
　　htm。

胡壹，2003，〈王貴秀：要民主，不要官主〉，《中國新聞周刊》（北
　　京），1 月 20 日：24-25。

新華網，2004，〈李金華審計長作 2003 年度審計工作報告〉，7 月 24
　　日：http://big5.xinhuanet.com/gate/big5/news.xinhuanet.com/zhengfu/2004-
　　06/24/content _1543949.htm。

新華網，2005a，〈中國能源新管理機構獲批馬富才有望出任要職〉，4 月
　　29 日：http://news.xinhuanet.com/fortune/2005-04-29/content_2892882.htm。

新華網，2005b，〈廣播電視輿論監督工作的要求的通知〉，5 月 13 日：
　　http://big5.xinhuanet.com/gate/big5/news.xinhuanet.com/newmedia/2005-
　　05/13/content_2952645.htm。

夏長勇，2004，〈人民時評：制度：監督「一把手」的最終選擇〉，人民
　　網，9 月 6 日：http://www.people.com.cn/GB/guandian/1033/2762295.html。

孫志勇，2003，〈當前腐敗新特點〉，《瞭望新聞周刊》34，8 月 25 日：
　　8-9。

國家廣電部網站，2005，《廣播影視新聞採編人員從業管理的實施方案（試
　　行）》：http://www.sarft.gov.cn/manage/publishfile/35/2834.html。

郭振綱，2005，〈官員問責制不能缺少後續管理措施〉，中國選舉與治理
　　網，7 月 29 日：http://www.chinaelections.org/readnews.asp? newsid={8B
　　C30175-4ADC-4B44-95F6-2E722A488FBC。

陳有謀，2004，〈陝西出台人事改革意見十種情形幹部應引咎辭職〉，中國
　　選舉與治理網，8 月 23 日：http://www.chinaelections.org/xjzl/readnews.
　　asp? newsid=%7BDA62C857-99AC-45A6-9393-15CDA4B7F59D%。

雅虎台灣新聞，2005，〈引咎辭職制度首度寫入中國地方法規〉，1 月 4
日：http://tw.news.yahoo.com/050104/43/1cekh.html。

楊蕭昌，2003，〈試論人大與國家審計關係的發展與深化〉，《人大研
究》142：4-8。

劉仁文，2004，〈我國掀起問責風暴引咎辭職制度化須重視三問題〉，中
國選舉與治理網，8 月 30 日：http://www.chinaelections.org/readnews.
asp? newsid{2002F9E9-677445F8-AE6B-FEC0945DC757。

Dickson, Bruce J. 1997. *Democratization in China and Taiwan: The Adapta-
bility of Leninist Parties.* New York, NY: Oxford University Press.

Kristof, Nicholas D. 2005a. "For China to Advance, the Gag Must Be Lifted."
New York Times Upfront 137(8): 27.

Kristof, Nicholas D. 2005b. "A Clampdown in China." *New York Times* May
17, sec. A21.

Linz, Juan J. 2000. *Totalitarian and Authoritarian Regimes.* Boulder, CO: Ly-
nne Rienner Publisher.

Odom, William. 1976. "A Dissenting View on the Group Approach to Soviet
Politics." *World Politics* 28(4): 542-67.

Odom, William. 1992. "Soviet Politics and After: Old and New Concepts."
World Politics 45(1): 66-98.

Pan, Philip P. 2005. "Hu Tightens Party's Grip On Power." *Washington Post*
April 24, sec. A01.

第六章

政治權力交替與經濟機會主義：
集體行動與改革時期中國
政治經濟景氣循環*

陶儀芬

壹、前言

　　針對毛時期的中國，Alexander Eckstein（1968: 691-752）與鄭竹園（Chuyuan Cheng）（1982）等學者就曾經討論到政策週期與經濟波動之間的關係。改革開放以來中國經濟出現所謂「治亂循環」的現象，「政治經濟景氣循環」（Political Business Cycle, PBC）更成為一個值得研究的課題。首先，中國著名經濟學家胡鞍鋼在 1994 年即提出，根據他個人的歸納，從 1952 年到 1992 年，中國經濟一共經歷了 11 次的「大起大落」，每一次都是由一波政治運動或中國共產黨全國代表大會的召開所帶動，然後由另一波的政治運動或高層菁英鬥爭結束，而這樣的經濟波動在 1977 年恢復每五年召開一次中國共產黨全國代表大會之後，與黨大會與次年的政府換屆的政治週期關係特別密切（胡鞍鋼，1994）。胡鞍鋼在宏觀層面觀察到了中國大陸改革開放時期經濟波動與每五年一次黨政機關權力交替的

* 本文大部分內容曾刊登於《問題與研究》，第 45 卷 3 期（2006 年 5 月），頁 76-102。感謝政治大學國際關係研究中心《問題與研究》同意轉載。

政治週期之間的相關性（correlation），但並沒有提出一個因果解釋（causal relation）：究竟黨政機關例行權力更替的政治週期對中國大陸的政治菁英產生什麼樣的制度誘因，制約了他們的經濟行為的變化？

Lowell Dittmer 和 Yu-shan Wu（1995: 466-494）在全然不同的思考脈絡下，倒是獨立提出了由派系政治所引起的改革政策週期與經濟榮景週期的因果論證。他們發現從 1970 年代末期到 1990 年代初期，中國一共經歷了四個「派系政治、經濟改革與景氣榮景」的循環，成長派佔上風時推動改革、改革總是帶來經濟擴張、擴張造成經濟過熱而使得穩定派轉居上風推動緊縮政策、緊縮政策造成經濟衰退又使得成長派再佔上風帶動下一個循環。這樣節奏分明的循環反映了中國大陸非正式政治（informal politics）的制度化以及政策制訂的理性化，他們將這個現象稱為「派系政治的現代化」（modernization of factionalism）。

事實上，從 1990 年代中期這兩個作品出版至今，中國大陸的「政治經濟景氣循環」並沒有停止，如本文稍後圖表所顯示，從經濟成長率來看，或是從固定資產投資成長率來看，中國大陸的經濟波動確實與每五年舉行一次，包括黨政系統的正式政治權力更替一直有連動的情況。本文認為這每五年發生一次的 PBC 不但與中央集體領導內部派系政治的動態變化相關，也與中國經濟分權化中央政府在提供控制通貨膨脹公共財所面對的集體行動問題有關。

由於中國大陸特殊的經濟轉型路徑──在官僚體系之內的放權讓利──二、三十年發展下來，造成中國大陸中央政府與地方政府因先天的結構位置，在通貨膨脹或投資擴張速度的偏好差異，使得地方政治菁英一直有投資擴張的衝動，而中央政府也被逼得扮演「最後平衡者」（the balancer of the last resort）的角色，提供控制通貨膨脹的公共財。要分析我們在宏觀層次所觀察到中國的 PBC 的微觀運作機制，一定要在這樣的結構關係之下來

討論。因此，本文對中國大陸 PBC 的微觀因果機制提出如下假設：我們在宏觀層面所看到的 PBC，是由於黨政機關每五年換屆期間系統性權力更替所產生的政治不確定性，引發中央派系政治與地方集體行動兩層機會主義行為交互作用所產生。

這個假設的檢證將分以下五個部分進行：首先，我們將回顧有關 PBC 的一般化理論，特別將焦點放在選舉週期與政治分權這兩組相關理論的探討；第三節，我們將進入到中國大陸政經發展的脈絡來討論 PBC 在毛時期與後毛時期不同的發展；第四節在回顧了 PBC 的一般化理論與中國大陸的相關討論後，我們將以 Philip Roeder 與 Susan Shirk 的「互惠式求責」（reciprocal accountability）模型為基礎，提出一個以控制通貨膨脹的集體行動為核心概念的微觀因果解釋；第五節將以「十六大」時期的經濟波動具體過程分析，以及過去四屆政府政治週期對中央與地方投資變化影響的 ANOVA 測試來證明這個微觀因果機制的運作；最後在結語，我們將把研究發現放在更寬廣的理論層次來討論這個「中國特色」的 PBC，對我們瞭解中國大陸政治制度化、政治體制中問責關係的意涵。

貳、政治經濟景氣循環（PBC）的一般化理論

在西方先進民主國家之政治經濟學研究中，PBC 一直是個重要的研究議題，自 1970 年代 William Nordhaus（1975: 169-190）提出這個概念以來，PBC 的研究不斷帶來了政治經濟學領域理論與方法突破。[1] 簡而言之，

---

[1] 有關 1970 年代以來 PBC 這個領域在理論與方法上之發展，見 Alesina, Roubini, and Cohen, 1997; Alt and Chrystal, 1983; Beck, 1987: 194-216; Golden and Poterba, 1980: 696-714。

PBC 是指在政治權力移轉由例行選舉結果所決定的民主國家，現任者基於追求勝選的動機，以擴張性的財政或貨幣政策刺激經濟景氣，創造榮景來討好選民。

一、PBC 理論在先進民主國家受到的挑戰

一般人直覺上都認為 PBC 理論非常符合他們在民主國家觀察政治人物行為的經驗，但在學術研究上卻很難證明，因為 PBC 要成立必須滿足以下至少三個前提條件：

1. 贏得選舉如果不是執政者的唯一目的，也是最主要的目的。
2. 選舉期間的經濟榮景對選民的投票行為有決定性的影響。
3. 執政者能夠藉由操控經濟來增加他們勝選的機會（Alt and Chrystal, 1983: 104）。

以上三個前提在現實世界裡並不是永遠都成立。就第一個前提而言，取得政權當然是完成其他任何政治目標的根本前提，所以政治人物當然會把勝選看得比其他政治目標更重要。但是勝選終究不是唯一目標，例如，許多後來的研究發現「左右執政差異」（partisan model）可能比「選舉週期」（opportunistic model）更能解釋 OECD 國家政府總體經濟政策的變化（Hibbs, 1986: 66-70; Alesina, 1987: 651-678; Garrett and Lange, 1991: 539-564）；況且，政治人物不是唯一可以決定政府總體經濟政策的行為者，官僚體系的結構、政黨體系與輿論作用對經濟政策都會產生影響，例如，中央銀行獨立性高的國家比較不容易貿然執行不理性的擴張性貨幣政策（Lohmann, 1998: 401-446）。再以第二個前提來說，經濟因素對選民投票有決定性影響的這個假設，在選民投票行為研究原本就沒有共識，更嚴重的是，PBC 還假設選民只重視選舉期間的經濟榮景，平時都不關心經

濟，也無法從過去經驗學習，這個選民短視（myopic）的假設在經濟學的理性預期學派（rational expectation school）對凱因斯學派的總體經濟理論提出典範遞移的挑戰之後就必須大幅修正了（Alesina, Roubini, and Cohen, 1997; Lohmann, 1999: 396-430; Nordhaus, Alesina, and Schultze, 1989: 1-68）。最後，認為執政者能以操控經濟來增加勝選機會的假設，除了隨著選民在資訊越來越充分的情況下，行為將越來越符合理性預期學派的假設之外，自 1970 年代以來的金融全球化趨勢，也讓全球金融市場的連動性大大提高，個別國家貨幣政策過於偏離經濟基本面的操作，往往對經濟成長的實際後果不但沒有作用，有時還適得其反，所以最後這個假設也難以成立（Mundell, 1963: 475-485; Schamis and Way, 2003: 43-78）。

　　總而言之，雖然 PBC 理論在研究西方先進民主國家的經驗上遇到許多挑戰，但相關的研究仍方興未艾，一個很根本的原因是，PBC 理論本身反映了一個民主國家政策制訂的基本政治邏輯，那就是個體理性與總體理性之間的落差，由於政客個人短期、自利的選舉考量造成整體經濟長期次佳（suboptimal）的結果，而這種短期、自利機會主義行為的探討正是當代政治經濟學的核心關懷（Alt and Shepsle, 1990）。

二、PBC 理論在開發中國家的運用

　　所以，縱使 PBC 理論一再受到挑戰，但卻歷經 30 年而不衰，透過其模型的不斷修正帶動了許多理論與方法的突破，並啟發了其他政治經濟學者運用 PBC 理論來分析開發中國家的經濟政策制訂。事實上，PBC 在一些新興民主國家可能是更顯著的現象，因為上述三個前提在新興民主國家可能都比較容易成立：（一）新興民主國家的政黨政治發展相對不成熟、選舉競爭激烈等因素都可能縮短執政者的時間座標（time horizon），讓執政者只能考慮短期勝選一件事情；（二）開發中國家金融市場仍處於發展

階段，不完全訊息（incomplete information）問題比較嚴重，有些國家總體經濟更處於長期不穩定的狀態，選民對經濟處境的考量可能會比較在乎短期名目利益（nominal gains）的獲得，早期凱因斯學派的假設要比理性預期學派的假設更符合這些國家選民的行為模式；（三）新興民主國家文官中立、法治化程度都相對較低，金融市場淺薄且國際化程度低，執政的政治人物操控經濟的空間較大。例如，Stephan Haggard 和 Steven Webb 就發現，在新興民主國家，「選舉期間政府執行貨幣穩定政策的機率較低」（1993: 149）。又如，Hector Schamis 和 Christopher Way（2003: 43-78）針對 18 個拉丁美洲新興民主國家的研究發現，選舉期間這些新興民主國家的政府選擇以固定匯率而非提高利率來執行貨幣穩定政策的機率較高，因為這類政策雖然在中長期非常可能導致貨幣危機引發的經濟危機，但卻可以帶來短期的經濟榮景。

此外，在一些政治制度化程度較高的非民主國家也發現了經濟週期與政治週期趨同的現象。例如 Valerie Bunce（1979: 379-401, 1980: 966-977）就發現在前蘇聯與東歐一些社會主義國家，在國家領導人進行政治繼承時，會出現由政府預算的優先順序往輕工業、民生消費產業傾斜所帶動的經濟榮景，而這個蘇維埃政治體制下的 PBC 是發生在權力交替之後，而非之前，Bunce 將它稱為「經濟週期與政治週期之間的『繼承連結』」（"succession connection" between economic and political cycles）。Bunce 並進一步論證蘇維埃政治體制下的 PBC 之所以發生在政治繼承之後而非之前，是因為在蘇維埃體制之下，最高政權行使者對整個官僚體系的權威在剛剛繼承的時候特別脆弱，稱之為「繼承危機」（succession crisis），執政者面對高度的政治不確定性，對增加自己民間聲望有強烈的需求，所以才會產生用投資優先順序改變來增加人民好感的「繼承連結」。

三、政治分權化與通貨膨脹控制

　　另一組與 PBC 討論相關的一般化理論，是近年有關政治分權化（political decentralization）對通貨膨脹控制之影響的討論。有關西方先進民主國家通貨膨脹控制的研究發現，政治分權化所產生的不同層級政府之間的制衡（checks and balances），主要體現在聯邦主義（federalism）上，能夠限制中央政府執政者干預貨幣政策達到政治目的的機會主義行為，有助於通貨膨脹的控制，全世界中央銀行獨立性最高並且通貨膨脹控制最成功的西德與美國即是最典型的例子（Lohmann, 1998: 401-446）。可是，近年一些新的研究發現，特別是在開發中的民主與非民主國家，政治分權化有時反而對通貨膨脹控制有負面影響，例如 Daniel Treisman 研究民主化之後的俄羅斯發現，政治分權化是通貨膨脹惡化的主要政治制度因素。此外，Rodden 和 Wibbels（2002: 494-531）研究也發現，在其他開發中國家政治分權化反而造成地方政府不負責任的財政擴張，加大通貨膨脹控制的難度；相反地，在政治集權化的國家卻看到中央政府的政治控制是壓抑通貨膨脹的重要手段（Huang, 1996; Sinha, 2005: 336-356）。所以，先進民主國家的經驗似乎顯示政治分權化可以對中央執政者的機會主義行為產生制衡的效果，但開發中國家的經驗又顯示政治分權化對欲提供公共財（控制通貨膨脹）的中央執政者會增加集體行動的困境，這裡似乎出現了一條理論上難以跨越的鴻溝。Treisman（2000: 837-857）嘗試跨越這條鴻溝，引進 George Tsebelis 的「否決者」（veto players）的概念，主張政治分權會產生較多的否決者，所以傾向維持現狀，使得原本就傾向通貨膨脹的國家趨於維持通貨膨脹，而傾向強調穩定的國家趨於維持穩定。

　　所以，從以上的文獻回顧我們發現，至少有兩種政治上的機會主義行為會導致政府總體經濟政策追求短期擴張而引發通貨膨脹：一是中央政策

制訂者面對選舉週期、黨派利益所產生的短期機會主義行為；一是地方層級的政治人物面對集體行動困境所產生的搭便車（free-ride）機會主義行為。前者需要以聯邦主義精神的強化來達成貨幣政策制訂過程的「去政治化」（de-politicization），而後者則是要透過中央集權的強化來克服集體行動的困境。

參、中國 PBC 演變：從毛時期到後毛時期

雖然中國大陸不是民主政體，沒有例行選舉提供政治人物制度誘因去創造短期經濟榮景來討好選民，但自毛澤東時期就有研究中國大陸經濟的學者在探討中國經濟週期的政治成因，隨著時序漸進至改革開放以後，有關中國大陸的經濟週期與某種政治週期的關連性的探討也就越來越多了。

一、毛澤東時代的 PBC

在毛時期的中國，Eckstein（1968: 693）就已經指出中國有一個政府政策週期所引起的經濟波動週期的情況，之所以會產生這樣的週期，實因毛澤東個人不切實際的發展願景與中國經濟落後的現實之間的落差所致。毛時期中國總是先以毛個人不切實際的願景來制訂經濟發展政策，造成一波全面性的資源動員，然後由於現實工業基礎低落，原政策窒礙難行被迫修正，再進入一個務實的休養生息階段。又如，鄭竹園在他研究中國大陸的經濟發展策略變化時也發現，「造成（中國）經濟波動的一個根本性因素是因為發展政策的不斷調整以及經濟計畫與管理態度的不斷變動」（1982: 323）。早期中國大陸由政府經濟政策所帶動的經濟週期，一方面反映了計畫經濟在建立初期與原本的經濟結構的磨合過程，同時也反映了當時中國

大陸無論在政策制訂過程（毛澤東一個人有很大的決定權），或計畫經濟執行過程，制度化程度都相對較低。

中國大陸知名經濟學家胡鞍鋼（1994）認為，中國大陸的 PBC 主要是因為中共建政以來舉國上下強烈的「趕超」心態，使得中國選擇了一條由政治動員來完成經濟發展的道路，這樣一種特殊的發展路徑註定要以劇烈的經濟波動之方式成長。而這種經濟波動事實上還延續到後毛時期，根據胡鞍鋼個人的歸納，從 1952 年到 1992 年，中國經濟一共經歷了 11 次的「大起大落」，每一次都是由一波政治運動或中國共產黨全國代表大會的召開所帶動，然後由另一波的政治運動或高層菁英鬥爭結束。

二、後毛時代的 PBC

事實上，胡鞍鋼所觀察到的經濟波動與中國共產黨全國代表大會每五年召開一次的政治週期趨同還持續到 1992 年之後。如表 6-1 所示，從中共 1977 年恢復黨大會的固定召開以來，以名目國內生產毛額（gross

表 6-1 中國大陸中國共產黨黨代表大會週期與經濟成長週期，1976-2004（單位：%）

	第一年	第二年	第三年	第四年	第五年
十一大（1977）	7.6	11.7	7.6	7.8	5.2
十二大（1982）	9.3	11.1	15.3	13.2	8.5
十三大（1987）	11.5	11.3	4.2	4.2	9.1
十四大（1992）	14.1	13.1	12.6	9.0	9.8
十五大（1997）	8.6	7.8	7.2	8.4	7.2
十六大（2002）	8.9	10.0	9.5		
平均	10.0	10.8	9.4	8.5	8.0

資料來源：胡鞍鋼，1994：191；中國金融學會（編），2004：545。

domestic production, GDP）的成長率來看，黨大會召開當年開始算起的前三年總是經濟成長期，而後二年都是經濟趨緩期，多半在黨大會召開當年或第二年達到經濟成長的高峰。總的來說，在這每五年一循環的政治週期，平均經濟成長率分別是第一年 10%、第二年 10.8%、第三年 9.4%、第四年 8.5% 與第五年 8.0%。

胡鞍鋼觀察到經濟波動與政治週期在時間上的相關性（correlation），但是沒有提出因果解釋（causal relation），因為「趕超」的心態一直存在，但為什麼在政治運動或黨大會召開之時特別容易動員而產生經濟擴張，仍是一個待解的問題。

大約與胡鞍鋼同時，Dittmer 和 Wu 在全然不同的思考脈絡下，獨立提出了派系政治所引起的改革政策週期與經濟榮景週期的因果關係解釋。他們首先修改了中國菁英政治研究中派系理論的假設，認為「派系不僅是關心個別派系成員的特殊利益，也關心經濟與其他公共政策議題」（1995）。[2] 接著，他們分析派系鬥爭、改革政策與總體經濟表現之間的關係，發現從 1970 年代末期到 1990 年代初期，中國一共經歷了四個「派系政治（鄧小平為首的成長派 vs. 陳雲為首的穩定派）、經濟改革（改革 vs. 緊縮）與景氣榮景（擴張 vs. 衰退）」的循環，成長派佔上風時推動改革、改革總是帶來經濟擴張、擴張造成經濟過熱而使得穩定派轉居上風推動緊縮政策、緊縮政策造成經濟衰退又使得成長派再佔上風帶動下一個循環。這樣節奏分明的循環反映了中國大陸非正式政治（informal politics）的制度化以及政策制訂的理性化，他們將這個現象稱為「派系政治的現代化」（modernization of factionalism）。

2　有關派系政治的原始理論，見 Nathan, 1973: 34-66; Tsou and Nathan, 1976: 98-117; Nathan, 1976; Unger, 2002。

　　Dittmer 和 Wu 的觀察與中國大陸一句在鄧小平時期大家都很熟悉的俗諺「一放就亂，一亂就收，一收就死，一死就放」很契合。然而，隨著 1993 年夏天朱鎔基取代姚依林主掌經濟事務以及同年 11 月中共十四屆三中全會的召開，對中國大陸的財政、金融、外匯以及投資體制進行了根本性的結構調整，使中國擺脫了上述的「治亂循環」現象，改革步伐與總體經濟波動脫勾，取而代之的是總體經濟波動與中國大陸每五年召開一次的中國共產黨全國代表大會，以及次年政府換屆的政治循環發生連結的現象。如圖 6-1 和表 6-1 所示，從全國固定資產投資的年增率來看，過去 20 年的經濟循環分別在 1988 年、1993 年、1998 年與 2003 年達到高峰，都正好是黨召開十三大、十四大、十五大與十六大的第二年，這樣的發展似乎顯示，到了 1990 年代中國大陸的經濟週期與正式政治制度的政治週期漸漸產生關連。[3]

　　從下圖 6-1 所顯現的總體趨勢來看，我們發現在後毛時期的中國，PBC 其實發生了一個轉折，也就是從鄧小平時代與高層經改路線所引發的派系鬥爭產生連結，到江澤民／胡錦濤時代與黨代表大會的召開關連。這樣的轉變一方面如 Dittmer 和 Wu（2005）所言，反映了高層派系政治本質的變化，也就是從經改路線之爭到繼承結盟之爭；另一方面也反映了隨著「老人政治」（gerontocracy）的淡出，中國最高權力當局在鞏固權力時，籠絡地方領導人漸漸地取代尋求革命元老的支持，成為重要的政治競爭手段。[4]

---

[3]　關於經濟結構調整如何結束「治亂循環」，見陶儀芬，2002：235-262；Tao, 2006: 163-194。Dittmer and Wu（2005）近年也注意到這樣的變化，並分析了這個變化所反映的中國派系政治內涵的轉變，他們主張到了江澤民時代，由於經改路線已不是派系鬥爭的主要焦點，總體經濟榮景循環與黨大會政治週期趨同，反映了江澤民時代「上海幫」與非上海幫的各種政治結盟在換屆時期的結盟需求。

[4]　按照 Susan Shirk（1993）的觀察，籠絡地方領導人對政權鞏固的重要性在毛澤東時期就存在，而在 1980 年代顯得更為重要，但似乎到了 1990 年這個政治邏輯才在老人政治退位後成為最重要的一個政治競爭方式。

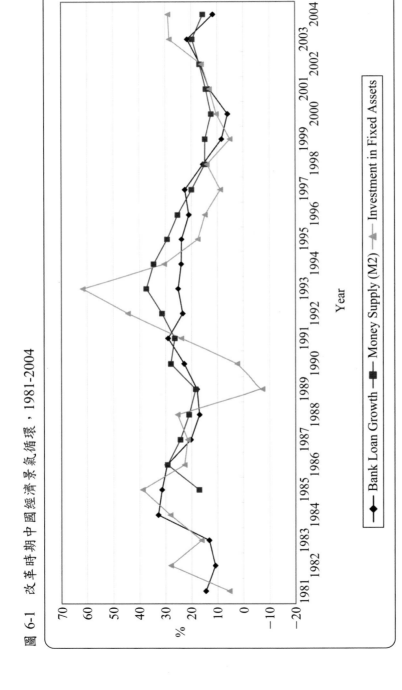

圖 6-1　改革時期中國經濟景氣循環，1981-2004

資料來源：中國國家統計局 (http://www.stats.gov.cn)，中國人民銀行 (http://www.pbc.gov.cn)。

三、政治分權化與經濟擴張

　　然而，爲什麼籠絡地方領導人會造成投資擴張呢？這就必須進一步探討中國大陸中央政府與地方政府在經濟擴張速度先天立場的差別了。

　　雖然，如前所述，毛時期的經濟擴張多半是由毛澤東個人不切實際的激進經濟發展策略由上而下所帶動的，但改革開放以後，有越來越多的研究主張中國大陸經濟成長的動力主要來自地方，而且是來自地方政府的投資擴張。例如，在 1990 年代初期盛極一時的農村工業化研究（或鄉鎮企業研究），就發現在中國大陸財政收入的權力與支出的負擔雙雙下放的情況下，基層政權的地方政府行爲模式越來越像市場經濟中的企業家，因此有「地方國家公司主義」（local state corporatism）、「地方企業國家」（local entrepreneurial state）、「地方發展國家」（local developmental state）等專有名詞的出現，來形容這些由中國特殊的改革路徑──放權讓利──所創造出來的地方政府以「投資飢渴」（investment hunger）爲特色的經濟行爲，而地方政府這樣的「投資飢渴」行爲，事實上發生在中國大陸中央以下從省、地（市）、縣到鄉（鎮）所有的地方政府層級。[5]

　　另一方面，經濟學者從純粹總體經濟學的模型分析也發現，投資是促成中國經濟成長的最主要因素。有些學者以改革開放以來貫時性的總體經濟數據證明中國大陸經濟成長速度與固定資產投資的關係最爲密切（Kwan, Wu, and Zhang, 1999: 67-79; Yu, 1998: 73-84）；有些學者則將重點放在由投資擴張所帶動的經濟成長之效率問題的探討，認爲這種非結構調整所帶動生產力增加的成長恐有其侷限性（Rowski, 2002: 361-372; Zhang, 2003: 713-734）。

5　有關財政下放與地方政府投資飢渴的關係，見 Bahl, 1998: 125-149; Oi, 1992: 99-126; Wong, 1991: 691-715; Wong, 1992: 196-227；有關「地方國家公司主義」的探討，見 Oi, 1992: 99-126；「地方企業國家」的探討，見 Blecher and Shue, 2001: 368-393；「地方發展國家」，見 Zweig, 1995: 253-274。

　　如同黃亞生（Yasheng Huang）在 1996 年出版針對中國大陸通貨膨脹控制的專書所言，地方不斷追求投資擴張來帶動地方經濟成長的總體後果，就是改革時期中國大陸經濟通貨膨脹的傾向，這個傾向雖然對在這個貨幣領域中的所有人皆不利，但沒有一個個體，無論是個人、個別企業或地方政府，有能力或意願可以片面減少投資而降低通貨膨脹壓力，面對這個集體行動困境的後果，中央政府成為「平衡發展的最後提供者」（the balancer of the last resort）。[6] 換句話說，選擇以經濟決策權在計畫經濟官僚體系中不斷下放來推動改革，雖然調動了地方政府與國有企業的積極性，又不會遇到官僚體系對改革的抗拒，是成本較小、收益較大的轉型模式。但這樣的改革模式確有一個總體經濟的非意圖性後果，就是地方投資衝動所帶來的總體通貨膨脹壓力，雖然通貨膨脹對所有經濟活動參與者皆不利，但地方政府面對集體行動困境，會產生一種「搭便車」（free-rider）的心理，所以對通貨膨脹的控制便成為一種公共財（public goods），必須要由中央政府來提供。[7] 這就造成了改革時期中國中央政府與地方政府在經濟擴張速度先天立場的差別了。因為上述這個動態所產生的結構關係，使得中國的地方

---

[6] 「平衡發展的最終提供者」一詞是由中央銀行一般被稱為「最終借款者」（lenders of the last resort）一詞轉化而來，意指中國中央政府必須是整個經濟體平衡發展的最終負責人，因為經濟不平衡發展所帶來政治、經濟上的各種負面影響最終還是由中央政府來概括承受，如果她逃避這個責任，就沒有人會負責了，所以這個角色是她有先天利益在控制通貨膨脹的原因，就如同作為金融體系中各種借貸關係的最後借款人，一般中央銀行有先天利益在降低金融體系的系統風險一樣，這個結構性的角色無法逃避（Huang, 1996: 17）。

[7] 當然，不是所有國家的中央政府都有能力與意願來提供控制通貨膨脹這項公共財。根據 Mancur Olson（1993: 567-576）的分析，非民主政體的統治者提供市場運作所需公共財的意願與統治者本身的時間座標（time horizon）長短有密切關係，而像中國大陸這樣的黨國體系（party-state system），相對比較能夠降低不同世代政治領導人的政治不確定性，延長其政治的時間座標。

政府先天上的經濟利益就在投資擴張，而中央政府先天上的經濟利益就是要壓抑個體投資擴張所引發的總體通貨膨脹。[8]

肆、後毛時期 PBC 宏觀現象的微觀基礎：兩種機會主義行為的結合

所以，結合了黃亞生對中國大陸中央政府與地方政府在經濟擴張的結構性立場衝突的分析，與 Dittmer 和 Wu 有關中央集體領導內派系政治動態演變的分析，我們可以發展一個以集體行動困境為核心的理論模型，來解釋中國大陸在宏觀層次上觀察到每五年發生一次由黨大會召開所引發的經濟擴張的 PBC，這個循環的啟動關係到兩種微觀層次機會主義行為的結合。

一、集體行動困境與派系政治

要發展這個結合黃亞生有關通貨膨脹的集體行動困境與 Dittmer 和 Wu 派系政治的理論模型，我們還是要先回到 Bunce 稍早發展出來的「繼承連結」（succession connection）模型作為起點。

Bunce 認為面對繼承危機的中央領導人會在剛繼承政治權力時，以創造經濟榮景直接訴諸於一般社會大眾，增加自己的政治權力基礎。所以產生了政治週期與經濟週期之間的「繼承連結」。但另一位研究蘇維埃政治

8　此外，黃亞生（1996: 305-329）還從中央政府與地方政府在投資項目上的區別，也就是中央政府偏向長期的基礎建設與能源投資，而地方政府偏向短期的勞力密集製造業或服務業投資，來論證中央與地方在通貨膨脹速度上的先天立場差異。

體制的政治學者 Roeder 卻認爲，在蘇維埃政治體制內，面對繼承危機的中央領導人不是直接面對選民，要尋求政治支持的對象應該是官僚體系之內的政治菁英，而不是一般社會大衆，所以繼承競爭應該是讓蘇維埃政治體制下的領導人更願意去回應官僚體系內政治菁英的要求，而不是社會大衆的要求。[9] 所以，我們或許可以將 Bunce 的「繼承連結」看成是發生在中央政策制訂者與官僚體系之內有實力的政治菁英之間，而不是一般社會大衆之間。

圖 6-2　蘇維埃政體中政治菁英的相互制約性

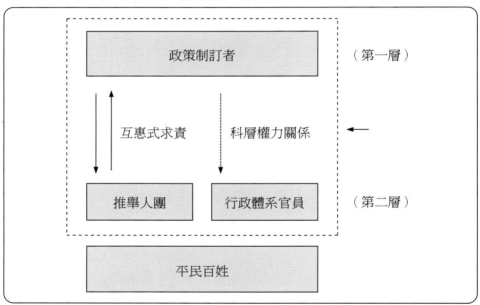

資料來源：Roeder, 1993: 29。

9　Roeder（1985: 958-976）還進一步以回歸模型分析證明，Bunce 所觀察到的財政支持項目的轉移，事實上是人口結構變化的結果，繼承危機在經濟政策上造成的後果是「政策停滯」（policy stagnation），而不是「政策創新」（policy innovation）。

　　事實上，我們可以借用 Roeder（1993）與 Shirk（1993）稍後同時發展出來的「互惠式求責」（reciprocal accountability）模型來說明這樣的關係。如圖 6-2 所示，在這個「互惠式求責」模型中，我們可以把蘇維埃政治體制下黨國官僚體系的政治菁英分為兩層：第一層是政策制訂者，在中國也就是中國共產黨政治局常委會中五至九人的集體領導成員，他們擁有最高政治權力，對最重要的政策與人事擁有最後決策權，由於沒有真正有意義的例行選舉，所以一般情況下沒有人可以向他們問責（hold them accountable）；第二層是立即對最高權力當局的政策制訂者負責的各部門、各區域的負責人，這些政治菁英雖為整個官僚體系的第二層菁英，但多半負有一個區域或一個專業領域統治成敗的政治責任，權力也已經相當大，由於他們全部都是由最高權力當局政治任命的，所以最高政策制訂者可以向他們問責是非常明確的。但這些第二層政治菁英的政治實力在官僚體系中不斷增加，對最高政策制訂者透過正式與非正式政治運作漸漸產生影響，其中較為明顯的是他們絕大多數都是黨的中央委員會委員，在這個名義上黨的最高權力機構中透過對黨的重大政策與人事任命的討論與複決，確實也發揮一定影響力。所以，Roeder 與 Shirk 才會主張這兩層菁英之間有一種「互惠式求責」的關係。

　　Shirk 主張，由於中國經濟轉型的政治邏輯是將權力下放於地方，所以省一級的領導人作為中共中央委員會中最大的群體，是最符合這個「互惠式求責」模型中的第二層菁英角色的。這個「互惠式求責」的關係絕對不是制度化的，因為第二層菁英不太可能透過正式制度去否決第一層菁英的決定；這個「互惠式求責」關係也絕對是不對稱的，因為第一層政治菁英很輕易就可以更換個別的第二層政治菁英，但第二層菁英沒有任何制度性管道可以這麼做。所以，許多研究中國菁英政治的學者對於 Shirk「互惠式求責」模型來解釋中國中央與地方關係都有言之過早的批評。但恐怕也沒有人可以說，今天中國沒有任何一股國內政治力量可以制約最高政策制訂

者，如果有的話，省一級領導人當然是一股最主要的力量。

但究竟在什麼情況之下，第二層政治菁英對第一層政治菁英會產生制約作用呢？Shirk 認為，關鍵在第一層領導菁英是否發生分裂，因為她發現在 1980 年代的中國，「當中央領導人團結的時候，中央委員會只能執行中央領導人的決定而已；但當中央領導人分裂的時候，中央委員會則變成一個政策議價的場域（bargaining arena）」（1993: 91）。集體領導內部的團結與分裂確實是影響中央與地方權力均衡動態的一個重要前提，Kenneth Lieberthal 便認為，地方政府在改革開放中獲得的一些未制度化的權力，事實上受到中央決策核心團結與否很大影響，「地方政府所得到的政策彈性是沒有特定制度安排，也沒有憲法保障的…當中央的領導人團結一致時，中國的體制仍是以一個高度中央集權、嚴密控制的方式運作」（1997: 11-12）。

事實上，在有關通貨膨脹控制的研究中，黃亞生也發現，「當中央高層領導人對緊縮政策意見不是那麼一致時，地方官員會懷疑緊縮政策的威信（credibility），並選擇忽視中央的停止投資擴張的命令」（1996: 5）。所以，我們可以合理推論，當中央第一層政治菁英之間的派系競爭較為激烈時，中央在控制通貨膨脹這個集體行動上，比較難克服地方第二層政治菁英搭便車的機會主義行為，所以控制的能力與意願都會降低。

二、兩種機會主義行為結合

所以，在宏觀層面上我們所觀察到的 PBC 現象（表 6-1 與圖 6-1）的微觀制度基礎，可能是在上述的「互惠式求責」模型中，兩層政治菁英的集體行動困境所致：由於政府換屆時期的各層級職務安排頻繁，會引發第一層政治菁英集體領導內部派系鬥爭加劇，使得這些政策制訂者產生是否要控制投資擴張的集體行動困境，因為不同派系在此時不確定對手是否會

暗地裡讓自己想扶植的力量投資擴張速度稍微加快一些，所以陷入一個囚徒困境（prisoner's dilemma），都不願扮控制通貨膨脹（提供公共財）的黑臉，而爭相讓己方派系地方人馬多上些項目，一旦第一層政治菁英陷入集體行動困境而無法團結，則如黃亞生所預測，中央控制通貨膨脹的政策就不再具有威信（credibility），地方的第二層政治菁英也會陷入第二層集體行動困境，爭先恐後地投資擴張。

　　換句話說，在宏觀層面所觀察到的 PBC 可能是由兩層政治菁英面對派系政治加劇而引發的集體行動中的機會主義行為所導致，而隨者改革開放進行了將近 30 年，每五年召開一次黨大會與次年政府換屆的政治週期，已經讓各級政治菁英與市場行為者漸漸學習到這樣的集體行動邏輯所引發的結構性後果，所以漸漸對這個每五年一次的政治週期產生預期心理，知道屆時必然發生投資擴張，因此來調整自己的經濟行為。例如，最近中國國家信息中心經濟預測部副主任范劍平做經濟預測時，便提到「不要為『高增長、低通脹』唱讚歌」，他認為未來兩年通貨膨脹控制仍有許多不確定因素，而其中最主要的就是「2007 年要進行政府換屆，大家都希望為本屆政府任期劃上圓滿的句號。這樣，政治上的衝動可能促使投資的反彈，造成經濟短期波動。」[10]

伍、檢證有中國特色的 PBC：從地方投資行為變化來看　　　　，

　　所以，從以上討論，我們可以推論，在宏觀層次所觀察到的中國經濟

---

[10] 此外，作者與中國經濟學者非正式的訪談發現，經濟學者普遍也都感受到社會上對每五年一次的政治週期會造成短期投資擴張的預期心理（中國經濟信息網，2005）。

景氣循環與每五年政府換屆的政治循環的相關性（correlation），其微觀層次的因果機制（causal mechanism）可能是換屆時期的政治不確定升高，產生第一層集體領導政治菁英之間暫時的囚徒困境與第二層全國投資主體的地方政治菁英之間的集體行動困境，進而引發的系統性機會主義行為結果。我們可以從剛剛過去的「十六大」與過去四個政府換屆週期的地方投資行為變化兩個方面來檢證這個理論假設。

一、「十六大」的地方投資擴張

在「十六大」這波經濟擴張，我們可以從銀行貸款成長趨勢、固定資產投資成長趨勢，以及中央政府與地方政府投資行為變化，清楚地看出政府換屆的政治週期如何影響經濟景氣循環週期。首先，改革開放以後，中國大陸企業投資資金來源越來越仰賴銀行貸款，所以中央政府，特別是負責貨幣穩定的中國人民銀行，都是從貸款規模控制來控制通貨膨脹，所以在觀察經濟景氣循環時，銀行貸款可能可以看作一個先行指標。從圖 6-3 我們發現，中國大陸銀行貸款是從 2002 年第二季度開始快速增長，在此之前，中國大陸銀行貸款每季度淨增長都一直維持在 4,000 億元人民幣以下，從 2002 年第二季度開始便都一直維持在 5,000 億元人民幣以上，一直到 2003 年 9 月中國人民銀行上調存款準備金，送出中央判斷銀行放款帶動的增長已經過熱，在當年第四季度才第一次出現低於 5,000 億元人民幣的季度增長，但隨後由於中央政府權力繼承未完成的影響，「宏觀調控」政策威信一時無法完全樹立，所以貸款增長起伏不定，一直到 2005 夏天才見其績效。[11]

11　這段期間，有關「上海幫」抵制胡溫宏觀調控的傳聞不斷，其中又以上海市委書記陳良宇公然在政治局要求溫家寶「宏觀調控」失敗便下台最為聳動，但隨著江澤民在 2004 年 10 月中共十六屆四中全會交出軍委主席職務，相關抵制傳聞間歇，而 2005 年春天開始「宏觀調控」政策在包括鋼鐵、汽車、房地產等一些「過熱」產業的降溫上明顯看出效果，才漸漸確立經濟開始冷卻。

圖 6-3　中國大陸銀行貸款增量季度變化，1998-2005Q1

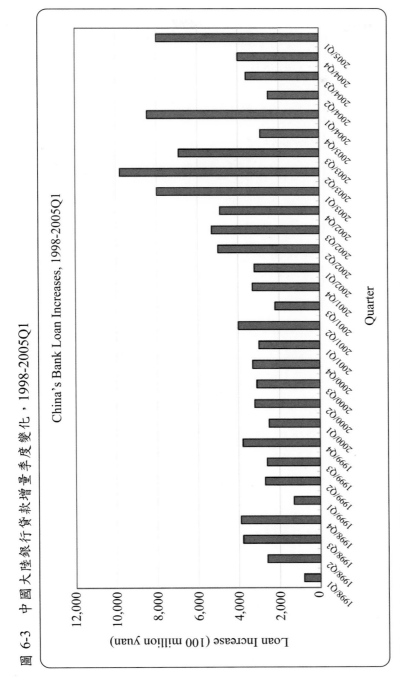

China's Bank Loan Increases, 1998-2005Q1

資料來源：中國人民銀行，2003；中國人民銀行網站 (http://www.pbc.gov.cn)。

　　貸款增加帶動了固定資產投資的增長，圖 6-4 顯示，中國大陸全社會固定資產投資在這波經濟波動中在 2003 年、2004 年到達高峰，分別以 28.4% 與 25.8% 的速度增長。更有趣的是在這段期間，列為地方項目的固定資產投資增長分別為 2002 年的 23.4%，2003 年的 36.2% 與 2004 年的 34.5%，而中央項目反而成下滑趨勢，分別為 2002 年的 −2.7%，2003 年的 −4.7% 與 2004 年的 3.1%，顯示這波固定資產投資的擴張是由地方政府所主導的，而中央政府反而是扮演一個「踩煞車」的角色。

　　「十六大」政治週期與經濟週期的發展過程似乎印證了我們在上一節提出的理論假設，那就是宏觀層面觀察到的 PBC 之微觀基礎是換屆期間政治不確定所引發，這樣的政治不確定性造成中央與地方政治菁英面對集體行動困境而產生控制通貨膨脹的機會主義行為。從「十六大」前後經濟波動的發展過程來看，我們發現這種機會主義行為主要表現在地方政府投資行為的變化，似乎全國上下各層級政府領導人的更替，給了地方政府一個投資擴張假期，利用這個「開綠燈」的機會，多上點投資項目，不然就成了集體行動中選擇合作的笨蛋了！明顯地，中央政府在這段時期，因為不能有效嚇阻不合作行為，是扮演一個消極的「踩煞車」角色，所以中央項目的投資不增反降。此外，我們也發現固定資產投資的增長高峰與政府換屆有一個時間差（time lag），也就是說，固定資產投資的高峰兩年要比政府換屆的兩年實際上晚一年。以「十六大」為例，我們看到十六大與政府部門換屆是發生在 2002 年與 2003 年，而固定資產投資的高峰期是 2003 年與 2004 年，這是因為地方投資擴張爭先恐後的攀比行為需要時間發展，所以會在黨大會第二年到達高峰，而中央領導人的緊縮政策產生的效果需要時間建立威信，特別是中央集體領導的內部團結被外界懷疑的時候，例如這次「上海幫」一開始的抵制，地方投資擴張的機會主義會持續一段時間。

圖 6-4　「十六大」期間中國大陸固定資產投資季度變化

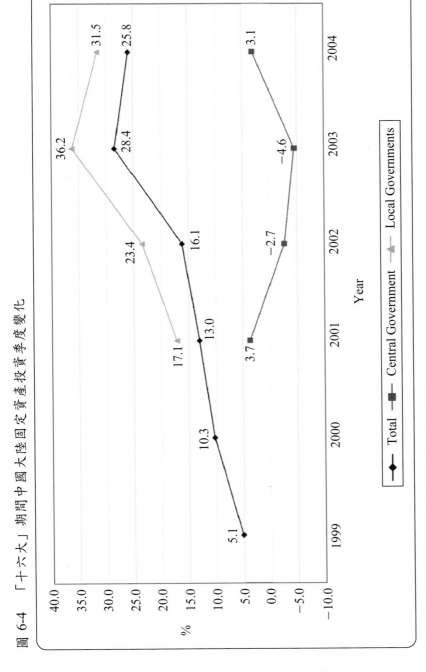

資料來源：中國國家統計局 (http://www.stats.gov.cn)。

二、過去四個政治週期地方投資行為變化的 ANOVA 分析

　　我們可以將時間拉長，進一步檢證這個中國特色 PBC 的微觀基礎假設。受限於《中國統計年鑑》有關固定資產投資中央與地方項目分列資料只從 1986 年開始提供，我們只能就過去四屆政府換屆來檢證這個命題。[12] 首先，圖 6-5 顯示，中央項目與地方項目佔固定資產投資比例，長期趨勢是地方項目的資金總額不斷增加，而中央不斷減少。在 1980 年代中期時，地方項目與中央項目比例大約是五成五比四成五，到了 2000 年代初期，地方與中央所佔比例已變成八成比二成。再就成長率來看，如圖 6-6 所示，地方項目的成長率變化確實與政府換屆週期呈一致的起伏變化，但中央項目的成長率週期則比較不明顯，在「十三大」（1986 年至 1991 年）與「十四大」（1992 年至 1996 年）期間，中央項目與地方項目增長率的變化方向類似，但在「十五大」（1996 年至 2001 年）與「十六大」（2002 年至 2006 年）期間，則出現變化方向分開，甚至相反的情況。[13]

---

[12] 一般《中國統計年鑑》中固定資產投資計算，按管理渠道分，包含「基本建設」、「更新改造」、「房地產開發」與「其他」，但其中再按隸屬關係分「中央項目」與「地方項目」的只有「基本建設」與「更新改造」，所以我們這裡所指的固定資產投資，只有包含「基本建設」與「更新改造」，不包含「房地產開發」與「其他」，但要觀察中央政府與地方政府投資行為的變化，這四個分項的變化應該是一致的，所以運用其中兩項應足以說明。

[13] 由於經濟擴張與緊縮涉及經濟運作的層面甚廣，在經濟學界一般測量經濟景氣循環（business cycle），為求慎重，採行多重指標測量。但 PBC 所要研究的現象是政治人物受到政治動機制約所產生的經濟行為，雖然這種行為的目的是要影響經濟景氣，進而達到政治人物自身的政治目的，但在實際運作上，經濟景氣還會受到經濟體中其他各種因素影響，政治人物未必能夠得逞。一般來說，越是市場機制發展健全的經濟體，政治人物影響經濟景氣的企圖越難得逞。所以，一般測量西方民主國家的 PBC，多將測量對象限定在政策制訂者可能影響的財政支出、貨幣政策上，而不去探討它最終對總體經濟景氣的影響。我們在此依照中國大陸政治經濟運作的特質，將固定資產投資當作是測量政府企圖影響經濟景氣的主要工具，來測量政府換屆的政治週期對它的影響。

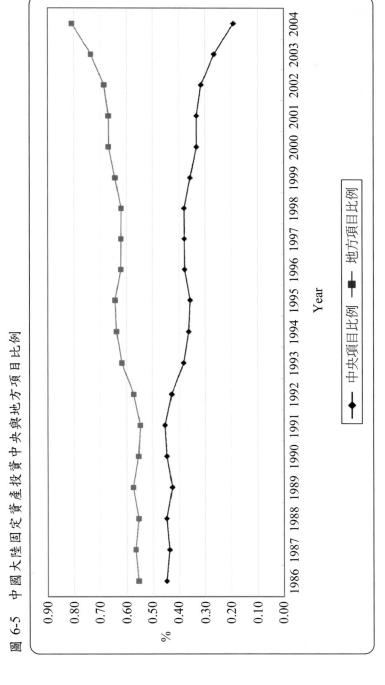

圖 6-5　中國大陸固定資產投資中央與地方項目比例

資料來源：《中國統計年鑑》，中國國家統計局（http://www.stats.gov.cn）。

圖 6-6　中國大陸固定資產投資成長率

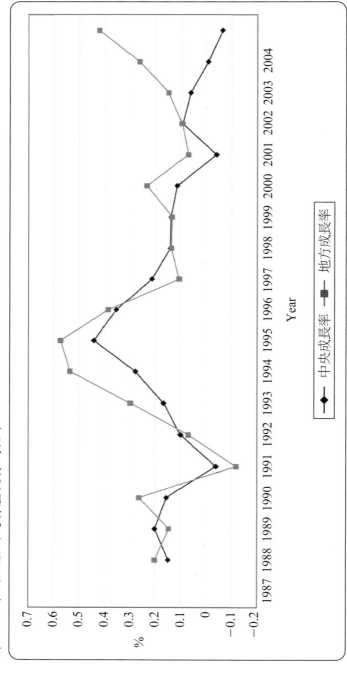

資料來源：《中國統計年鑑》，中國國家統計局（http://www.stats.gov.cn）。

　　我們可以用 ANOVA 來檢證中央項目與地方項目成長率與政治週期的相關性是否在統計上達到顯著水準。表 6-2 是將黨大會召開的第二年與第三年分為一組（包括 1988、1989、1993、1994、1998、1999、2003 與 2004 年，視為政治週期產生的經濟擴張年），其餘各年視為另一組（包括從 1986 年至 2004 年剩下的 11 年，視為不受政治週期影響年），來進行以政治週期為自變項的 ANOVA 檢證。如前文針對「十六大」這個政治週期所發生的 PBC 所進行的過程追蹤分析（process tracing analysis）所示，經濟擴張的高峰與政治換屆的週期會有一個時間差，因為週期開始地方投資擴張的攀比與週期結束中央緊縮政策的執行都需要時間醞釀，所以我們將黨大會召開的第二年與第三年視為政治週期產生的經濟擴張年。[14] 如表 6-2 所示，檢證結果發現，政治週期對地方項目成長率變化有顯著的影響，但對中央項目的影響卻不顯著。所以，我們可以說地方項目的固定資產投資確實有受到政治週期的影響，但中央項目卻沒有這個跡象。

表 6-2　政治週期對中央與地方固定資產投資成長影響，1986-2004

	平方合	自由度	中數平方	F 值
中央成長率				
組群間變異	.006	1	.006	.330
組群內變異	.298	16	.019	
總和	.304	17		
地方成長率				
組群間變異	.147	1	.147	6.396*
組群內變異	.367	16	.023	
總和	.514	17		

* 代表相關顯著達到 0.95 信心水準。

---

[14] 受限於資料來源，我們必須以年度資料作為分析單位。這種分法較為粗略，實際上 PBC 在每個週期又可能受到中央派系鬥爭激烈程度、有無實際政治繼承與國際經濟景氣等因素影響而長短不一，所以未來如果可以取得完整的有關中央項目與地方項目固定資產投資季度資料，應該發展更精確的模型分析。

　　從以上分別針對「十六大」前後經濟景氣循環的觀察以及對過去四屆
政治週期中央政府與地方政府固定資產投資變化的檢證結果，我們對於宏
觀層面所觀察到 PBC 所提出的微觀因果解釋，也就是政府換屆的政治不確
定帶來控制投資擴張中的中央與地方兩種機會主義行爲的結合，似乎得到
了支持。也就是說，雖然在宏觀層次，中國大陸出現了類似西方市場經濟
民主政體的 PBC 現象，但它的微觀因果機制是截然不同的：西方民主體制
是面對連任壓力的民選領導人企圖討好選民以求政治生存的短期政治計算
所產生的機會主義行爲，而中國大陸則是地方政治菁英在面對系統性權力
交替的政治不確定所引發的控制投資集體行動困境所產生的機會主義行爲。

陸、結論

　　隨著中國大陸政治過程與經濟運作的制度化程度越來越高，將中國的
政治經濟現象與其他國家經驗比較，並運用研究其他國家所抽離出來的理
論來分析中國大陸政治經濟發展，已經是一個越來越可行，也越來越有趣
的研究取向。若不是近年中國大陸經濟波動出現了這麼規律的與政治週期
的相關性，我們根本無從觀察中國特色的 PBC，更遑論從 PBC 一般化理
論尋求啓發。

　　由於中國大陸特殊的經濟轉型路徑──在官僚體系之內的放權讓利──
經過二、三十年發展下來，造成中國大陸中央政府與地方政府因先天的結
構位置，在通貨膨脹或投資擴張速度的偏好差異，使得地方政治菁英一直
有投資擴張的衝動，而中央政府也被逼得扮演「最後平衡者」（the balancer
of the last resort）的角色，提供控制通貨膨脹的公共財。事實上，近年研究
發現，中國大陸的中央政府確實可以透過扮演好這個公共財提供者的角色
來樹立其統治權威（Yang, 2004）。本文認爲，要分析我們在宏觀層次所觀

察到的中國 PBC 的微觀運作機制，一定要在這樣的結構關係之下來討論，所以在回顧 PBC 一般化理論時，如果單單探討選舉週期對政治人物的制度限制是不夠的，還必須把政治分權化對通貨膨脹控制影響的理論一起帶入討論。

在將通貨膨脹或投資擴張控制視爲一個由中央政府所領導的集體行動之後，本爲借用「互惠式求責」模型，對中國 PBC 的微觀因果機制提出如下假設：我們在宏觀層面所看到的 PBC，是由於黨政機關每五年換屆期間系統性權力更替所產生的政治不確定性，引發中央派系政治與地方集體行動兩層機會主義行爲交互作用所產生，並以「十六大」時期的經濟波動具體過程分析，以及過去四屆政府政治週期對中央與地方投資變化影響的 ANOVA 測試來證明這個微觀因果機制的運作。

所以，本研究結果顯示，隨著中國大陸政治過程與經濟運作制度化程度越來越高，中國大陸在宏觀層面確實出現了類似西方民主國家或其他新興民主國家所有的 PBC 的現象，但其運作的微觀因果機制是全然不同的。在一般有例行選舉的民主國家，PBC 的出現是由於選舉週期引發現任政策制訂者爲達到個人勝選的短期政治目的所產生討好選民的機會主義行爲所致；而改革時期的中國，既不似一般民主國家的情況，也不像 Bunce 所主張在前蘇聯的情況，這個具有中國特色的 PBC 主要是地方政治菁英面對中央集體領導控制投資擴張的集體行動暫時失靈所產生的爭先恐後增加投資的機會主義行爲所產生。所以，中國大陸 PBC 的存在或許可以證明政治制度對政治菁英行爲的制約越來越強，作爲中國改革開放以來政治制度化的一個例證，但不能證明中國領導人現在比較如 Bunce 所主張受到一般民眾問責的制約，或如 Roeder 與 Shirk 所主張，受到地方政治菁英的制約。

參考書目

中國人民銀行網站：http://www.pbc.gov.cn。

中國人民銀行，2003，《中國貨幣政策執行報告：2003 年第三季度》，中國人民銀行網站：http://www.pbc.gov.cn/detail.asp? col=422&ID=260。

中國國家統計局網站：http://www.stats.gov.cn。

中國經濟信息網，2005，〈「過剩」成爲高頻詞 投資調控呼喚大智慧〉：http://www.cei.gov.cn/LoadPage.aspx? Page=ShowDoc&CategoryAlias=zonghe/zhzj&ProductAlias=zhengfgl&BlockAlias=SXB0B&filename=/doc/SXB0B/200512141792.xml。

中國金融學會（編），2004，《中國金融年鑑》，北京：中國金融出版社。

胡鞍鋼，1994，《中國經濟波動報告》，遼寧：遼寧人民出版社。

陶儀芬，2002，〈從「放權讓利」到「宏觀調控」：後鄧時代中央與地方金融關係的轉變〉，丁樹範（編），《胡錦濤時代的挑戰》，台北：新新聞，頁 235-262。

Alesina, Alberto. 1987. "Macroeconomic Policy in a Two-Party System as a Repeated Game." *Quarterly Journal of Economics* 102(3): 651-678.

Alesina, Alberto, Nouriel Roubini, and Gerald D. Cohen. 1997. *Political Cycles and the Macroeconomy*. Cambridge, MA: MIT Press.

Alt, James E., and Kenneth A. Shepsle, eds. 1990. *Perspectives on Positive Political Economy*. Cambridge: Cambridge University Press.

Bahl, Roy. 1998. "The Central-Provincial-Local Fiscal Relations: The Revenue Side." In *Taxation in Modern China*, ed. Donald J. S. Brean. New York, NY: Routledge, pp. 125-149.

Beck, Nathaniel. 1987. "Elections and the Fed: Is There a Political Monetary Cycle?" *American Journal of Political Science* 31(1): 194-216.

Blecher, Marc, and Vivienne Shue. 2001. "Into Leather: State-Led Development and the Private Sector in Xinji." *The China Quarterly* 166: 368-393.

Bunce, Valerie Jane. 1979. "Leadership Succession and Policy Innovation in the Soviet Republics." *Comparative Politics* 11(4): 379-401.

Bunce, Valerie Jane. 1980. "The Succession Connection: Policy Cycles and Political Change in the Soviet Union and Eastern Europe." *American Political Science Review* 74(4): 966-977.

Cheng, Chuyuan. 1982. *China's Economic Development: Growth and Structural Change.* Boulder, CO: Westview Press.

Dittmer, Lowell, and Yu-shan Wu. 1995. "The Modernization of Factionalism in Chinese Politics." *World Politics* 47(4): 466-494.

Dittmer, Lowell, and Yu-shan Wu. 2005. *Leadership Coalitions and Economic Transformation in Reform China: Revisiting the Political Business Cycle.* Unpublished Manuscript.

Eckstein, Alexander. 1968. "Economic Fluctuations in Communist China's Domestic Development." In *China in Crisis: China's Heritage and the Communist Political System*, eds. Ping-ti Ho and Tang Tsou. Chicago, IL: University of Chicago Press, pp. 691-752.

Garrett, Geoffrey, and Peter Lange. 1991. "Political Responses to Interdependence: What's 'Left' For the Left?" *International Organization* 45(4): 539-564.

Golden, David G., and James M. Poterba. 1980. "The Price of Popularity: The Political Business Cycle Reexamined." *American Journal of Political Science* 24(4): 696-714.

Haggard, Stephan, and Steven B. Webb. 1993. "What Do We Know about the Political Economy of Economic Policy Reform?" *World Bank Research Observer* 8(2): 149.

Hibbs, Douglas A. 1986. "Political Parties and Macroeconomic Policy and Outcomes in the United States." *American Economic Review* 76(2): 66-70.

Huang, Yasheng. 1996. *Inflation and Investment Controls in China: The Political Economy of Central-Local Relations during the Reform Era.* Cambridge: Cambridge University Press.

Kwan, Andy C. C., Yangru Wu, and Junxi Zhang. 1999. "Fixed Investment and Economic Growth in China." *Economics of Planning* 32(1): 67-79.

Lieberthal, Kenneth. 1997. "Politics and Economics in China." In *China's Economic Future: Challenges to U.S. Policy*, ed. U.S. Congress. New York, NY: M.E. Sharpe, pp. 11-12.

Lohmann, Susanne. 1998. "Federalism and Central Bank Independence: The Politics of German Monetary Policy 1957-92." *World Politics* 50(3): 401-446.

Lohmann, Susanne. 1999. "What Price Accountability? The Lucas Model and the Politics of Monetary Policy." *American Journal of Political Science* 43(2): 396-430.

Mundell, Robert. 1963. "Capital Mobility and Stabilization Policy under Fixed and Flexible Exchange Rates." *Canadian Journal of Economics and Political Science* 29(4): 475-485.

Nathan, Andrew J. 1973. "A Factionalism Model for CCP Politics." *China Quarterly* 53: 34-66.

Nathan, Andrew J. 1976. "Andrew Nathan Replies." *China Quarterly* 65: 114-117.

Nordhaus, William D. 1975. "The Political Business Cycle." *Review of Economic Studies* 42(2): 169-190.

Nordhaus, William D., Alberto Alesina, and Charles L. Schultze. 1989. "Alternative Approaches to the Political Business Cycle." *Brookings Papers on Economic Activity* 2: 1-68.

Oi, Jean. 1992. "Fiscal Reform and the Economic Foundation of Local State Corporatism in China." *World Politics* 45(1): 99-126.

Olson, Mancur. 1993. "Dictatorship, Democracy, and Development." *American Political Science Review* 87(3): 567-576.

Rodden, Jonathan, and Erik Wibbels. 2002. "Beyond the Fiction of Federalism." *World Politics* 54(4): 494-531.

Roeder, Philip G. 1985. "Do New Soviet Leaders Really Make a Difference? Rethinking the 'Succession Connection'." *American Political Science Review* 79(4): 958-976.

Roeder, Philip G. 1993. *Red Sunset: The Failure of Soviet Politics.* Princeton, NJ: Princeton University Press.

Rowski, Thomas G. 2002. "Will Investment Behavior Constrain China's Growth?" *China Economic Review* 13(4): 361-372.

Schamis, Hector E., and Christopher Way. 2003. "Political Cycles and Exchange-Rate-Based Stabilization." *World Politics* 56(1): 43-78.

Shirk, Susan L. 1993. *The Political Logic of Economic Reform in China.* Berkeley, CA: University of California Press.

Sinha, Aseema. 2005. "Political Foundations of Market-Enhancing Federalism." *Comparative Politics* 37(3): 336-356.

Tao, Yi-feng. 2006. "The Evolution of Political Business Cycle in Post-Mao China." *Issues & Studies* 42(1): 163-194.

Treisman, Daniel. 2000. "Decentralization and Inflation: Commitment, Collective Action, or Continuity." *The American Journal of Political Science* 94 (4): 837-857.

Tsou, Tang, and Andrew J. Nathan. 1976. "Prolegomenon to the Study of Informal Groups in CCP Politics." *China Quarterly* 65: 98-117.

Unger, Jonathan, ed. 2002. *The Nature of Chinese Politics: From Mao to Jiang.* New York, NY: M.E. Sharpe.

Wong, Christine P. W. 1991. "Central-Local Relations in an Era of Fiscal Decline: The Paradox of Fiscal Decentralization in Post-Mao China." *The China Quarterly* 128: 691-715.

Wong, Christine P. W. 1992. "Fiscal Reform and Local Industrialization: The Problematic Sequencing of Reform in Post-Mao China." *Modern China* 18 (2): 196-227.

Yang, Dali. 2004. *Remaking the Chinese Leviathan: Market Transition and the Politics of Governance in China.* Stanford, CA: Stanford University Press.

Yu, Qiao. 1998. "Capital Investment, International Trade, and Economic Growth in China: Evidence in the 1980-90s." *China Economic Review* 9(1): 73-84.

Zhang, Jun. 2003. "Investment, Investment Efficiency, and Economic Growth in China." *Journal of Asian Economics* 14(5): 713-734.

Zweig, David. 1995. "Developmental Communities' on China's Coast: The Impact of Trade, Investment, and Transnational Alliances." *Comparative Politics* 27(3): 253-274.

第七章

中國大陸中央與各省關係中的水平性與垂直性權力競爭：菁英政治與投資政策的議題聯結分析[*]

徐斯勤

壹、導論

　　有關中國大陸當代中央與地方關係的研究，與 1980 年代中央對各省區以放權讓利爲主的改革策略息息相關。[1] 這種賦予省級及其下級政府大量經濟誘因與行政自主性的策略，與改革開放前極權主義下中央的嚴密控制形成明顯對照，成爲最受矚目的政經變化趨勢之一，也引起了中國大陸內外學界的高度研究興趣。然而，隨著中國大陸政經發展的各類新議題不斷浮現，針對 1990 年代中期以後中央與地方關係的變化所做的研究，在當代中國研究的整體議程內，開始顯得不如 1990 年代中期以前那般醒目。本文認爲，此種情形，並不意味著關於中央與地方關係在理論與方法上的既有成果，已成熟到一定程度，或是能獲得改善的空間已經十分有限。本文將針

---

* 本文大部分內容已獲接受以〈中國大陸中央與各省關係中的水平性與垂直性權力競爭 1993～2004：菁英政治與投資政策的議題聯結分析〉爲題刊登於《中國大陸研究》，第 50 卷第 2 期，中華民國 96 年 6 月號。感謝政治大學國際關係研究中心《中國大陸研究》同意轉載。

1 在本文中，使用「省區」或「省」來指涉中國大陸所有的省級行政區，包括省、省級市、省級自治區。

對中央與地方關係中的特定議題（而不是對於中央與地方關係整個領域的廣泛討論），檢討現有文獻在理論概念與方法上所呈現的十分關鍵，但始終被學界忽略的缺失，然後提出解決的建議，並據以建立分析架構，進行實證分析，進而檢視在本文研究議題範圍內，中國大陸中央與地方關係產生的變化中，現有文獻所尚未探討之 1993 年以後的部分。

　　具體來說，本文是以橫跨中共菁英政治與資源分配兩個領域的文獻與研究主題作為起點，將討論的主軸放在以中共中央委員會與政治局為核心，其所反映出的中央與各省區的相對政治權力，以及中央對各省區的經濟資源分配問題上。在這個研究旨趣與導向之下，本文論述的重點大致包括：一、中委會作為建制性組織，在中共菁英研究中的重要性。二、以中委會作為正式制度焦點，來討論中共中央與地方權力關係的文獻，其在菁英政治領域內的理論觀點（尤其是政治繼承競爭觀點），以及在經濟政策與資源領域內的研究，所各自呈現出的演進過程以及主要特色。三、這些特色中的一個主要面向——各省區之間的水平權力關係，以及各省區與中央之間的垂直權力關係，在過去的研究中呈現出何種概念上與經驗上的相互關連。四、上述觀點在理論概念與研究方法上，各自有哪些缺陷，以及應如何修正重建。在此部分，本文提出的總共八項修正與重建，將以命題陳述方式列出，試圖為今後類似的研究建議基本方向，構築本研究領域內的新面貌。五、根據修正重建後的分析架構與研究方法，提出可供檢證的假說，觀察各省區在中委會與政治局的席次如何影響固定資產投資的資源分配，針對 1993 年到 2004 年的數據進行實證分析，得到有關上述的水平層面與垂直層面權力關係之具體發現。六、針對本文的實證研究發現，與中共十四大後在財政改革與金融改革等領域內，所彰顯出的集權式改革模式背景之間有何關係，進行討論分析。

貳、相關理論與文獻的演進與詮釋

研究中國大陸中央與地方關係的相關文獻與理論觀點，多半以個別的議題領域爲特定範圍進行分析。以單一議題爲途徑之研究，大致分布在三種主要類別當中——治理性政策（governance policy，包括幹部人事與訊息溝通等）、資源分配政策（resource policy，包括所有經濟與社會資源分配）、實質性政策（substantive policy，指的是上述兩類之外的一般政策）（Chung, 1995: 497-501）。而與此相對的，則是跨越與聯結不同議題之研究。後者由於觀察之議題範圍較爲廣泛，因此所描繪與發現的中央與地方關係型態，在邏輯推論上也較單一議題研究更爲完整與全面。本文此一部分將檢視英文文獻中聯結前兩種議題——有關政治菁英人事與權力安排，以及經濟資源分配的部分。依照對這些著作出版先後順序的梳理與評論，吾人可以歸納出關於中國大陸中央與省級關係的主要辯論中，其問題意識與爭議焦點，是如何由這些議題聯結的分析加以形塑，逐漸推移演變。而以下的討論，不僅在於介紹觀點本身，更重要的是針對其理論與經驗意涵，尤其是至今鮮少被論及的部分，加以詮釋。

一、中共中央委員會作爲反映政治菁英變遷的焦點

中共的菁英政治，一向是 1949 年以來研究中共的重點領域之一。在眾多相關文獻中，一個值得注意的現象在於，無論個別著作的研究途徑是趨向極權主義政治、派系政治、世代政治，或是技術專家政治中的哪種模式（寇健文，2005：13-34），都必須選定以哪些菁英群體，作爲經驗證據方面觀察討論政治菁英變遷的代表性指標。而在分析層次與觀察對象所做的選擇，至少受到可用資料來源的範圍，以及特定途徑內在預設的論述重點兩項因素所決定（Grbich, 2004: 37-39）。同時，經驗檢證對象的選定，事

實上往往在個別研究的具體研究發現與結論上有決定性影響（Bryman, 2004: 36）。

　　本文認為，隨著上述各項途徑在研究典範方面的演進遞移，相關文獻顯示出，這種選擇大致呈現出兩種趨勢：第一，由初始的以非正式團體為核心，逐漸擴大到愈來愈著重正式的建制內組織單位。極權主義途徑以毛澤東一人如何整合最高層的少數菁英（Barnett, 1960），以及派系政治途徑中無論強調上下垂直交易關係、工具性利益需求作為派系基礎的觀點（Nathan, 1973: 33-66），或是強調水平層面因素結合、非利益取向動機的觀點（Tsou, 1995: 97-131; Dittmer, 1995），都特別注重領導者如何建立與維持超越正式職位與組織範圍限制的非正式關係網絡，成為比正式建制更重要的權力來源。因此，其論述策略極少專門聚焦於特定的建制性組織。然而，世代政治途徑由其承襲的前蘇聯菁英研究（Hough, 1980），到中共的不同世代菁英間替換研究（Barnett, 1967; Domes, 1977; Manion, 1995; Li, 2000: 1-40, 2001），以及技術專家政治途徑的主要著作為了描繪技術專家菁英既有的工作經歷與背景（Lee, 1991; Li, 2001; Li and White, 1998; Zang, 2004），都不約而同地選定黨、政、軍的特定組織作為基本分析單位。

　　第二個趨勢則為正式組織的分析層次方面，在中共政治局常委會、政治局、中央委員會三者中，相關文獻愈是傾向呈現較全面的中共統治菁英圖像時（例如世代交替後，或是走向技術專家治國道路後的中共統治層），則愈必須以中委會作為最主要的觀察單位，而以前兩個分析層次為輔。[2] 此二個發展趨勢顯示，當吾人探究中國大陸的統治集團（who governs ？）本質為何此一關鍵問題時，如果綜合考慮何種既存群體最能反映統治集團的概

---

[2]　最明顯的例子是改革開放以來，每屆中共黨代表大會結束後，國際學界的持續性分析均保持著此種一貫的焦點，參見 Lee, 1983; Li and White, 1988; Zang, 1993; Li and White, 1998; Li and White, 2003。

念內涵，以及資料蒐整上的便捷性與完整性，則最適切的單元乃是中央委員會。

二、菁英政治對於經改政策的影響——經改的政治邏輯與中央和地方之間的相對權力消長

謝淑麗（Susan L. Shirk）（1993）延續了前述以中委會爲焦點觀察菁英政治的傳統，在此研究傳統下提出了以中委會作爲正式制度代表、以中共菁英政治中的政治繼承競爭問題作爲深層結構的政治邏輯，來討論此一政治邏輯如何形塑 1980 年代中共經改政策的型態。對於此一衆所周知的觀點，在此僅就與本文主旨相關之處扼要敘述。謝淑麗指出，由於中共黨國體制及權力關係中始終存在最高政治繼承權力的不確定性問題，使得改革時期的主要中央領導人（尤其是台前的頭號領導者——總書記，與二號領導者——總理）之間，處於持續競逐最後政治繼承權的格局，因而必須尋求如何在中委會這種黨國組織中建立鞏固本身的政治支持聯盟。因爲歷屆中央委員會成員當中，來自省級領導人的代表，一向是比例較高的群體之一，因此中央領導人達到上述目標的手段之一，便是在制定經改政策時，著重以中央針對每個省份給予特殊優惠安排的特殊式政策，而避免那些會造成各省中既得利益者有得有失的重分配型政策。這種討好省級領導人（playing to the provinces）的經改政策內在本質，反映在例如財稅體制改革、企業改革、價格改革等具體議題領域之內。

此種觀點，其意義爲中央的政策設計與制度變革，根本上受到地方政治影響力和經濟利益的制約，使得中央在其所應行使的總體資源汲取和國內重分配功能上，不得不進行大幅度的妥協。大多有關中央與地方關係的文獻，均認爲謝淑麗此一理論，屬於從政治制度結構層面來說明地方權力

大於中央的典型觀點。[3] 本文認為，謝淑麗這種喻示著強地方、弱中央的觀點，作為本文以下開展論述的起點，必須在概念上作一項釐清。

　　本文要強調的是，此處所談的各省，是一個「整體」，中央領導人在制定經改政策時，是著眼於討好「所有」的省。之所以如此，是因為謝淑麗認為中委會在決定政治繼承的過程中，扮演著類似於推舉人團（selecto-rate）的角色，而來自各省的代表，相對於來自像是軍方、中央官僚部門等其他組織系統，有其考量地方政經利益的共同特性，因此實際上是推舉人團中的一個次級團體，有別於軍方、中央各部代表等其他次級團體。顯然，謝淑麗這個觀點，多少是將中委會作為推舉人團，類比於民主國家中政黨的黨內初選推舉人團（caucus），而省級代表，猶如民主政黨初選中一個代表社會特定利益的投票集團（voting bloc），具有該投票集團的內在共同性。回溯了謝淑麗的前提假設後，再衡諸其關於實際政策內容的論述，不難發現她所討論的重要經改政策，都是讓所有省份均取得淨獲益；也就是說，她是將中委會中的省領導者，作為一個整體來分析，而不針對此一群體的內部來再做區分。最明顯的例證是財政分權改革，以及國有企業改革中的利潤留成，以及承包經營責任制改革。在財政改革中，中央是將其與各省的一對一談判議價（以便透過議價，給予各省利得，爭取政治支持）應用在所有省份，除非不被納入此分權機制（例如 1980 年到 1987 年的北京、天津、上海），否則，只要被納入，各省都比改革前獲得更多財政收支上的自主權。同樣地，利潤留成與承包經營責任制的實施，都是中央（事後而被動地）接受各省採用地方政府與國有企業進行一對一談判的模式，好讓省以下各級政府在資金運用與企業發展上，有更多裁量空間。這些例證，都指出中央是有意在其與所有省份之間，以及允許所有省內的地方政

3　例如 Huang, 1996: 3-10; Li, 1998: 32-36。

府與其轄區內的企業之間，建立交易性質的「恩主——侍從關係」（patron-client ties）。這種將各省視爲一個整體後，來推演出地方權力大於中央的基本特色，在往後根據謝淑麗觀點而繼續發展的文獻中，卻開始出現了變化。

三、Shirk 邏輯的延伸——各省在中央委員會的席次分配

楊大利（Dali L. Yang）依照謝淑麗上述中央領導人需要省級官員政治支持的邏輯，進一步推論，既然各省在中委會之席位與投票如此重要，那麼在中委會中席次比例愈高的省，自然對於中央領導人的政治支持重要性也就愈大。楊大利認爲，此種席次比例的影響，應可能反映在中央與各省之間資源需求的取予上。其觀察指標，則爲財政包乾時期，是否席次愈高的省，得到中央提供愈多財政資源，以及席次愈少的省，是否會上繳愈多的財政資源。他以 1987 年的實際數據進行迴歸分析後，發現統計結果在具有較高顯著性之下，卻與上述推論相反，亦即席次愈多的省，反倒愈傾向是淨上繳而非淨收益，此一發現推翻了謝淑麗的邏輯。此外，由於在省級行政區中，北京、天津、上海三者，中央考慮彼等在提供財政資源上的重要性，不肯輕易給予其財政分權的優惠，因此一直到 1988 年，才得以享有此政策（Lin, 1994: 239-260）。所以，楊大利乃將作爲異例（statistical outlier）的上海市（亦即有相當席次，但卻因爲上述因素無法獲得財政資源挹注），從統計樣本中去除。此時，統計結果便不具顯著性（但在此結果中，席次對獲取中央財政資源供給的影響仍然是負面的）（Yang, 1996: 425-439）。

楊大利的分析，儘管如同本文稍後所顯示的，有其概念上與方法上的缺陷，但也至少有兩方面的重要性。首先，檢證既有的理論或假說時，重要研究策略之一，乃是按照其原有之內在邏輯取得延伸性的推論，而後檢證此推論結果的眞僞，從而判定作爲前提的假說之有效性（King, Keohane, and Verba, 1994: 12-15）。楊大利運用此種策略，從謝淑麗的理論中推演出

中委會席次比例的命題，成為首先使得謝淑麗的原有理論轉化為更具操作性與驗證可能的分析。其次，謝淑麗的原有觀點，如前文所言，重點是討論中央為何必須滿足「所有」省級行政區之重大利益。然而楊大利卻發展出另外一個層面的觀點：中央是否會在滿足此一整體的利益時，再就該整體的內部之間進行何者應多得或少得之區分。從此處開始，以中委會席次分配為焦點的分析，便同時涵蓋了中央與地方之間垂直性的相對權力大小，以及各省彼此之間水平性的相對利得與優勢兩種層面。此兩層面雖有相關性，但並不完全相同，本文第三部分將繼續討論。

四、垂直層面與水平層面的持續糾結──各省在中委會席次與投資政策的關係

楊大利的上述著作，是在延伸謝淑麗理論的基礎上觸及了水平層面的分析，但對於水平層面的各省分配差異，多大程度上反映出垂直層面的結果，在概念架構上還不十分清晰。在其與 Fubing Su（2000: 215-230）的合著中，則將此兩層面的關係，在概念上予以確立。他們首先提出兩個概念模型：「自主的中央政府模型」（autonomous center model），以及「制度性利益模型」（institutional interests model），前者根據例如奧森柏格（Michel Oksenberg）與李侃如（Kenneth G. Lieberthal）（1998）等人之觀點。假設中央的官僚機構在決策上是單一而自主行為者，有其基於全國格局與中央利益的政策偏好，能主導並實行相應的發展策略，而壓倒地方的局部利益與要求，不受地方制約。後者則參考李侃如與藍普頓（David M. Lampton）（1992）等人提出的所謂「分裂性威權主義」（fragmented authoritarianism）模型，將中共決策體系視為是由眾多官僚組織共同構成的多元決策參與者形式，這些官僚組織從中央到地方，事實上有如眾多利益團體，在政策過程中相互競逐，塑造決策產出。

　　Su Fubing 與楊大利選擇以固定資產投資上，中央投資項目在各省如何分配方面之決策產出，作為被解釋項，來檢驗上述兩模型何者較接近現實。按照制度性利益模型，要解釋各省獲得投資資源之相對多寡，合理的預期是在中央委員會席次愈多的省將得利愈多，其理由與楊大利的前述著作相同。按照自主中央政府模型，則中央的偏好才是決定因素，各省席次高低不會有顯著影響。在檢驗時，Su 與楊使用了統計迴歸分析，其主要自變項是從中共十一大到十四大（1978 年至 1994 年），所有省級行政區在中委會正式委員與候補委員的比重（中央委員重要性的權數設定為候補委員的兩倍）。另外，也納入各省人均收入、各省人口總數，以及該省在沿海或內陸中部地區（虛擬變項），作為控制變項。而依變項則是這些省的國有經濟部門每年在固定資產投資中用於基本建設（capital construction）投資的資金，在該年全國各省國有部門基本建設投資總額中的比重。

　　其統計分析結果顯示，主要自變項以及三個控制變項，都有 99% 以上的顯著度，且均為正相關。換言之，各省的中委會席次比重，的確是中央除了考量經濟因素之外，分配基本建設各項資金的重要因素。這個結果，印證了強調地方權力大於中央的制度性利益模型。在此初步檢驗之外，該文延續楊大利前述的考慮三個省級市地位特殊之觀點，另外單獨針對此三者進行迴歸分析，結果發現中委會席次作用是負相關（席次愈多則所獲資源愈少），且作用不顯著，除了人口之外的其他自變項亦然。換言之，三個省級市與中央的關係，屬於第一種模型，中央政府能自主地支配地方。至於扣除三個省級市外的其他所有省級行政區，分析結果則仍舊支持制度性利益模型。

　　最後，Su 與楊再次回到中委會席次分析方法的理論源頭──謝淑麗的中共政治繼承競爭觀點，與該觀點繼續深入對話。作者針對該觀點的內在邏輯，延伸出另一個新的推論：如果中央領導的確依賴省級領導在中委會

中的支持，而左右資源分配，則前面證明的制度性利益模型，其效果應該
在最高政治領導權發生轉換與繼承的那些年，以及中央特別需要地方支持
時（例如全國通膨嚴重時，或例如 1989 年天安門危機時），特別明顯。為
檢驗此推論，作者區分出此種特殊環境時期（包括 1978、1982、1986、
1987、1989、1992 年），以及其他各年，然後分析三個省級市外的其他各
省，是否在特殊時期有所不同。檢證結果，在特殊時期，中委會席次雖然
仍舊對資源取得的影響是正相關，但統計顯著程度低，顯示其並非重要因
素。而在平常時期的各年，則分析結果依舊支持制度性利益模型，說明中
委會席次在平時的確發揮著重要影響。

　　綜合來看，Su 與楊的分析，在本文的討論範圍內，反映出兩個重要問
題。首先，彼等在檢驗兩個模型的預期假設時，其實是把各省之間的水平
分配結果，完全等同於中央與地方之間權力相對大小的反映。在這種研究
策略下，所得到的結果在空間分配上呈現出的兩種不同類型，省級市部分
（仍受中央主宰）是少數，屬於例外，而其他各省（藉由在中央權力建制
內的代表性高低來左右中央政策）的情況，才是中央與省級關係的主要特
徵。這種研究策略，其實是將概念上未必真正相同的垂直與水平層面關係，
進一步糾結在一起，而有重新檢討的必要。第二，按照作者的研究設計，
這種主要特徵的本質，透過在時間分配上的不同類型（平時與特殊時期），
卻又弔詭地顯示，並非因為中央有政治繼承競爭上的需求才對各省讓步，
亦即謝淑麗的觀點在此被否證。反之，平常時期的地方權力高漲，乃是中
央容忍所致。一旦宏觀經濟或政治環境較不穩定，中央必須進行強硬控制
時，各省在權力建制內的代表性高低，便毫無作用。此處的否證，一方面
是呼應了前述楊大利在財政領域內進行單一年份分析的發現，另一方面，
更重要地，說明了其實中央與地方相對權力的大小問題，與中央領導因為
政治繼承競爭而需要省級領導支持的問題，二者在現實世界中是有所區隔

的，在本質上屬於兩個有關連但並不相同的現象。但 Su 與楊的這種區隔，仍不夠明確，在本文第三部分討論中，將從概念上更徹底地釐清此問題，並在第四部分提出新的研究設計，進行實證分析。

五、中央對於地方的控制——中委會的實際運作 與成員任免

以中委會為主軸討論地方與中央的相對權力消長問題，從謝淑麗開始主張各省權力大於中央，到了 Su 與楊則提出折衷式觀點（一方面證明了平常時期的確存在各省在中委會中權力高漲的事實，另一方面又顯示出當中央要貫徹其意志時，仍能壓制各省），而近幾年來的文獻（特別是進行長期而有系統性實證分析的那些著作）則更加往相反的觀點移動，強調某些中央能有效控制地方的事實，而這些事實最明顯的是反映在中委會的運作與組成問題上。

Yumin Sheng 指出，謝淑麗過於強調中央委員會成員中，各省官員在改革開放時期所佔比例增加，以及所謂中央需要地方的支持，其實並未在政治繼承權的爭奪中扮演重要角色。Sheng 認為，有兩個被忽略的事實，說明中央對地方具有絕對的政治權威。首先，中央對於誰能被提名為中委會、政治局、常委會委員之合格候選人，始終具有壟斷性權力。所有的候選人必須經過中央的資格審查與推薦，方能進入候選人的名單當中。該名單是由政治局委員提名給黨代表大會主席團，而政治局的組成，一直是中央官員佔大多數，且主席團內所設、主宰最後提名的常委會，也是絕大多數來自中央官員。此外，中央官員主導的政治局，也實際上代替中委會行使決策權。由於中委會成員眾多，分布全國各地，所以不可能經常由全體中委集會決定日常事務，多由 20 人到 30 人的政治局來行使，成為決定全中國內政與外交事務的核心。其次，黨中央具有調動地方官員至中央機關的權力，

因此可以改變中央委員會與政治局當中中央與地方官員所佔的比例分配。一方面，中央有權藉由職務調動，改變中央委員會成員當中中央與地方官員所佔的比例，另一方面，地方官員進入中央機構之後，不但將被培養出全國性的視野與利益，而且也將會彌補中央對於地方資訊的不對稱。

為證明上述這些論點，Sheng 採取了以人數——月份為單位（有別於以往文獻以人數——年份為單位），來計算比較中委會內中央與地方官員在此種單位上的總和，以便更精確地掌握地方官員調整為中央官員但仍舊任職中委時，所發生的誤差。以此計算方式建立的資料顯示，在中央委員會內，地方官員存在時間所佔有的比例逐年下降（由 1978 年的 44.77% 變為 2002 年的 23.12%；由十一大期間之平均 36.98%，下降為十四大期間之平均 26.89%）。此外，在政治局當中，自 1985 年到 2002 年，地方官員所佔的比例皆維持在 14% 至 20% 之間，顯示中央官員仍擁有超過 80% 的比例（Sheng, 2005）。

薄智躍（Zhiyue Bo）進行了改革開放以來至十六大前中央與省級官員之間相互流動的各種統計，再輔以對於統計數字的質性詮釋，其研究發現在本質上與 Sheng 十分接近：省級的正副書記與正副省（市）長等領導職位，乃是中央長期以來刻意培植未來在中央擔任領導職位的搖籃，並非許多人認為是有其自主意義的權力實體。同時，省級官員在中委會的委員身分，主要是作為其和中央領導人維持一定關係的工具（Bo, 2003: 66-117）。此一觀點，可以說與 Sheng 有異曲同工之處。Sheng 是由過程、程序層面，來看中央官員對於中委會的控制，而薄智躍則是由實質層面，來討論省級領導職位以及中央委員身分在權力關係上的主觀意義，兩者同樣主張中委會實際上是中央長期用來控制地方，鞏固其相對權力的重要管道。

六、小結

綜合上述以中委會爲組織建制層面的焦點，來討論中央與各省權力關係的文獻，其整體之觀點演進，以及各自的特徵，整理於下列的表 7-1 當中。

表 7-1　由中委會角度探討中央與各省權力關係文獻之演進與比較

文獻觀點與時間　　　　內涵特徵	謝淑麗的政治繼承競爭理論（1993）	楊大利的中委會席次影響力觀點（1996）	Fubing Su 與楊大利的中委會席次與資源分配之分析（2000）	Yumin Sheng 與薄智躍的中委會成員產生與運作之分析（2005）
中央與各省的相對權力	各省較強	中央較強	1. 中央相對於三大省級市：中央較強（例外）。 2. 中央相對於其他各省：各省較強（常態）。	中央較強
主要理由或根據	政治繼承競爭使得中央領導人必須討好各省，據以制定經改政策。	中委會席次愈多的省，在財政資源分配上，反而是上繳給中央愈多，由中央所挹注的愈少。可見中央並不需要討好對政治繼承有較大影響力的省區。	1. 固定資產投資的資源分配上，中委會席次愈多的省，顯著地獲得資源愈多。 2. 但三大省級市的席次作用相反且不顯著。	位居中央而非各省的官員，控制中委會與政治局的成員產生與日常運作；省級領導一向是刻意用以培植未來中央領導的搖籃。

文獻觀點與時間　　內涵特徵	謝淑麗的政治繼承競爭理論（1993）	楊大利的中委會席次影響力觀點（1996）	Fubing Su 與楊大利的中委會席次與資源分配之分析（2000）	Yumin Sheng 與薄智躍的中委會成員產生與運作之分析（2005）
			3. 在中央領導需要各省支持特別強的時期，中委會席次未對各省資源取得產生顯著助益。	
對於政治繼承競爭理論的意涵	該理論之肇始	從政治繼承競爭觀點，推演出與席次有關之命題，而後否證該理論。	從政治繼承競爭觀點，推演出以特定時間為重心之命題，而後否證該理論（各省權力強於中央並非因為政治繼承競爭理由）。	否定該理論
涉及中央與各省之間的垂直相對權力或各省之間的水平相對權力	只觀察垂直面向	開始以水平面向之結果檢驗垂直面向之理論觀點。	預設中央抑或各省權力較強的兩組敵對假說，使得水平面向與垂直面向更形糾結。	只觀察垂直面向
省級行政區作為分析單元的特性	所有省級行政區被視為一個整體。	每個省區各自作為一個獨立的分析單元。	每個省區各自作為一個獨立的分析單元。	所有省級行政區被視為一個整體。
各省在中委會的席次分配意義	各省區的相對席次比例多少不影響此觀點結論。	各省區的相對席次比例多少是檢證與結論的處理重點。	各省區的相對席次比例多少是檢證與結論的處理重點。	各省區的相對席次比例多少不影響此觀點結論。

參、理論概念與觀點的重建

一、中央與各省相對權力大小之判準──回到「權力」概念的本質

（一）現有觀點的問題

以上三類分別主張各省或中央權力較大，以及折衷式的觀點，其共同問題在於個別作品都僅僅檢視了特定議題的表象，而未能深入表象內之中央與地方互動本質，然後便按照其所捕捉到的局部現象，得出了中央或地方在整體權力關係上高下強弱的普遍式、全稱式結論。事實上，本文認為，這也是到目前為止，絕大部分中央與地方關係的中英文著述討論二者間孰強孰弱問題時的共同缺陷。因此，雖然限於篇幅，本文無法一一細究這些一般性文獻，但本文有關如何判斷此種權力關係的建議，旨在提供研究中國大陸中央與地方關係的整個領域，而不只是以中委會作為分析焦點者，作為概念上重建之參考。

謝淑麗用來證明政治繼承競爭造成中央有求於地方的，是特殊式經改政策下的放權讓利。然而，吾人不應忽略，其所討論的財政、企業改革中，中央透過個別談判給予優惠，除了有政治意涵外，更重要的是在經濟面上也達到了中央藉由賦予地方經濟誘因，使其投入經改，協助推動中央所追尋的全國改革開放大計的後果。換言之，中央的特殊式政策，其實不正是完成胡耀邦、趙紫陽等領導人自身經濟目標的必要手段嗎？因此，特殊式政策，不僅止於中央討好地方，滿足後者而已，這同樣也是中央為完成本身目標的較佳選擇。

Yumin Sheng 強調中央有能力挑選合乎其喜好的中委候選人，但他忽

略了這些合格候選而後當選的省級領導人，即使是由於中央核可而進入中委會，不過一旦當選，則一方面其作為各省代表，必然在一定程度上要追求該省的特殊利益，不太可能完全順應中央的意志；如果人事任命權，真能徹底轉化為政策影響力，那麼財政分權體制下，中央就不需要與各省進行耗時費事、論斤論兩的一對一談判，而 1994 年分稅制啓動前，也不需要由副總理朱鎔基前往各省，一一談條件，並做出稅收返還的安協了。[4] 另一方面，即使在形式上中央官員在整個改革開放時期，都因為人數比例較多而操控了政治局及中委會的日常運作，但如果不探究其決策的內涵與實質，很難就簡單判定人數比例較高便等同於中央的偏好壓倒地方利益；最明顯的反證是：難道 1980 年代的各種放權讓利政策都完全沒有經過中委會和政治局的討論與議決嗎？

至於 Su 與楊的折衷式觀點，雖然發現中央並不會因為政治繼承競爭，而無法在必要時克服各省在中委會的影響力，但卻也認為中央在平時給那些席次較多的省份較多的資源，仍舊是某種程度上各省能夠左右中央決策的證據。同樣地，Su 與楊既沒有提出證據，也未能在研究概念上先區分：中央的這種決策到底多大程度上，本來就是和地方的偏好重疊的？

（二）如何測量中央與各省的相對權力？行為者間偏好與目標的重合與衝突

上述討論已經多少呈現出，現有觀點因為未能在其各自捕捉的局部現象或問題上，進一步去深究這些現象，是否在本質上「必然」蘊含著中央與各省在偏好與目標上的衝突，所以無論其具體主張是中央或各省孰強孰弱，在邏輯上的說服力都不夠。而權力與偏好及目標間的關係，正是本文

4　關於 1994 年分稅制前中央與各省談判的概要描述，以及採用稅收返還作為安協機制的理由，參見 Chung, 1994: 1-23。

此處所欲論述的重點。「權力」（power）在政治學中最爲經典的定義之一，是學者達爾（Robert Dahl）所說，「某甲如果能使得某乙去做（或不做）某乙原本不會（會）的事，那麼某甲便是對某乙擁有權力」（1957：202）。此一定義，提出了一項可用以觀察及測量權力的概念，其特徵一方面是將觀察測量的重點放在權力所造成的行爲變化上；另一方面，之所以聚焦於甲方改變乙方行爲，正是由於甲乙雙方有其內在偏好與目標上的衝突，來作爲分析的前提條件。如果甲方基於其偏好所期望乙方出現的行爲，本來就是乙方基於同樣偏好所將產生的行爲，那麼甲方是否眞的對於乙方擁有權力，就無法證實了；唯有當二者的偏好並非重合，而是有所衝突時，才能構成觀察權力是否存在的基礎。此外，在這種定義下，甲方的影響限於與該特定偏好及行爲相關的議題內，因此所指涉的是甲乙雙方在該議題上，而非全盤的權力關係。在其他議題上，可能反倒是乙方對於甲方有權力，亦即權力有其作爲行爲者間關係的描述，必須區分各個不同的時間和議題範圍，不同範圍間的權力未必能相互聯結或替換。[5]

必須強調的是，個別研究是否符合此種前提條件，主要關鍵在於行爲者間的偏好有所衝突，是否爲一項具有足夠「確定性」的事實。而所謂足夠的確定性事實，或可用直接證明方式，或可用提供相關資訊進行推斷的方式，來予以建立。前述三種關於中央與各省關係的觀點，主要問題即在於中央與各省間偏好衝突的確定性十分薄弱，反倒是足以推斷其重合的可能性頗高。

此種測量權力的概念，其限制爲在應用時必須是已經進入政策決策程序的議題，如此方能觀察得到外顯行爲的改變與內在偏好的衝突。針對此一限制，巴克拉克（Peter Bachrach）與柏拉茲（Morton S. Baratz）指出，

5　在分析國際關係中權力的本質時，寇漢（Robert O. Keohane）與奈伊（Joseph S. Nye）（2001: 26-28）也指出了此一事實。

權力的存在，不止於此種範疇，還往往表現在甲方能迫使乙方的偏好、目標以及關切之議題，根本無法進入議程，形成決策程序，或是在政策執行階段無疾而終（Bachrach and Baratz, 1962; 蕭全政，1986）。此種控制決策議程的「非決策」（non-decisionmaking）之面向，常常難以觀察到行為者間的偏好衝突與行為改變，但卻構成甲方對乙方權力的重要來源。除了這種壓制對手表達偏好的層面之外，權力還有另一個層面，便是甲方可以透過控制社會的制度、規範等，塑造政治與社會秩序，根本地去主導乙方價值與目標之形成，使其切合甲方的偏好與利益，也使乙方完全無從察覺其真正的利益遭到壓制（郭秋永，2004：40）。上述這兩種權力概念的層面，被路克斯（Steven Lukes）（1974: 15-25）稱為權力的第二種與第三種面貌。無疑地，達爾的權力觀點，必須加上此二層面，才能構成較為周延的整體性概念。

衡諸 Sheng 與薄智躍認為中央權力大於各省的論證，儘管其只討論了現象，而未從理論概念上說明為何這就代表了中央權力較大，但顯然其內在邏輯，十分接近權力的第二與第三種面貌。然而，從實證研究的角度來看，他們遇到的困難在於，較難提出系統性的論據，來顯示到底在多大程度上，中央對於政治局以及中委會的控制，以及建立起由省級領導到中央領導的仕途發展型態，的確造成非決策的影響，以及宰制了各省領導的價值觀。本文的實證分析，也將暫不處理第二與第三種面向，只以行為者間的偏好不同與行為改變，來觀察相對權力大小。

基於本節的討論，本文在如何從理論概念上，針對中央與各省之間相對權力大小來建立有效判準，提出下列命題，此觀點將作為本文實證分析的第一個前提：

命題一：中央與各省之間的相對權力大小，必須以特定時間與議題領域為範圍，首先確定在該時間與議題內，二者間本來存在偏

好或目標的不同，而後再以其中某方是否產生行爲改變，作爲判
斷標準。

　　因此，探討中國大陸中央與各省相對權力大小，也必須立基於此一原
則上，而在實際操作上，如果無法直接證明二者眞正的內在目標與偏好爲
何，則至少應從既有的經驗或文獻上，提供相當程度的資訊，足以推定其
間究竟是重合抑或衝突的程度相對較大。

二、政治繼承競爭與垂直面向的相對權力

　　依照命題一，謝淑麗所談的政治繼承競爭邏輯，很難證明等同於各省
權力大於中央，而關鍵就在於中央對於所有省級行政區，都採取以放權讓
利爲內涵，以一對一議價談判爲形式的經改政策時，與謝的論證中所討論
的角逐政治繼承領導者之目標，重合性大於歧異性。謝所引爲實例的三個
領導者——胡耀邦、趙紫陽、李鵬，前二人傾向改革派，而李則明顯傾向
保守派。胡與趙的討好各省，無法在邏輯上確認是因爲政治繼承，或因爲
謝淑麗所謂的中央與地方領導間之「互惠式求責」（reciprocal accountabi-
lity）所導致。如果說眞要有因爲政治繼承競爭的結構性原因，而改變中央
決策者本有的偏好，看得出有所謂地方權力大於中央，那麼也只限於從
1988 年才開始具有角逐繼承身分的李鵬。然而，1989 年天安門事件後直到
1992 年鄧小平南巡前，李鵬又成爲重回保守路線、使經改倒退的重要推手
（Fewsmith, 2001: 23-24）。所以，循著命題一的推演，此處再提出以下命
題，釐清現有文獻關於政治繼承競爭和中央地方相對權力的看法，並作爲
本文實證分析的第二項前提：

　　**命題二：中共政治繼承競爭的結構性問題，有助於強化中央領導
　　人在制定經改政策上，向各省放權讓利，以及避免政策重分配效
　　果的既有偏好，但並非決定此種政策型態的必要條件。因此，就**

理論邏輯而言，政治繼承競爭無法推導出中央與各省相對權力孰
大孰小的必然結論。

三、中央與各省相對權力中垂直面向與水平面向的關係

本文在概念與實證上，都將各省在中委會席次的意義和作用，作為討
論重點。在理論概念上，如前所言，楊大利是由政治繼承競爭觀點，來推
演出席次多少的權力意義，開啟了水平層面上各省相對席次與相對資源利
得之分析。然而，依循命題二的邏輯，繼承競爭的存在，本來就無法推得
各省權力大於中央，所以，關於席次的推論，其實在前提上便有其缺陷；
正因為繼承競爭影響中央與地方相對權力的前提並不存在，所以吾人無法
推導出某省席次愈多，便愈有較多權力，愈能改變中央在資源分配上的原
有偏好。況且，謝淑麗原有的理論中，各省是被當作一個在中委會中的整
體投票集團來處理，中央領導人在中委會內，重點是討好整個地方系統，
而非關注哪些省因為席次較多，就必須加重其利益分配。退一步來說，即
使只看命題二中所說政治繼承競爭強化中央領導既有偏好的效果，那麼此
種效果也只體現於對於全體省級領導人，而不反映在中央對各省的區別性
待遇上。尤其，將謝淑麗的觀點推論到水平層面時，立即產生了一個與謝
的原有理論相互矛盾之處：如果是因為政治繼承競爭的理由而對各省的資
源分配刻意區分輕重的做法，那便恰好形成了政策上的重分配──中央藉
由對稀有資源的第二次分配權，調整了各省之間的相對獲益，造成某些省
成為淨利得，某些省成為淨損失，而重分配正是謝淑麗認為中央極力避免
的政策後果。

除了這個根本性問題之外，在研究方法上，其依變項所使用的所謂「財
政收益」（fiscal benefits）概念，並不能真正反映中央對各省的財政資源挹
注（徐斯勤，2004：67-68）。至於其使用 1987 年僅僅單一年份的數據，

也存在有樣本代表性不足的問題。同樣地，Su 與楊的統計分析，雖然在研究方法設計上較爲縝密，具有一定的參考作用，但其根據中委會席次在特殊政治經濟環境的年份不具影響，從而否定政治繼承競爭理論的說法，也犯了與不存在的推論前提去對話的謬誤，而將垂直層面與水平層面現象中不連續的部分，更加混淆糾結了。

綜合來說，此處的結論爲：

命題三：水平面向上的各省中委會席次分配，無法經由政治繼承競爭的邏輯，來衍伸出垂直面向上中央與各省相對權力的推論。

Su 與楊除了邏輯缺陷外，其檢驗的方法，也值得討論。其所謂特殊政治經濟環境，其中包括了週期性通貨膨脹嚴重時期。如前所言，他們認爲此種時期，應該如同政治動盪以及政治繼承發生時一般，是中央特別需要地方支持的時候，所以中委會席次愈多的省，應會在此時愈能取得較多資源。然而，本文認爲，此一觀點，是誤解了通膨問題上中央與地方的互動本質。事實上，通膨問題，正是符合命題一當中，中央與各省間目標衝突，以及因而產生行爲改變的典型例證。

如何控制處理通貨膨脹，可說是中國大陸改革開放以來總體經濟的核心問題之一。較有系統地分析中央與各省在此問題上互動的當屬黃亞生（Yasheng Huang）的著作。雖然他並未觸及通膨問題所蘊含的中央地方相對權力關係，但其關於兩者間如何互動的說明，已然點出了大致的輪廓；在社會主義經濟體制下，由於特定的宏觀與微觀經濟條件，使得各省以及省以下的地方政府爲追尋當地經濟成長，所紛紛競相加碼的投資行爲，往往引起總體經濟需求遠超過總體供給，因而導致全國性的通膨。而中央政府的目標，則爲致力於維持總體經濟穩定，遏制通膨。此時，中央與地方的互動，形成一個典型的公共財（或集體行動）供給與搭便車（free-riding）行爲之間的衝突。中央所追求的總經穩定，實際上是所有各地方經濟

達到長期成長的必要條件。然而，個別的地方政府，一方面需要總體經濟穩定，另一方面卻又為了透過投資手段，以本身轄區內相關經濟數據（例如總產值、就業率、資產增加量等）來證明成長的政績，所以過度投資反而對於總經穩定帶來負面影響（Huang, 1996: 10-20）。

顯然，通膨問題乃是在改革開放以來，不斷以週期型態出現，而本質始終不脫公共財與搭便車之間相互扞格的結構性現象。在通膨問題嚴重，需要中央進行壓制調整時，才發生黃亞生所謂的投資政策衝突。既有的事實以及無數相關研究，都足以直接證明在此種時期，中央與地方之間偏好與目標的歧異乃是必然的，而非僅止於有可能而已。另一方面，中央能否控制通膨，關鍵在於能否用經濟手段，有效壓縮撙節各省取得各種投資相關資源，以及運用行政手段，迫使地方政府縮減投資項目與規模（Huang, 1996: 158-175）。換言之，也就是體現於通膨時期中央使得地方政府行為有所改變，符合命題一的相對權力測量判準。基於此點，本文將在第五部分的實證分析中，探討中央與各省相對權力時，以通膨控制作為探討的問題。

至於 Su 與楊的特殊環境時期內，政治動盪與政治繼承發生的部分，都不必然（甚至也往往不可能）產生中央與各省間基本目標的衝突，所以將不列入本文實證分析的特定考量因素。

根據上述討論，可得到中央與地方相對權力的另一項分析前提：

命題四：中國大陸由於地方投資過度所帶動的通貨膨脹問題嚴重，而中央必須干預控制時，互動的本質並非因為中央需要與期待地方配合，使得地方展現權力，反而是因為二者間的偏好與目標有難以調和的結構性衝突，所以使得中央必須運用權力，試圖改變地方的投資行為，或說是地方試圖展現權力來對抗中央的政策目標。

在討論過通膨高峰時期的權力意涵後，一個相關的問題也立即浮現：

當平時中央不需要針對各省之投資活動，進行較多干預與控制時，二者的關係又為何？本文認為，此時中央與各省在投資政策領域內恰巧與通膨高峰時期相反，二者間的偏好同質性遠多於異質性，因此整體格局是中央在不改變其既有目標，保持基本自主性之下，同時考量各省透過像中委會、政治局等主要決策組織中各自爭取投資資源的利益代表活動，進行資源分配。在這種理解下，當非通膨高峰時期，各省在中委會的席次，主要扮演著地方利益代表，來與他省進行競爭的角色，而不涉及各省是否壓倒或屈從於中央。換言之，平時中委會席次比例對於中央分配決策的影響，本質上是水平層面（各省彼此之間），而無關於垂直層面（各省和中央之間）的相對權力大小。換言之，Su 與楊將中央自主模式與制度性利益模式先作為兩組相互敵對的假說（rival hypotheses），並認為經驗證據支持了後者，也就否證了前者的看法，其實是理論概念上的又一項謬誤，支持後者只顯示了水平面而非垂直面的權力大小，所以既無法支持也無法否定前者。綜合上述關於非通膨高峰期的討論，形成本文所要檢驗的第一項假說（hypothesis）：

假說一：在通貨膨脹問題未達高峰，中央無須干預控制，與各省之間並無明顯的垂直型權力對抗時，各省在中央委員會與政治局等核心決策組織中的席次愈多，其代表該省利益的功能愈強，愈能在與其他省份的水平型權力競爭中，爭取到較多的投資資源。

而當吾人將各省在中委會席次扮演著代表地方利益角色之觀點，應用在命題四所談的中央運用權力來改變地方行為時，才產生水平與垂直面向相互結合的邏輯：在通膨高峰期，中央與各省處於明確的垂直性權力對抗下，如果各省的中委會席次愈能捍衛其地方利益，反抗中央對於投資資源的限縮，則各省相對於中央的權力愈大。反之，若席次的多少，無法在反抗中央撙節政策上發揮明顯作用，則中央相對於各省的權力愈大。此處的分析，乃形成本文所要檢驗的第二項假說：

假說二：在通貨膨脹問題嚴重，中央必須進行干預控制，而與各省之間產生明顯的垂直型權力對抗時，如果各省在中央委員會與政治局等核心決策組織中的席次愈多者，愈能獲取更多投資資源以及反抗中央的撙節政策，則表示各省權力大於中央。如果中委會席次多少與對抗中央政策的有效程度並無顯著正相關，則表示中央權力大於各省。

肆、研究方法的重建

一、水平性與垂直性權力競爭應配合投資之不同來源進行檢驗

（一）以投資來源而非投資主體觀察中央主導的資源分配

　　在檢驗中央如何分配以及各省如何爭取投資的資源時，將這些資源作為依變項，有一個重要的邏輯前提：這些資源必須大致上是透過中央的決策組織與過程（其中容納了各省之利益代表）來主導其如何分配，而非由省級政府各自單獨主導。如此，才能顯現出水平層面上各省共同參與中央分配決策時的權力競逐，爭取有限資源的結果。按照這項前提，檢視現有文獻，會發現在研究方法與設計上，並未能在合理的程度上滿足此項前提。以 Su 與楊的著作為例，如前所言，其依變項是各省國有經濟部門每年在固定資產投資中用於基本建設投資的資金佔全國之比重。顯然，其所以挑選國有部門（主要是國有企業），乃是基於大部分國有企業比起集體企業或私營企業，相對上受到中央政府扶持較深（Xiao, 1994: 135-152），因而認為其投資反映出中央政府主導下的資源分配型態。事實上，他們這種做

法，並不是例外，西方學者以這種指標來測量投資領域中的中央分配行為，已經是最為廣泛採用的一種常態。[6]

　　但是，國有企業畢竟並非完全就是中央企業，就其產權歸屬而言，傳統的國企還有極大比例是省屬、縣屬。[7]最重要的是，現有文獻都忽略了一項關鍵性的事實：按照投資的資金來源（投資的客體）區分，而非按照哪種經濟或行政實體（投資的主體）區分，才能更有效地辨別中央主導與地方主導的投資。在固定資產投資的資金來源當中，主要包括了預算內撥款、銀行貸款、自籌資金、國外投資、債券、其他種類資金這幾個類別。無論是固定資產投資內的基本建設或技術更新改造，無論是國有企業或非國有企業，也無論是屬於中央或省或縣的國有企業，都各自包含了這些來源。[8]

（二）投資來源的不同屬性決定其適用時期

　　上述資金來源中的前四項，在比例上佔了絕大部分，後兩項重要性較低。而這四項中的前三項都各自分別帶有明顯的傾向由中央或由地方支配主導的不同屬性。茲分述如下：

　　1. 預算內撥款：主要由各級財政部門先是協調計畫委員會系統，然後隨著計畫經濟體制逐步過渡轉型的過程，變為協調發展計畫委員會系統，再到目前的發展改革委員會系統，[9]透過從中央到各省再到

6　例如，Naughton, 1987: 62-85; Kim, 1994: 73-91。

7　此種產權區分以及不屬於中央所有的國企所佔比例，可參見歷年的《中國統計年鑑》。

8　這是中國大陸由全國到地方的所有統計年鑑，歷年來始終一貫採用的分類法。這其中由於中國大陸統計體系裡偶或出現的統計口徑不完全一致，所以在某些年份或某些地區的統計資料中，「債券」與「其他資金」兩項，有時未被列出，而其他四項則都會出現。

9　配合中國大陸計畫經濟體制的轉型而逐步推進的政府機構改革過程中，國家計畫委員會先在 1998 年經過職能調整與更名，成為國家發展計畫委員會，而後在 2003 年再成為國家發展改革委員會。

各縣市的切塊方式或其他控管口徑，將財政資金透過預算方式挹注於投資項目（財政部預算編制課題組，2000：129-133）。

2. 銀行貸款：中國大陸的銀行體系，在所有經濟部門中，屬於脫離政府控制相對較慢也較小者。其由最早的完全由國家擁有以及爲計畫經濟體制服務，到逐漸改革成爲國有商業銀行，而後民營銀行（股份制商業銀行）、城市商業銀行與外資銀行也次第出現，但至今仍舊由國有商業銀行作爲銀行體系的主體。[10] 而改革開放時期的銀行貸款發放，首先是沿襲了計畫經濟時期，由人民銀行（人行）與四大專業銀行透過信貸計畫，由中央逐級往下切塊分配信貸配額的做法。但在此種由人行總行將貸款規模分配給各省與地方分支行，再由這些分支行分配給同級的四大專業銀行分支行過程中，各省與地方政府卻藉由條塊關係中的行政領導權力，對於各地分支行的貸款規模與對象進行干預，這乃是普及全國的現象。及至 1993 年，朱鎔基以副總理兼任人行行長，將信貸計畫分配方式改爲由人行直接劃給各專業銀行總行，進一步實行權力集中，防杜地方干預。而後，從 1998 年 1 月起，人行按照 1995 年通過的商業銀行法，要求四大國有商業銀行均開始實行資產負債比例管理，亦即將貸款與存款比例控制在一定範圍的存貸比政策。同時，並停止下達信貸規模指標，亦即不再使用信貸計畫控管。而 1998 年底，人行更進而成立九大跨省區的分行，以及有直接掌理各地方分行人事功能的中央金融工作委員會，增加了一重防止各省政府干預的保護機制。[11] 綜合來說，此種演進過程，顯示一方面銀行貸款主要是中央在主導

---

[10] 例如，在 2004 年，國有商業銀行與國家主控的政策銀行，其總資產規模佔整個金融機構系統的 62%（李揚（編），2004：28）。

[11] 關於中央這些如何逐步加強其對銀行體系的控制，降低地方干預的措施演進，參見陶儀芬，2002：235-262。

其如何分配的規劃，在此一政策制定的階段，中央的決策過程無可避免地如同其他資源分配一般，必須納入各省之利益代表訴求。另一方面，當信貸計畫或是存貸款比管理指標確定後，則進入政策執行階段，此時地方政府的誘因是在中央制定的指標外爭取更多銀行貸款，當通膨嚴重時，此種中央地方之間的目標衝突也更為明顯。

3. 自籌資金：在內涵上有幾個特徵：（1）主要是地方政府而非中央政府的收入與資金；（2）性質上屬於所謂「體制外資金」，亦即未經中央政府授權且不受財經制度加以規範（Zhang, 1999: 124-125）；（3）主要來自像是非銀行之金融機構（non-bank financial institutions, NBFI）以及「場外證券市場」（curb market）等所謂「非正式金融管道」（informal finance）（Tsai, 2004: 1-26）。顯然，自籌資金幾乎完全不受中央政府的直接管制，也因此而成為在通膨高峰時期，地方政府用以擴大固定資產投資規模，繞過中央控制的主要工具。

綜合上述三種資金來源的討論，可知預算撥款由中央（地方）主導支配的程度相對最高（低），銀行貸款次之，自籌資金由中央（地方）主導程度最低（高）。而現有文獻不管是看地方上的國有企業或是全體企業，也不管是看基本建設或整體固定資產投資，都把這三種屬性不同，在邏輯上也無法合併檢驗的來源混同在一起。例如，Su 與楊檢證各省中委會席次如何左右中央分配決策時，其實是將幾乎不受中央影響的自籌資金也納入了其中，由於自籌資金的比重十分可觀，[12] 而 Su 與楊的模型中，每省每年又只有一個將四種資金來源加總後的總比例指標，所以此種估計的誤差，

---

[12] 自籌資金與銀行貸款，乃是外國投資之外，最重要的固定資產投資來源。如果將此二者做比較，則各省共同呈現出的大致趨勢為，1992 年以後，自籌資金相對於銀行貸款的比重，不斷持續升高。

顯然會十分嚴重。基於前述三種來源的不同屬性，合理的結論是，它們分別各自適用於處理不同權力面向與不同時期的假說一或假說二。總結此處有關投資來源特性的辨析，可得到三項分析命題如下：

命題五：檢驗各省在中央的核心權力組織中，如何影響有關投資資源分配的決策過程時，建構依變項的重點應置於投資的客體（資金來源），而非投資的主體（例如企業的特定類型）。其理由為資金來源種類而非投資主體種類，方有助於區分哪些資源主要由中央抑或地方主導分配。選擇任何單一投資主體，都會將中央與地方的主導作用相互混淆，而不適於建構依變項。

命題六：在固定資產投資的主要來源中，預算撥款由中央（地方）主導支配的程度相對最高（低），銀行貸款次之，自籌資金由中央（地方）主導程度最低（高）。因此，當檢證假說一，觀察通膨未達高峰的平常時期，各省之間的水平型權力競爭時，其依變項應為固定資產投資中的預算撥款以及銀行貸款，而不包括自籌資金。

命題七：當檢證假說二，觀察通膨問題嚴重，中央與各省之間產生明顯的垂直型權力對抗時，其依變項應為固定資產投資中的自籌資金以及銀行貸款，而不包括預算內撥款。

二、國外投資與優惠政策無法適用於時間序列分析

固定資產中的國外投資，涉及到另一種分析上的問題，不同於上列三者。Su 與楊的分析中，也將國外投資與其他來源一起計算在總比例中，而其理由為：在改革開放過程中，中央在資源分配上最重要的工具之一是優惠政策。而優惠政策往往是影響地區性經濟發展程度的決定性因素，地區

性經濟發展水準又決定了各種投資來源（包括外資、銀行貸款與自籌資金）的多少，所以外資看似操縱在外商手中，但其實卻是間接測量中央資源分配政策的重要指標。

　　這種觀點，本身並沒有邏輯上的問題，但卻存在著應用於時間序列分析上的操作問題。以 Su 與楊的著作為例，從 1978 年到 1994 年這段長達 17 年的期間，依變項之某省在某年的外資與其他資金來源，其所反映出的中央優惠政策效用部分，在統計模型中是要看受到自變項之該省在該年的中委會席次多少的影響。然而，問題在於，當中央給予某省或地區優惠政策時，很少是每年都持續給予在該年才產生的新優惠政策，而是在某年給予該省某種優惠政策後，便在制度上持續有效而不會中途撤回，並在經濟上持續發揮招商引資的作用。因此，當某省某年已經啟動中央給予的優惠政策後，接下來的那些年中間，每年所造成的在投資來源上的成長，其實並不是統計模型所顯示的該省在那些年間每年中委會席次之影響，而是政策啟動年的中委會席次與優惠政策之影響。[13] 換言之，優惠政策在長時期的時間序列分析中，只能用於測量啟動年的單一年份效果，而無法測量序列中每一年各自獨立的效果。準此，固定資產投資的所有來源，無法在時間序列分析中用來觀察它們受到優惠政策影響而帶來的成長。但是，前面

---

[13] 例如，1980 年中央給予廣東省建立深圳經濟特區的優惠政策，因而帶來深圳與廣東在投資來源上的顯著上升。此時，1980 年的投資成長，有其來自特區優惠政策的部分，而這部分在統計模型中在一定程度上是由自變項的廣東省 1980 年中委會席次所解釋。從 1981 年開始，每年的投資成長，仍然有因為 1980 年的特區優惠政策而造成的部分，然而 1981 年（以及往後任何一年）的這部分效果，所被自變項解釋的部分，實際上卻還是 1980 年的廣東省中委會席次，而不是統計模型所說的 1981 年的該省中委會席次。從邏輯上來說，如果建立深圳經濟特區後，有足夠的證據顯示中央隨時有半途撤銷的可能，那麼廣東省在 1981 年起每年的中委會席次，還勉強可以說是發揮了阻止中央進行撤銷的作用。然而改革開放以來的實際情形，說明了並不存在足夠的可能性，支持中央會撤銷的這個假設。

討論的預算撥款、銀行貸款、自籌資金，除了優惠政策的這種「間接效果」層面外，主要還顯示中央或是地方「直接」主導支配的作用，因此可以作爲依變項。而外資就不然了，外資是由國外行爲者主導支配的。依此，可得命題如下：

> **命題八**：外資作爲固定資產投資的一項資金來源，由於本身無法顯示由中央或由地方主導的直接分配效果，而其所能顯示的透過優惠政策帶來的間接分配效果，又不適用於時間序列分析，所以不應被納入作爲測量中委會席次影響的統計模型中之依變項。

三、小結

根據上述各種不同的固定資產投資來源屬性，及其是否與如何適用於以投資分配來觀察中央與各省相對權力關係的分析，可綜合整理如表 7-2 所列。

表 7-2　四種主要固定資產投資來源的適用性比較

適用特徵 ＼ 固定資產投資來源	預算撥款	銀行貸款	自籌資金	外商投資
在直接分配層面，由國內或國外行爲者主導？	國內	國內	國內	國外
在國內直接分配上，由中央或各省主導？	受到中央主導程度相對最高	受到中央與各省影響程度相對居中	受到各省主導程度相對最高	不受中央與各省影響
是否受到中央的間接分配（地區性優惠政策）效果影響？	有些微影響	明顯	高度明顯	高度明顯

固定資產投資來源 適用特徵	預算撥款	銀行貸款	自籌資金	外商投資
中央的間接分配（地區性優惠政策）是否適用於時間序列統計模型來分析中央與各省權力關係？	否	否	否	否
能否由直接分配或間接分配效果納入統計分析？	可觀察其作為依變項時的直接分配效果	可觀察其作為依變項時的直接分配效果	可觀察其作為依變項時的直接分配效果	由直接或間接分配效果，均無法作為依變項
適用於假說一（水平層面權力競爭關係）或假說二（垂直層面權力競爭關係）之分析？	假說一	假說一 假說二	假說二	不適用

四、如何計算各省在中央決策過程中的影響力

在驗證假說一與假說二時，如何測量各省在中央決策過程內發揮的影響力，是研究方法上設計自變項的部分。在此有兩個面向的問題值得探討。

（一）各省在中央決策組織中的影響力

如同本文導論所言，基於中共中委會在中共菁英政治組織建制層面代表性，因此本文以中委會作為討論的出發點。另一方面，Sheng 已經具體說明，當觀察中委會在中共中央的日常決策機制中扮演的角色時，無法脫離政治局在組成與運作上的重要影響。因此，本文在實證分析的統計模型中，會同時考量各省在中委會與政治局中的席次。至於政治局常委會，雖然是最重要的中央決策機構，但由於常委會在本質上就不是表達地方利益

的制度設計，各省在其中一向沒有席次，所以不在本文研究範圍內。

　　當同時考量政治局與中委會的席次時，有兩個問題立即浮現：應將各省在兩者中的正式委員與候補委員都納入計算，還是只考慮前者？在此二機構中的席次所發揮的影響力，應採取何種量化標準──兩者中每席的影響力約略相等，或呈現何種形式的不對等關係？關於第一個問題，現有文獻對於是否計入候補委員席次，各有理由。贊成計入中委會候補委員者（Sheng, 2005; Bo, 2004: 223-256），與中共黨政制度中至少兩項事實有關：中委會正式及候補委員的黨齡要求（五年）以及產生方式（由全國黨大會選出）均相同，以及一旦中委出缺則由候補委員按順序接替。不計入者（Su and Yang, 2000; Li and White, 1998），其最主要理由在於，候補委員在中委會的事務議決上並無投票權。而在政治局方面，由於改革開放以來的十二屆到十六屆之候補委員大多不到三人，其數量上的稀少使其地位相對不容忽視，此為應予計入理由，而不應計入之理由則與中委會相同。

　　本文認為，是否應計入候補委員，端視特定實證研究之目的為何。如果目的在於儘量描繪菁英政治的完整全貌，或是中央與地方之間的菁英垂直流動，則候補委員不應遺漏。如果目的在於檢視帶有權威性資源分配的決策過程，那麼在此過程中有無實質影響力，乃是主要判斷標準，如此投票權上的區別，將在正式與候補委員之間，至少先造成有或無影響力的分野。因為本文所觀察之政策議題為固定資產投資在中央之資源分配，所以中委會與政治局的候補委員席次均不予計入。Su 與楊同樣討論投資資源分配，但卻將候補委員也列入，且影響力達到正式委員的一半，基本上忽視了有無投票權所帶來的重大差異。

　　關於第二個問題，目前有兩種計算方式。英文文獻中，薄智躍（2004: 231）採用等差法，他按照個別職位的重要性，將政治局常委會委員、政治局委員、政治局候補委員、中委會委員、中委會候補委員，分別給予 5、

4、3、2、1 的影響力指數。此外，Su 與楊分別給予政治局正式與候補委員 2 與 1 的指數值，也屬此類。相對的，中文文獻中，王嘉州（2004：159）採取比例法，以三種機構中的人數比例為原則。由於從中共十二大到十六大，整體上大約八到十位中央委員中產生一位政治局委員，大約二到四位政治局委員中產生一位政治局常委，所以將中委、政治局委員、常委的指數定為 1：9：27。

　　等差法雖然符合三種機構間彼此間相對重要性的順序，而且簡單易懂，但指數值的決定完全缺乏客觀標準。依照此看法，則兩位政治局委員的影響力，便大於一位政治局常委，而兩位中央委員便和一位政治局委員有同樣影響力，這與吾人對於中共菁英政治的一般性理解，有頗大的出入。而比例法則在決定指數值方面，至少有其客觀根據，所以比例的原則值得採用。不過，機械式地只以不同機構間的人數比例作為計算參考，在邏輯上仍存在著可以更嚴謹的空間。本文認為，既然計算正式而非候補委員席次的意義在於有無投票權，那麼便應該考量決策機制中票數的作用。表 7-3 列出了改革開放至今，由十二大到十六大的中委會與政治局正式委員人數。根據表 7-3，本文推論每席的影響力指數如下：

1. 本文以絕對多數決作為假設，在表 7-3 中可計算出各屆中委會與政治局在進行絕對多數決時，所需要的過半數席次。

2. 以十四大為例，同樣的一個政策決議，在中委會中過半數則需要 93 票，而在政治局中過半數則需要 11 票。

3. 因此，從透過投票機制進行決策的角度來看，政治局的每席，其價值或影響力，等於中委會每席的 8.45 倍（$93 \div 11 \fallingdotseq 8.45$）。每屆的過半數票比例不同，因此每屆中委會與政治局每席的相對價值當然也不同。每屆的不同比例，列於表 7-3 中，並將反映在稍後統計分析的席次指數值輸入過程中。

表 7-3　中共由十二大到十六大正式中央委員與政治局正式委員人數與影響
　　　　力指數

	十二大	十三大	十四大	十五大	十六大
中央委員會正式委員人數	210	175	185	193	198
政治局正式委員人數	25	17	20	22	24
中委會過半數票	106	88	93	97	100
政治局過半數票	13	9	11	12	13
單一正式中央委員與單一政治局正式委員影響力之比例	1：8.15	1：9.78	1：8.45	1：8.08	1：7.69

（二）如何辨認中委會與政治局委員所代表的利益

　　現有文獻，對於各省之省委書記或省長，究竟在中委會或政治局中代表哪些地區的利益，最被普遍接受的觀點，乃是由其現任職位所決定，幾乎沒有涉及此問題的著作不將現職地作為首要考量。[14] 無疑地，除了其任職的省區內必然產生需求與壓力，促使其不可能不代表該地的利益之外，其為該地爭取利益的成敗，也將決定其本人政績表現之良窳，因而影響其仕途升遷。

　　除現職地因素外，本文認為，應在地區層面加入出生地（籍貫地）的因素。出生地因素，一向是討論中共菁英政治文獻中，觀察非正式政治網絡形成的主要基礎之一。必須指出，政治網絡內的人際間同鄉關係，本質上是由同一個地理區域根源，所衍生出來的彼此間認同與利益交換關係。如果在這種衍生層次上都產生了利益合作，那麼作為根源層次的地理區域本身，當然不可能不受惠於本地出生領導所帶來的額外利益。而這也是何

---

[14] 與本文討論的中委會成員所代表之地區利益問題有關之著作，也莫不如此。例如 Shirk, 1993; Su and Yang, 2000; Shih, 2004: 3-19。

以從鄧小平到江澤民，都不忘在特定條件或時機下，給予其出生省份一定
程度照顧的原因。[15]

　　另一方面，吾人也不能忽視，當決策議題涉及有限資源的分配時，則
在政治局與中委會內對於出生地的利益照顧，必然在某種程度上與對於現
職地的照顧有零和性的競爭關係。所以，此二種利益代表動機，在正式委
員個人所願意與能夠發揮的影響力上，差距應該十分明顯；代表現職地的
強度，必然遠超過照顧出生地的強度。基於此種理由，本文作為一種初次
嘗試將兩種方式同時計算的分析，將兩種利益代表的影響力，其比例設定
為 10（代表現職地強度）：1（代表出生地強度）。此種初步設定，將有
待日後更進一步的研究再予以精確修正。

伍、實證分析

　　這一部分以本文所要驗證的假說一與假說二為中心，來建構統計迴歸
模型進行實證資料的分析。而統計模型的基礎，則是本文前述的理論概念
以及研究方法之重建。本文實證分析所涵蓋的範圍，是由十四大之後的
1993 年，到十六大以後的 2004 年。之所以選擇這段期間，而非由十二大
之後的 1983 年開始，主要是前述的 Su 與楊的著作，已經涵蓋了 1978 年
到 1994 年。當然，本文經過理論概念與研究方法的重建之後，已經和 Su

---

[15] 江澤民在其掌權之十四大到十六大的十年間，在高層政治菁英中所逐漸形成的所謂
「上海幫」，除了出生於上海或職務經歷來自上海者外，另一個重要基礎則是同樣
與江澤民出生於江蘇省，或職務經歷來自該省之幹部。由於此一因素，江蘇也被認
為是如同上海般，具有凝聚這些幹部之作用，而格外受到重視。參見 Fewsmith,
2001: 89-93; Pye, 2002: 211-215。同樣地，鄧小平在 1987 年十三大之前，以其家鄉
四川省具有特殊地位為理由，要求四川省應在政治局中也有一個代表。參見高新，
1999：278。

與楊的分析，具有極不相同的性質。就算本文仍舊包括彼等研究的時間，也絕對不是重複，而是由於彼等有概念與方法上的缺失，無法反映當時的事實，因此本文來探究那段時間內水平與垂直權力關係的真實狀況為何。不過，儘管如此，本文並不擬如此做，而仍將基於目前尚無著作探討十四大之後情況的理由，只檢證 1993 年之後的數據。

一、 統計模型一

為了驗證假說一，將統計迴歸模型一建構如下：

$$\text{FAIBGLN}_t = 1_1 \times \text{CCPB}_{t-1} + a_2 \times \text{GDP}_{t-1} + a_3 \times \text{GDPPC}_{t-1} + a_4 \times \text{GRFR}_{t-1} + a_5 \times \text{GRGDPPC}_{t-1} + a_6 \times \text{GRPS}_{t-1} + a_7 \times \text{IEE}_{t-1}$$

此模型的一個主要特徵，在於某年的依變項（獲得中央在固定資產投資上的分配）結果，乃是前一年（而非當年）各自變項綜合影響造成，這也是現有文獻所忽略之處。現有文獻在進行統計迴歸時，多半將某年的資源分配，歸因於當年的政治因素（Su and Yang, 2000; Shih, 2004）。然而，檢視本文前述有關各種投資來源如何受到中央或地方主導的討論時，不難發現預算撥款的制定，以及銀行貸款在信貸計畫上或是存貸比的決定方面，其實都是年度開始前就已經定案了。所以如果各省區在中央的利益代表能發揮其影響力，以及各省區的經濟與社會條件左右分配的考量，那麼當然是前一年而非當年的狀況才是有效的因素。

模型中關於各變項的說明如下：

1. FAIBGLN_t：作為依變項，是指某省區某年之固定資產投資中，來自預算撥款與銀行貸款的總和，在全國各省區該年固定資產投資中來自此二來源之加總金額當中，所佔的比例。

2. CCPB_{t-1}：主要觀察的自變項，是指某省區在前一年，於中央委員

會以及政治局中，所具有的影響力指數。吾人的預期是，此指數與依變項爲正相關。綜合前述研究方法重建部分的討論，每個省區在前一年的影響力指數，乃是下列四項指數的總和：

（1）現職地在該省區，而同時是政治局正式委員的官員，每一位這樣的官員，都會給該省區帶來下列影響力的增加：10 ×（表 7-3 中的比例數字）。例如，1993 年時，時任山東省省委書記的姜春雲，同時是第十四屆政治局委員，所以參考表 7-3，其給山東在 1993 年資源分配所得帶來的影響力爲：10 × 8.45 = 84.5。

（2）出生地在該省區，但現職地不在該省區，而同時是政治局正式委員的官員，每一位這樣的官員，都會給該省區帶來下列影響力的增加：1 ×（表 7-3 中的比例數字）。例如，1993 年的北京市市委書記陳希同，其出生地爲四川，因此其給四川省在 1993 年帶來的影響力爲：1 × 8.45 = 8.45。

（3）現職地在該省區，而同時是正式中央委員的官員，每一位這樣的官員，都會給該省區帶來下列影響力的增加：10 × 1 = 10。例如，1993 年時任山東省省長的趙志浩，同時是正式中央委員，所以他給山東省在 1993 年所獲得資源分配上帶來的影響力爲：10 × 1 = 10。

（4）出生地在該省區，但現職地不在該省區，而同時是正式中央委員的官員，每一位這樣的官員，都會給該省區帶來下列影響力的增加：1 × 1 = 1。例如，1993 年的天津市市委書記的高德占，其出生地爲山東，當時也是中央委員，其給山東省在 1993 年帶來的影響力爲：1 × 1 = 1。

這些影響力來源，綜合反映在一個省區上，可用 1993 年的山

東省爲例。當時該省除了沒有來自上述第（2）項來源的影響力外，來自其他三項來源者如同上述，因此四項加總後，1993 年產生，而反映在 1984 年山東獲得資源分配（FAIBGLN$_{1987}$）的政治影響力指數（CCPB$_{1986}$），其值爲：$84.5 + 10 + 1 = 95.5$。

3. GDP$_{t-1}$：控制變項，是指某省區前一年的國內生產總值。此一變項之必要性，在於反映分配決策時的經濟理性。分配投資資源時，必然受到各省區整體經濟規模大小的影響，一個省區的經濟規模愈大，愈有助於爭取到更多的預算撥款與銀行貸款，使其所佔比例愈高。

4. GDPPC$_{t-1}$：控制變項，指某省區前一年的人均國內生產總值。此一變項所反映的是分配資源時的在經濟上考量的該省經濟發展水準。水準愈高的省區，吾人預期愈有可能爭取到更多資源。

5. GRFR$_{t-1}$：控制變項，指某省區前一年財政收入比起再往前一年的成長率。此一變項的理由，在於把注多少投資，往往也要看地方政府的財政表現；如果此一成長率較高，則表示每單位投資將給財政收益帶來較高的增長，也值得投下較多資源。

6. GRGDPPC$_{t-1}$：控制變項，指某省區前一年人均國內生產總值比起再往前一年的成長率。此一變項所反映的是分配資源時的另一項經濟考量：總體經濟成長愈快的省區，愈有可能爭取到更多資源。

7. GRPS$_{t-1}$：控制變項，指某省區前一年工業企業的稅後銷售利潤總和比起再往前一年的成長率，通常以每百元人民幣的銷售額所產生的利潤金額爲單位。此一變項所反映的是分配資源時在經濟上必須顧及的微觀經濟效率因素；利潤率愈高，顯示經濟效率愈好，投資報酬率也愈大，因此預期與依變項應呈現正相關。

8. IEE$_{t-1}$：控制變項，指某省區前一年工業企業的所有職工人數，佔該省前一年總人口的比例。此一變項測量的是投資所必須履行的社

會功能；投資在企業時除了考慮經濟收益外，還往往因為只是要使得某些財務狀況較差的企業，能繼續維持其存在，不至於因資金短缺而大量解雇職工甚或倒閉，以免造成社會不穩定。所以，如果工業企業所佔人口比例愈高，則可預期愈有可能必須由於此種社會功能而給予投資的資源。

如前所言，統計模型一適用於假說一所討論的未發生嚴重通貨膨脹時期，在本文所研究的由十四大後到十六大後的 1993 年至 2004 年間，涵蓋的是除了 1993、1994、2003、2004 年之外的其他年份。

二、統計模型二

為了驗證假說二，將統計迴歸模型二建構如下：

$$\text{FAILNSF}_t = a_1 \times \text{CCPB}_t = a_2 \times \text{GDP}_{t-1} = a_3 \times \text{GDPPC}_{t-1} = a_4 \times \text{GRFR}_{t-1}$$
$$+ a_5 \times \text{GRGDPPC}_{t-1} = a_6 \times \text{GRPS}_{t-1} + a_7 \times \text{IEE}_{t-1}$$

模型二與模型一在主要特徵與大部分變項上均相同，此處只討論其三項不同之處。首先，要觀察的主要自變項（CCPB_t）作用，不是前一年（$t-1$），而是當年（t）。之所以如此，是因為假說二與假說一在邏輯上的差異；假說二所討論的通膨嚴重時期，各省乃是針對中央在前一年下半年「已經」完成決策的資源分配，以及當年所進行的撙節政策，來加以改變對抗。而各省區憑藉的，則是進行對抗行為當時其在中央所能發揮的影響力（一定程度上，體現在中央對於各省在政治局與中委會中，所能給予中央在其他議題領域內支持的需求），而非前一年決策當時的影響力。至於其他各控制變項，均為前一年數值，其意義在於，原來的經濟與財政規模或效益，以及社會就業需求愈大的省區，則當年愈可能反抗中央的撙節政策。

　　其次，依變項（FAILNSF$_t$）有所改變，根據表 7-2 的歸納，假說二所討論的通膨嚴重時期，各省能發揮影響，用以對抗中央的工具乃是銀行貸款與自籌資金。所以，此處依變項係指某省區某年之固定資產投資中，來自銀行貸款與自籌資金的總和，在全國各省區該年固定資產投資中來自此二來源之加總金額當中，所佔的比例。最後，模型二適用的時期，乃是上述模型一所排除的那些年份，也就是通膨高峰時期。[16] 基本上，中國大陸的通貨膨脹，儘管從 1995 年起，到 2002 年為止，因為朱鎔基的宏觀調控政策奏功，以及 1997 年起持續多年的通貨緊縮，而在這八年間沒有再出現1994 年前的高峰與循環，然而，隨著通貨緊縮階段的過去，通膨問題到了2003 年又再呈現較嚴重的情況，並延續到次年（The US-China Business Council, 2005; Feyzioglu and Willard, 2006）。此種現象，說明了通膨之浮現與治理，在中國大陸中央與各省互動關係中具有深層結構性的本質，是無法規避的常態，具有值得持續研究的重要性，而非僅止是 1980 年代期間短暫的特殊現象。

三、資料來源

　　在統計模型一和二中，依變項的各省三種固定資產投資來源數據，以及自變項中的所有控制變項數據，均直接來自由 1993 年到 2004 年之各省統計年鑑，或將原有資料加以計算後而得。自變項 CCPB 的資料，則根據國立政治大學中國大陸研究中心網站之「政治菁英資料庫」中的原始資料，[17]加以整理與編碼而得。

16　判定這些年份作為通膨較嚴重時期，乃是根據下列著作中，綜合通膨指數與固定資產投資增長率之後來考量的結果（Naughton, 1995: 245-270; Huang, 1996; Su and Yang, 2000; The US-China Business Council, 2005; Feyzioglu and Willard, 2006; 5-9）。

17　政治大學中國大陸研究中心政治菁英資料庫，網址為 http://ics.nccu.edu.tw/frame.php?address=search&seldb=pol。

四、 統計分析結果與討論

（一）驗證假說一

利用模型一，首先對於所有省區進行統計迴歸分析，所得結果呈現於表 7-4。

表 7-4[a]　由 1993 年到 2004 年非通貨膨脹高峰期間各省在中央投資分配決策中的利益代表

	各自變項係數 （標準差）
CCPB	0.041 (0.000)
GDP	0.799** (0.000)
GDPPC	0.324** (0.000)
GRFR	0.082** (0.005)
GRGDPPC	0.011 (0.006)
GRPS	0.001 (0.000)
IEE	0.312 (0.000)
Adjusted R^2	0.651
N	245

[a] 本表各自變項係數的顯著程度小於 0.01 者，以**記號表示；顯著程度小於 0.05 者，以*記號表示。

　　表 7-4 顯示，從 1993 到 2004 年，中國大陸各省區在中委會與政治局中的席次，雖然席次比例較高的省區與其爭取較多資源分配呈現正相關，但此種作用並不顯著。換言之，這些席次在平時並未發揮代表各省區利益的功能；從水平層面來看，席次較多的省區，並未在投資分配上比席次較少的省區享有更多的優勢。因此，就全體省級行政區而言，假說一被否證。這和前述 Su 與楊針對 1994 年前全體省區的發現相較，有所不同，顯示出十四大以後，中委會與政治局的利益代表角色，開始與以往出現差異。

　　由於 Su 與楊的研究，辨識出省級市與其他省級行政區的不同，所以在分析全部省區後，本文接著也同樣區分省級市（1997 年後加上重慶市）與其他省區，以模型一驗證，其結果呈現於表 7-5。

　　表 7-5 顯示出，省級市仍然如同十四大之前一樣，與其他省區的情況不同。但有趣的是，這種差異的本質，卻和十四大之前是相反的；如果吾人暫時先接受 Su 與楊使用有待修正之研究方法所得到的發現，那麼以往是省級市的席次無法發揮影響，而其他各省區則有影響，十四大以後卻是省級市的席次可在平時產生顯著的利益代表作用，而其他各省區席次缺乏顯著效用。綜合表 7-4 與表 7-5 來說，中國大陸從十四大開始，進入後鄧時代的江澤民時期之後，以迄胡錦濤接任，主要的型態否證了假說一；各省區在彼此間的水平性權力競爭中，不再如同鄧小平時期那樣，能藉由在那些具有地區利益代表功能的中央核心決策組織內，憑藉所佔據的席次來發揮影響力，以爭取更多推動地方經濟成長所迫切需要的直接性資源分配。但在此種主要型態之外，也存在另一種例外型態，體現在北京、天津、上海、重慶這四個省級市：省級市在政治局和中委會的席次愈多，愈在決策上有影響力。

表 7-5[a]　由 1993 年到 2004 年非通貨膨脹高峰期間省級市與其他省區在中央投資決策中的利益代表

	省級市	其他省區
CCPB	0.380* (0.000)	0.024 (0.000)
GDP	0.549** (0.000)	0.739** (0.000)
GDPPC	0.359* (0.000)	0.298** (0.000)
GRFR	0.115 (0.010)	0.087* (0.007)
GRGDPPC	0.174 (0.042)	0.038 (0.006)
GRPS	−0.070 (0.001)	−0.012 (0.000)
IEE	0.170 (0.001)	0.279** (0.000)
Adjusted R^2	0.627	0.689
N	29	216

[a] 本表各自變項係數的顯著程度小於 0.01 者，以**記號表示；顯著程度小於 0.05 者，以*記號表示。

　　此外，其他自變項的影響，在表 7-4 與表 7-5 也可觀察出來。如果吾人綜合這些控制變項對多少省區而言具有顯著影響、顯著程度高低，以及影響幅度大小三項考慮，則這些控制變項中有四項能左右資源分配決策，其重要性由大到小依次是：一個省區的總體經濟規模大小（GDP）、總體經濟發展水準（GDPPC）、工業企業職工人數佔所有人口比例（IEE）、財政成長績效（GRFR）。這其中總體經濟規模大小，基本上屬於一種背景式因素，未必是直接左右分配決策考量的部分；一個省區經濟規模愈大，無論其他條件如何，當然會在一定程度上獲得愈多的資源。所以，當此一結果用以解釋中共中央在透過預算和銀行管道進行投資資源的直接分配時，

考量的非政治性因素為何，則其意涵在於：最主要的因素乃是關於宏觀經濟且偏向靜態的層面（GDPPC），以及如何減緩失業來穩定社會秩序（IEE）的層面，而不是在講求投資報酬率之前提下，所應該特別注重的那些關於微觀經濟且偏向動態（變化與成長）的層面（GRFR 在上述四項影響因素中最不重要，而同性質的 GRGDPPC 與 GRPS 則根本不發生顯著影響）。總結模型一的發現所得，對於水平層面的各省區資源競爭來說，十四大之後決定各省競爭結果的，主要是中央的有限經濟理性（重宏觀而輕微觀的決策考量），以及強調風險極小化（著重防止社會與政治不穩定）而非利益極大化（獎勵酬庸那些在中央有較強利益代表性的省區）的政治理性。

（二）驗證假說二

接下來，利用模型二對於所有省區進行分析，驗證假說二。所得結果呈現於表 7-6。

將表 7-6 的結果，對照於 Su 與楊關於 1994 年前政治不穩定時期的發現來看，又再顯現出兩個時期截然不同之處。以往是各省區的席次雖然有若干擴大地方投資作用，但並不顯著，十四大後則是各省區的席次有顯著作用，然而卻是不利於各省對抗中央，反倒有利於中央控制各省。比照模型一的做法，這裡再進一步區分省級市與其他省區，統計結果呈現於表 7-7。

表 7-7 顯示，省級市平時能利用席次爭取資源，但與中央對抗時則席次並不發揮任何作用。而十四大後的各省與中央垂直性權力對抗的主要型態，則是表 7-5 與表 7-7 共同顯示的，中央明顯地對於非省級市的各省享有優勢。Su 與楊的研究中，1994 年前，中央的優勢表現在各省席次無法

表 7-6[a]　由 1993 年到 2004 年通貨膨脹高峰期間各省與中央撙節及調控政策之對抗

	各自變項係數 （標準差）
CCPB	-0.242* (0.000)
GDP	0.789** (0.000)
GDPPC	0.281** (0.000)
GRFR	0.050 (0.006)
GRGDPPC	0.122 (0.015)
GRPS	0.100 (0.000)
IEE	0.454 (0.001)
Adjusted R²	0.642
N	122

[a] 本表各自變項係數的顯著程度小於 0.01 者，以**記號表示；顯著程度小於 0.05 者，以*記號表示。

發揮對抗作用，而表 7-5 與表 7-7 則說明十四大後中央不僅止於消極地弱化各省席次作用，而且還積極地將各省席次轉變為對其進行控制，要求其配合中央撙節與調控政策的有效工具；席次愈多的省區，愈不利於在與中央的政策對抗中，擴大該省區對於其本地固定資產投資的資源供給。因此，假設二中各省權力大於中央的觀點，也被否證。在江澤民時期，任用朱鎔基進行宏觀調控之下，中央在與各省有政策衝突時能夠高度集中權力、扭轉各省席位性質的情況，可以說與鄧小平時期完全不同。

表 7-7[a]　由 1993 年到 2004 年通貨膨脹高峰期間省級市及其他省區與中央
政策之對抗

	省級市	其他省區
CCPB	−0.783* (0.000)	−0.260** (0.000)
GDP	0.390* (0.000)	0.819** (0.000)
GDPPC	0.911 (0.000)	0.218* (0.000)
GRFR	0.469 (0.027)	0.034 (0.005)
GRGDPPC	1.253** (0.061)	0.106 (0.012)
GRPS	−0.024 (0.004)	0.077 (0.000)
IEE	1.242 (0.002)	0.085 (0.001)
Adjusted R^2	0.812	0.616
N	14	108

[a] 本表各自變項係數的顯著程度小於 0.01 者，以**記號表示；顯著程度小於 0.05 者，以*
記號表示。

（三）分析結果之討論

　　爲何在鄧小平時代與後鄧時代之間，無論是水平層面或垂直層面的權
力關係上，中委會與政治局的各省區席次所扮演的角色，都有上述的根本
性差異？基本上這種角色轉變，或說是中央相對於各省區的權力關係轉變，
與下列三項背景息息相關。由於這三項背景均已有甚多文獻詳細討論，因
此以下只做簡要提示。必須指出的是，本文的發現與這些背景之間的關係，
不宜單純的只理解爲本文之發現必須由這些背景來加以「解釋」，以提昇
本文發現的可信度。事實上，其意涵毋寧是雙向的；一方面本文所發現的

轉變，固然是由這些背景而產生，但另一方面這些人所熟知的背景，雖然其對中央與地方關係的大致影響方向不難確定，但究竟其具體影響幅度有多大，則比較不易掌握，而本文發現正足以解答其具體影響有多大的問題。

1. 1992 年底十四大以後，中共中央一方面重新啓動改革開放的路線，但另一方面，此時改革的基本模式不同於 1980 年代的分權式改革，而是集權式的改革。所謂集權，並非回歸中央計畫經濟的老路，而是在江澤民支持，朱鎔基主導下，有選擇性地在特定的經濟與行政議題領域內，強化中央控制全國的制度性能力。此種集權式改革，至少表現在財政改革（1994 年開始實施相對集權的分稅制）、金融與銀行改革（例如本文前述的由 1993 年到 1998 年，分不同步驟進行的強化中央對銀行信貸體制之控制）、國務院機構改革、國有企業改革等方面。[18] 本文認爲，值得注意的是，之所以採取集權模式，主要並非因爲像是政治繼承競爭這類政治邏輯有了改變，所以十四大後中央領導比較不需要地方領導支持。如果我們仔細檢視這些個別的改革議題，會發現這些議題可以說無一不是由於本身內部經過 1980 年代以來所造成的積弊較深，因此非藉助集權手段不能達到經濟上的有效治理（1980 年代的財政分權造成所謂國家能力危機，以及地方政府過度干預地方銀行信貸行爲造成通膨循環，是最典型的例證）。所以，總體來看，在這些經濟議題領域內，必須貫徹集權模式的基本原則，乃是遏制各省在平時運用席次尋求地區性利益競逐，以及在通膨高峰期對抗中央的最核心背景。

2. 在這種整體性原則之外，各省區席次的平時無法發揮作用，以及通膨高峰期被中央作爲向下穿透其意志與偏好的工具，此種事實也可以作爲議題本身的改革手段成效有多大的具體指標。

---

[18] 關於此種集權式改革的背景、內涵與四個議題內的具體改革措施，參見鄭永年，1999：51-178。

3. 除了中央主觀上採取的改革模式與手段之外，客觀的總體經濟環境也十分重要。1997 年起，直到大約 2003 年第一季爲止，中國大陸遭遇的主要總經問題，乃是通貨緊縮，有效總體需求不足，而非 1980 年代的通貨膨脹。在此期間，中央政府每年採取高度的財政擴張政策（例如大量發行國債），以求擴大總體需求。在此背景下，一方面直到 2002 年，通膨危機基於經濟因素而無由產生；另一方面，在此背景下，也可合理推測，各省區在平時尋求爭取較多投資資源分配，以及採用必要手段如此做（例如動用在中委會與政治局的影響力）的誘因，自然相對較弱。

陸、結論

本文以治理性政策中的政治菁英議題，與資源性政策中的投資分配議題兩者間的聯結入手，將討論主軸定位在由中委會與政治局所反映出的中央對各省區的投資資源分配，如何反映中央與地方的相對權力關係問題。本文首先檢視了現有文獻當中，關於下列幾項彼此關連的問題之觀點：中委會對中共菁英研究的重要、政治菁英的互動如何透過政治繼承競爭影響中央的經濟政策制定、政治繼承競爭如何透過各省之中委會席次由中央與各省的垂直權力關係擴大應用到各省間的水平權力關係、各省之中委會席次如何從 1979 年到 1994 年影響中央的投資分配、中委會與政治局本身成員與運作所反映的中央地方權力關係。

而後，本文針對這些觀點的缺陷，一一討論，並建議解決之道，提出理論概念上與研究方法上的重建，作爲本文實證分析的基礎。就理論概念而言，本文提出了四項命題，或可說是本文認爲進行中央與地方權力關係實證分析時所應遵循的原則。這四項命題，分別界定：一、如何觀察中央

與各省之間是否存在權力作用的影響；二、政治繼承競爭理論無法適用於分析中央與各省間相對權力大小；三、各省間的中委會席次分配，無法經由政治繼承競爭邏輯來推論中央與各省間的權力關係；四、通膨嚴重時期的中央與各省互動，乃是兩者間目標與偏好衝突下的權力對抗。

　　立基於這些命題上，本文推導出兩項假說，作為實證分析檢驗的對象。此二假說，分別假設：一、不發生嚴重通膨問題時，各省區之中委會與政治局席次行使利益代表功能，顯示各省區之間的水平權力競爭，而與所獲得之投資資源分配呈現正相關；二、通膨問題嚴重時，各省區之席次發揮和中央政策對抗的影響，顯示與中央之間的垂直權力對抗，如果席次比例與對抗結果呈現正相關，則表示各省區權力大於中央。

　　至於就研究方法的重建而言，本文提出四項命題，分別界定：一、在檢驗投資分配時，為了區分平時中央能主導分配的資源來觀察水平性權力，以及通膨嚴重時地方能主導擴大的資源來觀察垂直性權力，必須以資金來源建構依變項；二、檢驗假說一的依變項，應該只包括預算撥款與銀行貸款兩項來源；三、檢驗假說二的依變項，應該只包括自籌資金與銀行貸款兩項來源；四、優惠政策效果以及外資作為資金來源，無法納入時間序列的統計分析中。

　　根據這些命題所共同構成的分析架構，本文以統計迴歸分析檢驗了1993 年到 2004 年間，假說一與假說二是否成立。實證分析結果顯示，兩者都被否證。假說一的檢驗發現為，除省級市之外，各省區的席次不發生顯著影響，無法在平時行使代表區域利益的功能。這與現有文獻針對 1979年到 1994 年的發現，恰巧相反。假說二的發現為，各省區席次愈多愈不利於對抗中央政策，這種中央影響力也比 1994 年前更形上升。所以，總結本文，當使用較為嚴謹的理論概念與研究方法後，發現中國大陸從鄧小平時期的各省權力大於中央，演變到了後鄧時期的相反型態。這種型態，與中

共十四大後在財政改革與金融改革等領域內，所彰顯出的集權式改革模式背景，互為表裡，不但標示著資源政策的演化路徑，也凸顯了中共菁英政治中，中委會與政治局作為重要決策組織在本質上的變化。

參考書目

王嘉州，2004，〈中共「十六大」後的中央與地方關係——政治利益分配模式之分析〉，《東吳政治學報》18：157-185。

李揚（編），2004，《中國金融發展報告 2005》，北京：社會科學文獻出版社。

政治大學中國大陸研究中心政治菁英資料庫：http://ics.nccu.edu.tw/frame.php? address=search&seldb=pol。

徐斯勤，2004，〈改革開放時期中國大陸的財政問題：政治學視角下議題聯結層面的相關研究評析〉，《中國大陸研究》47（3）：59-84。

財政部預算編制課題組，2000，〈關於預算編制模式及運行機制的研究〉，項懷誠（編），《財政支出與管理改革》，北京：經濟科學出版社，頁129-133。

高新，1999，《降伏「廣東幫」》，香港：明鏡出版社。

寇健文，2005，《中共菁英政治的演變：制度化與權力轉移，1978-2004》，台北：五南圖書。

郭秋永，2004，〈對峙的權力觀：行為與結構〉，《政治科學論叢》20：29-78。

陶儀芬，2002，〈從「放權讓利」到「宏觀調控」：後鄧時代「中央與地方金融關係的轉變」〉，丁樹範（編），《胡錦濤時代的挑戰》，台北：新新聞文化出版公司，頁 235-262。

鄭永年，1999，《朱鎔基新政：中國改革的新模式》，River Edge：八方文化企業公司。

蕭全政，1986，〈權力的兩面：決策與非決策之分析架構〉，《中山社會科學譯粹季刊》1（3）：95-105。

Bachrach, Peter, and Morton S. Baratz. 1962. "Two Faces of Power." *American Political Science Review* 56(4): 947-952.

Barnett, A. Doak. 1960. *Communist China and Asia: Challenge to American Policy.* New York, NY: Harper and Brothers.

Barnett, A. Doak. 1967. *Cadres, Bureaucracy, and Political Power in Communist China.* New York, NY: Columbia University Press.

Bo, Zhiyue. 2003. "The Provinces: Training Ground for National Leaders or A Power in Their Own Right?" In *China's Leadership in the 21st Century: The Rise of the Fourth Generation*, eds. David M. Finkelstein and Maryanne Kivlehan. Armonk, NY: M.E. Sharpe, pp. 66-117.

Bo, Zhiyue. 2004. "The 16th Central Committee of the Chinese Communist Party: Formal Institutions and Factional Groups." *Journal of Contemporary China* 13(39): 223-256.

Bryman, Alan. 2004. *Social Research Methods*. New York, NY: Oxford University Press.

Chung, Jae Ho. 1994. "Beijing Confronting the Provinces: The 1994 Tax-Sharing Reform and Its Implications for Central-Provincial Relations in China." *China Information* 9(2/3): 1-23.

Chung, Jae Ho. 1995. "Studies of Central-Provincial Relations in the People's Republic China: A Mid-Term Appraisal." *China Quarterly* 142: 497-501.

Dahl, Robert. 1957. "The Concept of Power." *Behavioral Science* 2(3): 202.

Dittmer, Lowell. 1995. "Chinese Informal Politics." *China Journal* 34: 1-34.

Domes, Jürgen. 1977. " 'The Gang of Four' and Hua Guo-feng: Analysis of Political Events in 1975-1976." *The China Quarterly* 71: 473-497.

Fewsmith, Joseph. 2001. *China Since Tianmen: The Politics of Transition*. Cambridge: Cambridge University Press.

Feyzioglu, Tarhan, and Luke Willard. 2006. "Does Inflation in China Affect the United States and Japan?" *IMF Working Paper*, WP/06/36. Washington, D.C.: International Monetary Fund, pp. 5-9.

Grbich, Carol. 2004. *New Approaches in Social Research*. Thousand Oaks, CA: Sage.

Hough, Jerry F. 1980. *Soviet Leadership in Transition*. Washington, D.C.: Brookings Institution.

Huang, Yasheng. 1996. *Inflation and Investment Controls in China: The Political Economy of Central-Local Relations during the Reform Era*. Cambridge: Cambridge University Press.

Keohane, Roert O, and Joseph S. Nye. 2001. *Power and Interdependence*, 3rd ed. New York, NY: Longman.

Kim, Icksoo. 1994. "The Political Economy of Investment Control in Post-1978 China." In *China's Economic Reforms: The Costs and Benefits of Incrementalism*, eds. Qimiao Fan and Peter Nolan. New York, NY: St. Martin's Press, pp. 73-91.

King, Gary, Robert O. Keohane, and Sidney Verba. 1994. *Designing Social Inquiry: Scientific Inference in Qualitative Research*. Princeton, NJ: Princeton University Press.

Lee, Hong Yung. 1983. "China's 12th Central Committee: Rehabilitated Cadres and Technocrats." *Asian Survey* 23(6): 673-691.

Lee, Hong Yung. 1991. *From Revolutionary Cadres to Party Technocrats in Socialist China*. Berkeley, CA: University of California Press.

Li, Cheng, and Lynn White. 1988. "The Thirteenth Central Committee of the Chinese Communist Party: From Mobilizers to Managers." *Asian Survey* 28 (4): 371-399.

Li, Cheng, and Lynn White. 1998. "The Fifteenth Central Committee of the Chinese Communist Party: Full-Fledged Technocratic Leadership with Partial Control by Jiang Zemin." *Asian Survey* 38(3): 231-263.

Li, Cheng, and Lynn White. 2003. "The Sixteenth Central Committee of the Chinese Communist Party: Hu Gets What?" *Asian Survey* 43(4): 553-597.

Li, Cheng. 2000. "Jiang Zemin's Successors: The Rise of the Fourth Generation of Leaders in the PRC." *The China Quarterly* 161: 1-40.

Li, Cheng. 2001. *China's Leaders: The New Generation*. Lanham, MD: Rowman & Littlefield Publishers.

Li, Linda Chelan. 1998. *Centre and Provinces: China 1978-1993*. Oxford: Clarendon Press.

Lieberthal, Kenneth G., and David M. Lampton, eds. 1992. *Bureaucracy, Politics, and Decision Making in Post-Mao China*. Berkeley, CA: University of California Press.

Lieberthal, Kenneth, and Michel Oksenberg. 1988. *Policy Making in China: Leaders, Structures, and Processes*. Princeton, NJ: Princeton University

Press.

Lin, Zhimin. 1994. "Reform and Shanghai: Changing Central-Local Fiscal Relations." In *Changing Central-Local Relations in China: Reform and State Capacity*, eds. Jia Hao and Lin Zhimin. Boulder, CO: Westview Press, pp. 239-260.

Lukes, Steven. 1974. *Power: A Radical View*. New York, NY: British Sociological Association.

Manion, Melanie. 1995. *Retirement of Revolutions in China: Public Policies, Social Norms, Private Interests*. Princeton, NJ: Princeton University Press.

Nathan, Andrew. 1973. "A Factionalism Model for CCP Politics." *The China Quarterly* 53: 33-66.

Naughton, Barry. 1987. "The Decline of Central Control over Investment in Post-Mao China." In *Policy Implementation in Post-Mao China*, ed. David M. Lampton. Berkeley, CA: University of California Press, pp. 62-85.

Naughton, Barry. 1995. *Growing out of the Plan: Chinese Economic Reform, 1978-1993*. Cambridge: Cambridge University Press.

Pye, Lucian W. 2002. "Jiang Zemin's Style of Rule: Go for Stability, Monopolize Power and Settle for Limited Effectiveness." In *The Nature of Chinese Politics: From Mao to Jiang*, ed. Jonathan Unger. Armonk, NY: M.E. Sharpe, pp. 211-215.

Sheng, Yumin. 2005. "Central-Provincial Relations at the CCP Central Committees: Institutions, Measurement and Empirical Trends, 1978-2002." *The China Quarterly* 187: 338-355.

Shih, Victor. 2004. "Factions Matter: Personal Networks and the Distribution of Bank Loans in China." *Journal of Contemporary China* 13(38): 3-19.

Shirk, Susan L. 1993. *The Political Logic of Economic Reform in China*. Berkeley, CA: University of California Press.

Su, Fubing, and Dali L. Yang. 2000. "Political Institutions, Provincial Interests, and Resource Allocation in Reformist China." *Journal of Contemporary China* 9(24): 215-230.

The US-China Business Council. 2005. "China's Economy." Available at http://www.uschina.org/statistics/2005economyforecast.html.

Tsai, Kellee S. 2004. "Off Balance: The Unintended Consequences of Fiscal Federalism in China." *Journal of Chinese Political Science* 9(2): 1-26.

Tsou, Tang. 1995. "Chinese Politics at the Top: Factionalism or Informal Politics? Balance-of-Power or a Game of Win All?" *China Journal* 34: 97-131.

Xiao, Geng. 1994. "Central-Local Relations from the Perspective of State and Non-State Industries." In *Changing Central-Local Relations in China: Reform and State Capacity*, eds. Jia Hao and Lin Zhimin. Boulder, CO: Westview Press, pp. 135-152.

Yang, Dali L. 1996. "Governing China's Transition to the Market." *World Politics* 48(3): 425-439.

Zang, Xiaowei. 1993. "The Fourteenth Central Committee of the CCP: Technocracy or Political Technocracy?" *Asian Survey* 33(8): 787-803.

Zang, Xiaowei. 2004. *Elite Dualism and Leadership Selection in China*. New York, NY: Taylor and Francis.

Zhang, Le-Yin. 1999. "Chinese Central-Provincial Fiscal Relations, Budgetary Decline and the Impact of the 1994 Fiscal Reform: An Evaluation." *The China Quarterly* 157: 124-125.

第八章

官僚競爭下的市場中介組織：
當代中國「國家—社會」關係新詮[*]

王信賢

壹、導言

一、問題提出

　　自 1970 年代末開始推動的市場化改革，打破了原本在計劃經濟以及列寧式黨國體制下，由國家壟斷資源和嚴格控制私人活動空間的格局，並使中國大陸出現一連串激烈的政經與社會變遷，在此過程中，不論是觀察組織轉型與制度變遷，抑或是國家與社會關係的變化，「企業」一直是眾所矚目的焦點。然而，近年來由於社會組織的蓬勃發展，也開啓了觀察中國大陸政經社會發展的另一個視角。根據中國大陸民政部的統計，截至 2005 年 6 月爲止，全大陸合法登記的社會組織共計已達 28.9 萬個，其中包括社

---

[*] 本文發表於《中共政權變遷：菁英、體制與政策學術研討會》，中央研究院政治學研究所籌備處主辦，2005 年 11 月 19 日於中央研究院，作者感謝劉雅靈教授、吳介民教授給予的寶貴意見。本文大部分內容曾以〈將社會帶回？中國大陸中介組織的發展與理論省思：以 W 市商會與行業協會爲例〉，刊登於《人文及社會科學集刊》，第 18 卷第 2 期（2006 年 6 月），頁 293-326。感謝中央研究院人文社會科學研究中心《人文及社會科學集刊》同意轉載。

會團體 15.3 萬個，民辦非企業單位 13.5 萬個，並正以每年 10% 至 15%
的速度持續增長（中華人民共和國民政部，2006）。本文的目的之一即試
圖瞭解中國大陸中介組織興起的現象。

　　此外，在作者近年來所進行的市場運作與地方治理田野訪談中，除深
刻認識到「中介組織」於各種政經互動中所扮演的角色大幅提升外，亦出
現許多引發研究興趣的現象。首先，在進行「企業上市」的研究中，受訪
的企業幹部的共同心聲幾乎是：「上市愈來愈困難，除肇因於『證監』系
統運作的強化外，各種『關關卡卡』增多更是主要因素。」[1] 而這些「關關
卡卡」便是「會計師」、「信用評等」、「資產評估」、「企業股份制改
造諮詢」等各種「經濟鑒證類中介組織」，其在功能上看似合理，實則隱
藏各種官僚部門的利益競逐。其次，在進行「行業協會」的研究中，受訪
者均有共同的說法：「目前行業協會與商會的發展碰到兩大難題，一是各
種商會行會組織與政府間關係如何釐清的問題，另一則是商會與行業協會
間如何區分的問題。」[2] 既然如行會與商會等「工商聯合會」與政府關係無
法釐清，兩者間亦有「區分」的問題，其所隱含的不僅是功能的混淆，也
包括利益的重疊。因此，基於上述的現象與訪談經驗，本文實證的目的在
探索：中國大陸社會團體的大量出現是建築在何種制度或非制度基礎？這
種現象究竟代表何種意義？是否如現代化理論所預示，經濟成長使社會結
構與利益的多元化，進而出現具有自主性的社會部門，也代表著國家從各
種經濟社會領域的撤退？換言之，即是社會團體與國家間的關係。而針對
這些問題，在理論上有何意義？中國大陸的經驗能否為「國家──社會」
關係（state-society relationship）帶來新的養分？此便是本文的另一目的：
理論對話。

---

[1]　作者於 2000 年至 2004 年所進行的企業訪談，訪談地點包括上海、蘇州與雲南。

[2]　作者 2004 年於無錫市所進行的田野訪談，訪談對象為無錫市行業協會、商會幹部
　　與市場研究協會會長。

二、理論分析

在政治社會學的論述中，「誰統治？」（who governs？）（Dahl, 1961）幾乎是最爲經典的辯論之一，其中多元主義（pluralism）主張，政策產出是各種社會利益團體競逐後的結果，國家所扮演的是中立、風向球或裁判的角色；菁英主義（elitism）強調權力菁英階層於決策中的重要性，並決定了社會大眾的生活與走向；古典馬克思主義（Marxism）則是認爲資產階級是眞正的統治者，國家不過是「資產階級管理委員會」；統合主義（corporatism）強調的是制度化的利益表達，各種觀點不一而足（Dunleavy and O'Leary, 1987; Hall, 1994）。針對此，若按史考奇波（Theda Skocpol）的區分──「社會中心」（society-center）與「國家中心」（state-center）的研究途徑，「國家中心論者」認爲當前的國家研究有兩種趨勢：一爲將國家視爲行動者，並探討「國家自主性」與「國家能力」；另一則是將國家視爲組織與行動的結構，探討此結構對政治之內涵與運作的影響。相對於此，「社會中心論者」則強調在現代社會中權力是分散於不同的社會團體與階級，政府也是社會體系中的一環，國家政務的推動是經由各種不同「中介性組織」的利益匯聚所折衝妥協的結果（Skocpol, 1985: 3-37）。

因此，本文將目前中國大陸與社會組織關係的理論研究區分爲「社會主導型」與「國家主導型」，前者包括市民社會（civil society）與第三部門（the third sector）理論，後者包括國家主義（statism）與國家統合主義（state corporatism）。此外，大陸學者亦提出所謂「官民二重性」或「半官半民」的概念，而本研究分別指陳其適用性的相關問題，並配合「公共選擇理論」（public choice）與「官僚政治」（bureaucratic politics），提出「自利官僚競爭模式」（self-interested bureaucracy competition model）。在此理論對話中，本文認爲，中國大陸市場中介組織或經濟社團，在國家所建構的

制度環境中依附於特定官僚部門，成為部門於市場中逐利的工具，由於市場分工不明確與利益重疊，繼之而來的便是部門間激烈的競爭。換言之，在本文的描繪中，「誰統治」與「誰獲利」（Who benefits？）不言自明。

三、研究範圍

中國大陸目前社會組織繁多，亦有不同的分類法，包括合法與非法、營利與非營利、會員制與非會員制，以及按照活動領域的分類等（王名、劉國翰、何建宇，2001；王名、劉培峰等，2004：3-23），中國民政部則僅將社會組織類分為「社會團體」與「民辦非企業單位」，另有大陸學者將社會組織分為五大類（詳見圖 8-1），前三類屬民政部所定義的社會團體，而第四類則是民辦非企業單位（賈西津、王名，2004：118-145）：

（一）社會團體：是在社會文化領域開展各種活動的會員制組織，如各種學會、研究會、協會、同學會、促進會、聯合會、志願者團體等。

（二）經濟團體：是在經濟領域開展各種活動的會員制組織，如行業協會、商會、工會、各種打工者團體等。

（三）基金會：是在各個領域裏開展各種資助活動或資金運作活動的非會員制組織，如專案型基金會、資助型基金會、聯合勸募組織等。

（四）實體性公共服務機構，如各種民辦的醫院、學校、劇團、養老院、研究所、中心、圖書館、美術館等，即大陸現行法規中的「民辦非企業單位」。

（五）未登記或轉登記團體：除上述四類依據現行法規獲得合法登記地位的民間組織，還有大量的民間組織並未依照中國大陸現行社會團體的法規登記註冊，其中包括一部分在工商部門註冊，其他則成為未登記的「非法組織」。

圖 8-1　中國大陸社會組織基本分類

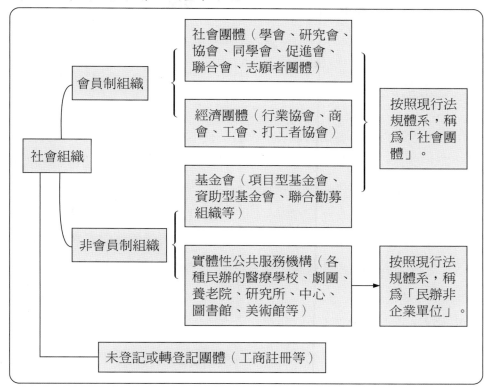

資料來源：賈西津、王名，2004：118-145。

　　諸多研究者一再提醒，中國目前正處於轉型階段，各種國家社會關係或政商關係頗爲複雜，絕非單一模式可解釋（Saich, 2000: 138-139; Kennedy, 2005: 25-56）。也因此，本文將研究焦點集中於上述的「第二類」經濟團體，亦即大陸官方文件與學者慣稱的「市場中介組織」。市場中介組織可劃分爲以下幾類：1. 自律性行業組織：主要是由企業單位自下而上組織起來的各種行業協會、同業公會、商會等自律性組織；2. 法律、財務服務機構：主要是指會計師事務所、律師事務所、資產和資信評估鑒定機構、公證和中裁機構等組織；3. 資訊、諮詢服務機構：主要是指資訊中心、研究及諮詢機構、投資專案評估機構、報價系統等組織；4. 市場交易中介組

織：主要是指各種經紀商、典當行、拍賣行、職業介紹所、人才交流中心等組織；5. 市場監督鑒證機構：主要是從事計量檢查、商品檢驗、質量檢查、從業資質認證等監督市場活動的組織（呂鳳太（編），1998：24-26；張雲德（編），2003：10-12）。根據此，本文的焦點集中在行業組織以及經濟鑒證機構。

貳、文獻回顧與理論對話

目前關注中國大陸社會團體興起以及其與國家間的關係，一般而言，可區分爲「社會主導型」、「國家主導型」以及大陸學者所提出的「官民二重性」概念等，本文質疑其在各種經濟社團的適用性，並提出「自利官僚競爭模式」。

一、一般觀點

（一）社會主導型

此一觀點多從多元主義入手，透過市民社會與第三部門等概念，主張社會部門擁有相對於國家控制的自主性力量，強調國家、市場與市民社會是任何一完整社會中三足鼎立的獨立領域，國家的功能是透過社會委託關於法律的制訂與執行權力，以滿足社會公共利益的需求，並協調社會各階層與群體的利益；市場的功能是透過產權與契約，以自由交易的方式滿足私人的需求；而市民社會的功能則是透過自願自主的原則，積極參與公共與經濟社會等事務，實施自治管理。就此而言，每一領域都有其行動的邏輯：國家是層級節制的「權力邏輯」，市場是「利潤極大化邏輯」，而市民社會則是「自願主義邏輯」。

市民社會組織的產值、規模、影響力，以及對建立「社會資本」（social capital）與社會人群間「信任」（trust）的貢獻，使其位於國家與市場之間之「中間道路」的戰略重要性呈現無遺（Putnam, 1993; Fukuyama, 1995）。而近年來各種非營利組織（NPO）與非政府組織（NGO）興起，不只提供各種醫療、教育及社會福利等服務，更促成了各式各樣的社會與政治運動，挑戰那些看來無法抗拒的國家和市場，Lester M. Salamon（1994: 109-122）稱此種所形成的「全球性結社革命」（global associational revolution）對於二十一世紀的意義，或許與民族國家興起對二十世紀的意義一樣重大 。

就此觀點出發，中國大陸經過市場轉型，已然從「再分配」過渡到「市場制度」，隨著市場化與私有化的發展，除了增強生產體系的經濟效益，更突破了官僚壟斷分配資源的權力，市場提供了社會部門與底層翻身的機會（Nee, 1989: 663-681, 1991: 267-282, 1996: 908-949），也因此使中國出現民主化的契機 （White, 1993）。然而，此種觀點似乎暗示著中國將依循著西方的現代化道路前進，而忽略了中國「國情」。事實上，中國大陸許多「第三部門」為獲得政治上的合法性、政策上的扶持以及資源的挹注，其與政府間從一開始就有不可分離的關係，這使得這些組織必須滿足政府的社會控制。換言之，中國的「國家──社會」關係是建立在國家權力對社會滲透的基礎上，因此民眾的參與必須透過政府權力機構才能實現，因而期待一個完全自發、由下而上與國家抗衡的力量出現是不切實際的（熊躍根，2001：89-100；陶傳進，2003：41-51）。而此便是以下「國家主導」的觀點。

（二）國家主導型

此種觀點針對目前中國大陸國家社會關係的描述，多認為其知識基礎多延續「極權主義」與「全能主義」（Fitzgerald and Brzezinski, 1963; 鄒

讜，1994），強調制度的遺產與慣性使得列寧主義黨國體制依然發揮作用（Goldstone, 1998: 829-845; Pierson, 2000: 256-273）。一方面，社會組織的發展與運作是緊密鑲嵌於國家機構內（embedded within state agencies）（Foster, 2001: 84-109, 2002: 41-65, 2003: 28-31）；另一方面，國家對社會仍具有全面性的穿透作用。換言之，即是國家主義與國家統合主義的觀點（顧昕、王旭，2005：155-175）。

統合主義是一個包含多面向意義的概念，而在所有的學術論述中，最被重視的無疑是施密特（Phillippe Schmitter）的界定：

> 一個利益匯集的系統，其中組成單元被組織成少數單一的（singular）、強迫性的（compulsory）、非競爭性的（noncompetitive）、層級秩序的（hierarchically ordered）及功能區分的（functionally differentiated）領域，這些領域的組成乃經由國家認可或授權，並容許其在個別範圍內擁有完全的代表壟斷權，以交換國家機器在其選任組織領導或表達需要與支援時有一定的控制力（1974）。

這些團體即所謂的「層峰組織」（peak organization）。就此看來，統合主義強調社會組織只是國家機關的延伸，國家無所不用其極地去形構、控制社會團體，防止其間無序的競爭，而使社會利益的表達高度組織化與制度化。按照魏爾德（Howard Wiarda）（1997: 22-24）的說法，統合主義包括三個重要特徵：1. 強大的國家領導力量；2. 對利益團體自主與活動的限制；3. 將利益團體整合為國家的一部分，不僅向國家機關表達成員的利益，也幫助國家管理及執行政策。

審視目前關於中國大陸的國家社會關係的研究，此種觀點幾乎已是主流（張靜，1998：康曉光，2001：3-29：田凱，2004：88-95：顧昕、王旭，2005；Chan, 1993: 31-61; Unger and Chan, 1995: 29-53）。但本文認

爲國家統合主義雖然能捕捉由上而下的本質，以及社會組織如何被整合至國家中，然而，這樣的解釋有其風險，一方面，對於變遷的重要因素含糊帶過，對於互動過程中的複雜動態則過度簡化；另一方面，就 Schmitter 的界定看來，中國大陸的社團發展雖符合「強迫性的」，但關於「單一的」、「非競爭性的」、「層級秩序的」以及「功能區分的」卻不盡然。明顯地，其過於強調國家由上而下力量的同時，往往會將國家視爲統一的整體，而忽略了國家內部的分裂性，就中國大陸而言，便是官僚部門中「條條」、「塊塊」的切割與競爭。而此即是本文觀點開展的基礎。

（三）官民二重性（半官半民）

相對於前述兩種「外來」理論，中國大陸學者則是致力於發展出一套「本土」理論，以解釋社會組織的本質以及其與國家的關係，即「官民二重性」或「半官半民」（孫炳耀，1994：17-23；康曉光，2001；于曉虹、李姿姿，2002；陸明遠，2003）。其一方面主張，社團處於政府的直接控制之下，成爲政府的附庸，它不可能具備完整意義上的獨立性或自治性，因此其決非純粹的民間組織；另一方面又強調，社團畢竟不是政府機關，既無行政權力，又無財政撥款，因此也決非純粹的政府機構。這代表中國大陸的非政府組織雖然處於政府部門的控制下，使其發展的方向與實質的運作必須受到制度環境的制約與主管部門的介入，但在相當程度上，仍具有「民間性」的特徵。然而，本文認爲此種採「折衷立場」的描述性概念，對社會團體的起源、運作雖具解釋力，但不免有「機會主義」（opportunism）的問題。

二、本文的觀點：自利官僚競爭模式

就本文看來，中國大陸國家角色當然不是自由主義者筆下的中立或是

「風向球式國家」（the weathervane state）（Dunleavy and O'Leary, 1987: 43-47）。在國家主導型中，國家統合主義雖頗具解釋力，但本文認為其對中國大陸民間團體與國家關係的解釋仍不夠精緻，因此，繼之而來的問題是「若不是國家統合主義，是什麼？」此即是本研究著力之處。

在「國家主導」的研究脈絡下，一方面黨國機器被視為一個有機的整體，組織內部高度整合，利益一致，且上下級之間存在著命令與服從的關係；另一方面則是國家穿透社會的能力無遠弗屆。然而，事實上中國大陸政府不是一個完整的實體，而是由許多擁有不同程度自主權的機構所組成，是一種「分立結構」，科層機構在功能上相互分割，條條、塊塊與條塊之間經常存在著張力，李侃如（Kenneth Lieberthal）稱此為「分裂式的權威主義」（fragmented authoritarianism）（1988: 1-30）。

而既然國家內部處於割裂的狀態，各部門就有其自身的利益，其將會想盡辦法讓其自身利益極大化，而此正是公共選擇（public choice）學派的論述重心。像經濟學一樣，公共選擇學派的基本行為假設是，人是自利的、理性的且追求效用最大化的；另外，其亦強調，沒有必要將國家視為超凡至聖的機器，也沒有理由認為政府總是集體利益的代表與反映，政府也會不顧公益地追求政府自身的利益。官僚主義行為一方面是政府官員帶來個人利益的最佳方式；另一方面，組織結構特徵使各部門工作性質具有壟斷性亦是關鍵（王志偉，2002：258-274）。

公共選擇學派的奠基者布坎南（James M. Buchanan）（1975: 225-230）指出，在公共決策或者集體決策中，實際上並不存在根據公共利益進行選擇的過程，而只存在各種特殊利益之間的「締約」過程，「公共選擇」就像企業一樣，是各種利益主體「博奕」的結果。此外，尼斯坎南（William Niskanen）在《官僚體制與代議政府》（1971）一書中，對傳統的韋伯（Max Weber）理想型之官僚模式進行批判，並提出「預算極大化」

（budget maximizing）模式，其基本假設爲：行政官僚是理性、自利的，以追求預算與組織規模的極大化爲目標，因此預算的成長與機構規模的擴大是官僚自利動機的行動結果。而行政官僚如欲追求其權力的再擴大、薪資福利的再增加、或是獲得其下級機關的支援與合作，都必須試圖擴大機關的預算規模，藉由資源的增加俾以鞏固行政官僚的公共聲望。

因此，如同企業家的核心價值是追求利潤最大化一般，官僚也是理性的行爲個體，其所追求的是「預算最大化」（Niskanen, 2004: 35-42）。按此邏輯，Niskanen 強調，爲提高政府官僚公共服務的效率，應減少官僚系統在預算中可任意支配的份額，並相當程度地把公共服務的職能轉移給非政府組織。然而，弔詭的是，中國大陸的非政府部門正是官僚部門的「分身」。「官僚政治」模式亦持類似觀點，其強調官僚部門在決策過程中基於利益以及本位主義所扮演的角色（Allison and Zelikow, 1999; Halperin, 1974; Wilson, 1989）。此在中國大陸即所謂的「部門主義經濟」，在傳統計畫經濟已被切割爲千百個「條條」和「塊塊」的既得利益集團，其往往將部門經濟列入「戰略保護」範圍，行政機關透過職權壟斷以創造「租金」（rents），迫使市場中的其他行爲者交納「貢款」，從目前中國大陸的經濟體制與運作看來，由於各項政策往往出自部門，形成部門的獨立化與利益化，進而將利益法制化。

就此而言，本研究吸收了公共選擇學派與官僚政治的理論養分，強調國家並非「鐵板一塊」，而是分立且自利的。但值得一提的是，從其理論中我們依然無法觀察到國家與社會的微妙互動。目前研究成果不是來自歐美經驗，將社會部門具自主性視爲理所當然，不然就是只研究國家官僚部門「制度型」的利益團體，而缺少對官僚部門與社會團體間互動的描述。而本文所描繪的中國大陸的經濟社團正是官僚部門利益化的結果。作爲官僚部門的「分身」，這種緊密關係在「國家控制社會」的「穩定壓倒一切」

前提掩護下獲得了合理性。然而，在此過程中，經濟社團作為各部門爭奪市場資源與權力的工具角色，反而被忽略了。本研究便是在此展開，並稱之為「自利官僚競爭模式」。

參、環境制約與國家社會互動

根據組織理論制度學派的觀點，組織不只是存在於與其目標、效率直接相關的工作環境（task environment）中，還要遵守外在的規範，包括法規、道德以及文化認知體系的要求與支持，以取得在制度環境（institutional environment）中的「合法性」（legitimacy）（Meyer and Rowan, 1977: 340-363; DiMaggio and Powell, 1983: 147-160; Scott, 2001: 42-44）。就此分析中國大陸國家與社會團體關係可發現，由於長期以來列寧式黨國體制以及計畫經濟的執行，一方面，國家幾乎完全主導社會團體的發展，甚至所謂的「社會團體」原本就是國家的一部分；另一方面，社會團體不僅在資源上依賴國家，也必須在國家所建構的制度環境中取得安身立命的「合法性」。

一、環境制約

目前關於中國大陸社會組織的特性以及所處的制度環境可概括兩方面，一是大多數「合法」的社會團體多是由行政部門「轉制」而來，此涉及社團發展的初始條件；另一則是政策環境，主要包括中共國務院頒布的《社會團體登記管理條例》（1998 年）、《民辦非企業單位登記管理暫行條例》（1998 年）和《基金會管理條例》（2004 年）等，此涉及社團管理的制度建構。

（一）路徑依賴：社團發展的初始條件

　　無疑地，就需求面而言，中國大陸經濟社團的興起與其改革開放所引發的一連串變遷有關，隨著市場化與私有化的發展，需要一些專業性的組織提供各種諮詢、溝通、公證、代理與監督的服務功能。此外，企業亦必須透過「聯合會」以維護自身的權利（冷明權、張智勇，2004：33-37）。而從 1982 年中共國務院批准成立「中國包裝技術協會」等十多家行業協會開始，到近來國務院所推出的《關於鼓勵支持和引導個體私營等非公有制經濟發展的若干意見》（簡稱「非公經濟三十六條」），皆明確指出必須「大力發展社會中介服務」，以支援發展創業輔導、籌資融資、市場開拓、技術支援、認證認可、資訊服務、管理諮詢與人才培訓等。

　　然而，就供給面而言，中國大陸經濟中介組織的發展與其「政府職能轉換」脫離不了關係，在原本計畫經濟中，各政府部門分管的行業於一系列的「機構精簡」後，將原有的行業管理、社會化服務職能轉交給這些中介組織，但在黨國體制的約束下，社會部門無法也無能力自發形成如此大規模的組織，那這些組織究竟從何而來？答案就是「部門轉制」，即由原本行政部門「變身」而來，尤其是從 1998 年的「國務院機構改革」開始更為明顯。

　　以行業協會的發展為例，其歷經「改部建局」到「撤局摘牌」的過程。在 1998 年的「機構精簡」中，中共將國內貿易部、煤炭工業部、機械工業部、冶金工業部、輕工總會、紡織總會等九個部級單位，分別改組為國家國內貿易局、國家煤炭工業局、國家機械工業局、國家冶金工業局、國家輕工業局、國家紡織工業局、國家石油和化學工業局、國家建築材料工業局與國家有色金屬工業局等九個「國家局」，改由國家經濟貿易委員會管理，而國家經貿委及其管理的各國家局負責組織制訂行業規劃與規章，實施行業管理。2001 年又將九個國家局分別組建、改組成相關綜合性行業協會，原國家局的行政管理職能由國家經貿委承擔。以紡織產業為例，即歷

經由紡織工業部、中國紡織總會、國家紡織工業局到「中國紡織工業協會」；而煤炭行業則由原本「煤炭工業部」轉變成為國家煤炭工業局，再轉制成「中國煤炭工業協會」（見圖 8-2）。

此種改革基於以下原因：一是適應市場經濟體制的需求，另一則是精簡政府機構與減少人員編制。然而，其中至難解決的是「人員安置」的問題，根據當時《人民日報》的報導：

> 2001 年撤銷九個國家局共涉及十五萬多人，撤銷的委管國家局有
> 離退休幹部七千多人，包括副部長級以上幹部 125 人，司局級幹
> 部一千六百多人。而為了有利於發揮綜合性行業協會的作用，相
> 當一部分幹部進入行業協會或企業。此外，為便於管理和工作，
> 國家經貿委直接聯繫十個綜合性行業協會，同時授權他們分別管
> 理其他二百多個協會（王彥田，2001）。

就此而言，中國大陸目前多數經濟中介組織在「市場轉型」的壓力下大量出現，但更重要的是，這些組織形成的初始條件是行政部門的改革，明顯地變成「政府建社會」的狀況，其一方面成為各級政府幹部兼職或離

圖 8-2 「中國煤炭工業協會」組織變革

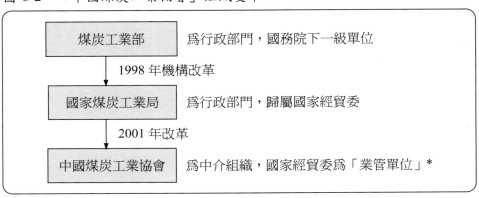

* 2003 年機構改革後「業管單位」改為「國有資產管理委員會」。

退休後的去處；另一方面，依然維持協會間「層級節制」（hierarchy）的權力結構。

（二）制度建構：社團生存的制度環境

如前所述，中共針對社會團體的控制與管理發布了一系列的法規與文件，其中與市場中介組織最相關的是《社會團體登記管理條例》（以下簡稱「條例」），其形成了制約經濟性社團發展的兩大制度──「雙重管理體制」與「非競爭原則」：

1. 雙重管理體制

所謂「雙重管理體制」是指社會團體須接受行政部門的雙重約束，即同時要有兩個「婆婆」，一是「登記管理機關」，另一是「業務主管單位」，其成立程序如下：[3]

（1）向「業務主管單位」申請籌備：業務主管單位指的是「國務院有關部門和縣級以上地方各級人民政府有關部門、國務院或者縣級以上地方各級人民政府授權的組織，是有關行業、學科或者業務範圍內社會團體的業務主管單位」。而由於業務主管單位的審查同意是成立社會團體不可缺少的要件，此即所謂的「掛靠」關係，若社團無法找到「掛靠」單位，亦將無法合法地成立社會團體。

（2）向「登記管理機關」申請籌備、審查與登記：根據「條例」第九條規定：「申請成立社會團體，應當經其業務主管單位審查同意，由發起人向登記管理機關申請籌備。」而所謂的「登記

3　《社會團體登記管理條例》，第六條。

機關」指的是「國務院民政部門和縣級以上地方各級人民政府民政部門是本級人民政府的社會團體登記管理機關」。

兩者在管理領域上的差別主要是：「業務主管單位」負責指導社會組織開展業務活動以及指導清算事宜，而「登記管理機關」民政部門則負責監督檢查社會組織的違法行為並進行行政處罰（業務主管單位有協助的職責），在此種「雙保險」下，社團的發展完全在國家掌控之中。

2. 非競爭原則

關於社會組織的管制還實施類似「統合主義」的「層峰組織」概念，根據「條例」第十三條第二款規定，登記管理機關不予批准籌備的條件之一為：「在同一行政區域內已有業務範圍相同或者相似的社會團體，沒有必要成立的」，亦即所謂的「一地一業一會」的規定。非競爭性原則成為政府部門保障由自身主導成立的、「由上而下」的社會團體，抑制「由下而上」的民間力量組成團體的制度依據，因而成為新興社團進入的門檻。

正因如此的制度障礙，使得前述中國大陸社會團體發展中「合法」組織不多與跨域活動少等特徵發生的主因，而此種高門檻所形成的「租金」，也是目前中國大陸在社會組織管理上各種貪腐現象叢生的根源。

二、國家社會互動

除上述的制度性約束外，在國家與社會的互動中，國家的管理策略是在「不危及政權」與「分擔公共職能」兩原則的基礎上形成，其主要是透過人事的掌握以及資源的挹注，或以更直接介入社會組織的內部運作。相對地，社會部門也在各種資源上必須依賴政府部門的供給，因而形成「一個願打，一個願挨」的狀況（王信賢、王占璽，2006：27-51）。

（一）國家控制策略

1. 資源挹注

就政府部門而言，雖對社會團體有一定程度的補貼，但這些資金流向有著強烈的「親」、「疏」之分，財政撥款與補貼的對象是具有官方背景的團體，包括政府創辦的各種專業協會、行業協會和商會，還有一些學術研究團體等。而一些吃不到此種「皇糧」的純粹民間自發組織在開展相關活動時便舉步維艱，且在沒有政府的背書下，其想獲得「民間捐助」更是難上加難。

2. 行政介入

其包括人事與行政業務的介入，社會團體也很難避免黨政官員的滲透，其中包括「推薦或決定領導人」、「審查財務」、「審查年度報告」、「出席社團會議」以及「派遣專職人員」等。幾乎所有重要社團組織的主要領導都由現職政府部門領導職位退下來，或由機構改革分流出來的原政府黨政官員擔任。以行業協會為例，很少由企業家來擔任協會會長，而多由政府官員擔任，如「中國工業經濟協會」全國理事會的會長由前「國家經委」主任擔任，「上海市工業經濟協會」會長也由前市經委主任擔任。目前有近三分之二「合法」社會組織幹部直接來源於業務主管部門的派遣和任命，或由組織負責人提名並得到業務主管部門的批准，此非但使社會組織喪失了對組織內部人事任免的自治權，也使組織的運作成為業管部門的「分身」。

（二）社團對政府的依賴

根據組織理論的「資源依賴」（resource dependence）學派的觀點，其強調的是資源的稀缺性與重要性，而維持組織運行需要多種資源，這些資

源不可能由組織自給自足，必須依賴環境獲得（Pfeffer and Salancik,
1978）。而對大部分中介組織來說，相對於成立過程中尋找業管單位、辦
理註冊登記時可能遇到的刁難，更致命的問題是缺乏登記經費與活動經費，
因為「經費」成為最關鍵的資源，以目前中國大陸的狀況看來，不論是社
會團體運作的合法性或資源的提供，政府皆是最權威的來源。目前，政府
的財政撥款與補貼仍然是社會組織最大的資金來源，幾乎占了所有來源的
一半（鄧國勝，2001：57）。而就社團本身的主觀期待看來，根據蕭新煌
等人（2004：1-60）進行香港、台北、廣州與廈門的比較研究發現，後兩
者民間組織的經費亦多來自政府，且其亦期待從政府方面得到資金，而非
如同香港或台北的社會組織希望從民間獲得捐助。

　　就此而言，在國家與社團的互動上，國家除了利用各種制度約束社團，
也是組織場域中重要資源的提供者，因此社團必須與其維持緊密的關係才
有助於生存。根據「北京大學公民社會團體研究中心」的調查，當社團幹
部被問及與「業務主管機關」的關係時，有 44.4% 選擇「非常密切」、
46.1% 選擇「比較密切」，換言之，高達 90.5% 的社團幹部自認與政府部
門間關係密切 （顧昕、王旭，2005：155-175）。就現實而言，這也是必然
的選擇。

　　因此，不論從大量經濟社團出現的初始條件、黨國所建構的制度環境，
或是國家與社會的互動看來，社會部門幾為國家所掌控，這也是本研究論
述開展的前提；且截至目前看來，若按照「少數單一的」、「強迫性的」、
「非競爭性的」、「層級秩序的」以及「功能區分的」幾個原則來看，中
國大陸國家與社會團體的關係似乎是在「國家統合主義」的脈絡下發展。
然而，在下面的論述中，我們將可發現，其中的圖像更為複雜。

肆、案例分析：行業協會、商會與經濟鑒證類中介組織

在本文所界定的市場中介組織，如行業協會、同業公會、商會等自律性組織，或法律、財務服務機構，以及市場監督鑒證機構等，其共通點就是涉及各種市場利益，而這些組織就是在特定的範疇中具有行業相關規範的壟斷權，如行業規範制訂權、審批權以及專業認證權等，其衍生的則是各種產品品牌與品質的監督認證、行業標準的制訂權以及專業證照培訓、知識的認證和原產地證明等。這些「管理權」背後皆有極大的利益。[4] 也正因這些利益，造成不同組織間的競爭，其所涉及的，便是部門間的利益衝突，以下將以「行業協會與商會」以及「經濟鑒證類中介組織」為例進行說明。

一、行業協會與商會

由於社團發展的初始條件以及其與行政部門間的「掛靠」關係，使得目前中國大陸各種商會系統多是政府部門的「分身」。一般而言，目前中國大陸的「工商業聯合會」系統包括四方面：1. 全國政治協商會議組成成員的「中華全國工商業聯合會」所組建的「中國民間商會」；2. 隸屬於原對外經貿部，現商務部下「中國國際貿易促進會」所組建的「中國國際商會」；3. 隸屬於原國家經貿委，現國家發改委的「中國工業經濟聯合會」、「全國商業經濟聯合會」；4. 隸屬於全國工商行政管理局下的「中國私營

4　以「廚師」這個行業來說，都是由商業部下的「中國烹飪協會」來管理，要取得廚師執照，必須經過培訓、考核、報名考試等，其中每個關卡都需要繳錢。另外，餐廳中所掛的牌子，什麼「某某名宴」、「某某名菜」也是由「中國烹飪協會」來認定和頒發，中間有什麼「好處」我們也不知道。訪談 W 市市場協會會長，2004 年 8 月 20 日。

企業主協會」與「中國個體勞動者協會」（浦文昌、榮敬本等，2003：68-73）。而上述四個工商業系統都是由政府或政府有關部門發起、組建，即都是在體制內產生，其主要領導人都是由政府任命，人事費、業務費亦由政府財政支應。

而正因為這些工商聯合會均「有利可圖」，也成為各部門在市場中的「生財工具」，在市場變遷以及分工漸趨複雜過程中，其間出現嚴重的利益重疊與衝突，尤其是分屬各行政部門的「行業協會」以及工商聯（屬政協、統戰部系統）的「商會」。

（一）發展與競爭

如前所述，行業協會形成的制度性根源與政府脫離不了關係，再加上「條例」賦予業務主管機關太多的權力和責任，很大程度上限制了行業協會的發展，這些由上而下形成的行業協會即成為「官辦」或「體制內」協會，且又具行政實權，因此成為所謂的「二政府」，即「準政府」（quasi-government）組織，不論在人事權、財務權與決策權都不具自主性，更甚者，某些行業協會與政府部門間形成「一套班子，兩塊牌子」。[5]

相對而言，工商聯系統的商會由於吸收的會員多屬民營企業，隨著民營企業快速地成長，其影響力也日漸擴增。根據全國工商聯最新的統計資料，截至 2004 年底，全大陸各級商會已超過 5,500 個，1998 年到 2004 年，總數淨增 3,488 個，增加了 1.7 倍，年平均增長率為 28.8%，其中縣級和鄉鎮街道行業商會年平均增長率分別為 45.8% 和 52.7%，成長速度更快（中華全國工商業聯合會，2005b：50-93），且商會比行業協會的運作更具靈活性，適應性更強。

5　此部分可詳參王信賢，2006：293-326。

　　工商聯下的商會之所以能存在運作，乃是源於中共中央 1991 年的《十五號文件》，該文件認可工商聯「在縣、鎮試點中，應選擇非公有制經濟成分爲主的、零星分散的、政府部門不易照顧到的行業，組建同業公會」（中華全國工商業聯合會，2005a：27-49）。因此，工商聯雖非國務院下的行政部門，亦能成爲社團的主管部門。但值得注意的是，面對民營經濟快速地成長，行業協會亦開始積極爭取民企會員，打破了原本「行業協會『管』國企，商會『管』民企」的默契，形成了兩大系統競爭的狀態。耐人尋味的是，在民政部 2000 年《關於重新確認社會團體業務主管單位的通知》中，工商聯卻被排除在主管單位名單之外，使得工商聯下的商會成爲不符合「條例」的組織，也因而被稱爲「二級法人」。就此而言，此種競爭狀態在前述「一地一業一會」的法規制約下，行業協會成立時間通常較早且擁有行政部門的奧援，佔有「先發優勢」，且在法律上取得合法地位，理所當然地成爲該行業的合法代表，不再有其他競爭的存在，如此便強烈壓縮商會的發展空間。

　　而此種狀況在地方層級也屢見不鮮，如在《2004 年四川省商會發展報告》中即出現：

> 早在三年前，四川省委、省政府明確授權省工商聯爲同級非公有制經濟行業協會（商會）、同業公會的主管單位，但在執行中存在梗阻，行不通。而政府一些部門卻乃至經濟工作關係不是很密切的社團卻有協會、商會主管單位資格，一些政府部門所建的「翻牌」行業組織，卻一路「綠燈」。使工商聯（商會）與政府部門及其他社團在此問題上本末倒置，明顯存在著非公平競爭（四川省總商會，2004）。

　　面對此種情勢，工商聯（商會）系統一方面尋找政協與統戰部的奧援，另一方面，透過其靈活吸引會員與積極的服務發揮優勢，因爲一般行業協

會由於有政府部門為後盾，大都不積極服務會員，且隨著市場的開放與企業的轉制，也創造出商會生存的空間（中華全國工商業聯合會，2005a）。有些地方工商聯幹部即認為：

> 要趁著政府職能退出，趕快將工作接上，一些新型行業，政府所沒有的，工商聯的商會就可切入，而分工愈精細，愈有利於商會的發展，在市場上就可增掛一塊「商會」的牌子。[6]

因此，形成了行政系統的行業協會與黨系統的商會間的競爭，而此種競爭，更明顯表現在《商會法》與《行業協會法》的立法上。

（二）主戰場：遊戲規則主導權

目前《社團登記管理條例》是規範中國大陸社團最主要的法律依據，由於其規定過於原則與概括，所適用的範圍過寬，在「一體適用」的保守策略下，將工商團體與政治性、學術性組織「綁在一起」，對經濟性團體而言可操作性極低。因此近來不論人大代表或各地方政府均大力疾呼必須為各工商團體建構一套「合身」的法律，從立法上規定商會、行業協會的地位、職能與管理制度等（黎軍，2005：1-10；劉培峰，2005：11-18；江平，2005：19-29）。而此種需求雖是共識，卻也因為上述各「系統」間的競爭，使得此部法律面臨「難產」。

早於 1993 年，國家經貿委就起草了《商會法》，之後又起草了《行業商協會管理條例》，但一直未被列入全國人大甚至國務院的立法計畫中，只好在 1997 年印發了《關於選擇若干城市進行行業協會試點的方案》，並於 1999 年亦印發《關於加快培育和發展工商領域協會的若干意見》（試行），2005 年國家發改委又會同民政部等部委共同制定《關於促進行業協

6　訪談無錫市工商聯秘書長，2004 年 8 月 18 日。

會商會改革與發展的若干意見》（余暉，2005）。就此而言，此種以「條例」或「若干意見」取代「專門法」的做法乃是權宜之計，究其原因，就是各「系統」間相持不下。根據作者的田野訪談，此問題的答案是一致的：

> 「商會」在政協與統戰部支持下力抗行政部門，如國家經貿委提出要建《商會法》與《行業協會法》，工商聯、政協、統戰部均表示反對的立場，後此案擱置，而 2004 年由全國人大與工商聯代表亦提案要訂《商會法》則受到來自行政部門的壓力。[7]

而就在中央層級為此競爭不休的同時，部分地方政府已加快訂定相關法規的腳步，然而，還是環繞在商會與行業協會間的競爭，如廣東省日前審議《廣東省行業協會條例（草案）》，前後歷經多次修改依然困難重重，主要是行政部門堅持「一業一會」，而工商聯系統則試圖突破，建構「一業多會」模式（景宏，2005）。除省一級外，各級地方政府亦加快腳步訂定相關條例，如上海的《上海市促進行業協會發展規定》、常州市的《關於推進城市行會和中介機構改革與發展的意見》以及無錫市的《無錫市促進行業協會發展條例》等，其中依然難以擺脫兩大系統競爭對抗的問題，這些條例之所以能通過多是行政部門利用優勢排除商會系統參與的結果。[8]

而除了上述兩大系統間的競爭外，行政部門內的，包括原經貿委系統、國家發改委、國資委、商務部、工商局的行會，亦存在著不少競爭，甚至是「共青團」系統的「青年商會」也是市場中的利益競逐者。[9]此外，即便是同屬商務部的「貿促會」與「中國進出口行業商會」間亦在外貿領域上利益重疊，進而引發激烈競爭（中華全國工商業聯合會，2005b：59-60）。

---

[7] 訪談無錫市市場協會會長與各行業協會會長，2004 年 8 月 20 日。
[8] 訪談無錫市工商聯秘書長，2004 年 8 月 18 日。
[9] 訪談無錫市行業協會與商會幹部，2004 年 8 月 18 日。

二、經濟鑒證類中介組織

　　除上述的行業協會與商會等性質的工商聯合會外，中國大陸另有一大批會計師事務所、律師事務所、資產評估事務所、公證機構等經濟鑒證類中介組織，其分屬不同部門所組建的專業協會或學會所管理（見表 8-1）。然而，就本文的觀點而言，部門專政、條條分割，不少中介組織只是行政部門的附屬，利之所趨，則成爲行政部門競逐市場利益的工具。針對此，中共國務院於 1999 年公布了《國務院辦公廳關於清理整頓經濟鑒證類社會中介機構的通知》，並成立「國務院清理整頓經濟鑒證類社會中介機構領導小組」，但由於部門利益的驅使，許多中介組織與行政部門的關係是「名脫實不脫，明脫暗不脫」。

表 8-1　中國經濟鑒證類中介組織

行業組織	職能	所業管機構	行政主管部門
中國註冊會計師協會	1. 制訂行業執業規則並監督執行； 2. 對違反規定的給予處分； 3. 組織業務培訓與繼續教育； 4. 調解和裁定糾紛； 5. 組織註冊會計師資格考試。	會計師事務所	財政部
中國稅務諮詢學會	1. 負責制訂行業管理規章並監督報告； 2. 對違反規定的給予處分； 3. 組織和培訓教育； 4. 組織註冊稅務師資格考試。	稅務代理事務所、會計師事務所	財政部
中華全國律師協會	1. 保障律師依法執業； 2. 組織律師業務培訓； 3. 組織全國律師資格考試。	律師事務所	司法部
中國公證員協會	1. 協助主管部門管理、指導公證工作； 2. 負責會員培訓； 3. 負責全國公證員統一考試。	事業單位	司法部

行業組織	職能	所業管機構	行政主管部門
中華全國專利代理人協會	1. 協調專利代理行業的市場秩序； 2. 專利代理人培訓； 3. 職業道德教育。	專利事務所、事業單位	國家知識產權局
中國房地產估價師學會	1. 制訂並執行專業守則的估價標準； 2. 協助政府主管部門進行註冊房地產估價師考試、註冊等； 3. 組織專業培訓； 4. 指導房地產專業的課程設置。	房地產評估所、資產評估事務所等	建設部
中國土地估價師協會	1. 負責制訂行業管理規章並監督報告； 2. 組織業務培訓和繼續教育； 3. 調解和裁定糾紛； 4. 組織土地估價師資格考證工作。	土地評估事務所、房地產評估事務所	國土資源部
中國建設工程造價管理協會	1. 研究行業職業道德、規範行業標準； 2. 對違反行業規範的行爲進行處罰； 3. 組織行業考試、培訓和業務技術交流。	工程造價諮詢事務所	建設部
中國資產評估師協會	1. 制訂並執行專業守則的評估標準； 2. 進行註冊資產評估師考試、註冊； 3. 組織專業培訓； 4. 指導註冊資產評估師課程設置。	資產評估事務所	產權管理歸國資委管理，行業管理歸財政部
鄉鎮企業資產評估協會	1. 組織職業培訓與資格考試； 2. 行業自律管理。	鄉鎮企業資產評估事務所	農業部鄉鎮企業管理局

資料來源：作者根據李勇（編），2001：5-9、53-54，整理而成。

這些所謂的經濟鑒證類組織，其利益來源包括：制訂行業規則、組織培訓與教育與考試。當然就行政部門而言，更重要的就是「領地」的劃定，由於資源的重疊，導致各部門的利益競爭，如對法律中介服務市場行使管理權的政府部門就有司法部、人事部、前經貿委與計委（現發改委與國資委）、專利局（現知識產權局）、商標局、勞動部與證監會等，而要完成法律中介服務業務則要經過各種資格認定與審查，即是「關關卡卡」。

以目前鑒證類機構而言，大致可分為三大類：第一是「註冊會計師」系統，包括註冊會計師、註冊資產評估師、註冊稅務師，其所涉及的便是中國註冊會計師協會、中國資產評估師協會與中國稅務諮詢學會。第二則是「法律中介服務」系統，包括律師、公證員、專利代理，其所涉及的是中華全國律師協會、中國公證員協會與中華全國專利代理人協會。第三為「不動產評估」系統，包括房地產評估師與土地估價師，其所涉及的是中國資產評估師協會、中國房地產估價師學會、中國土地估價師協會與中國建設工程造價管理協會等（見表 8-1）（李勇（編），2001：15）。

就個別組織而言，上述的協會與學會重要幹部多直接由行政主管部門擔任，甚至成為主管機關的「事業單位」，佔主管部門的編制，而成為辦事機構。但若深入分析可發現，其「背後」所涉及的均是部門利益，如隨著房地產價格不斷上漲，也使得「不動產評估」系統的鑒證機構組織「水漲船高」（俞明軒、蔣一軍、閻東，2004：159-180），也成為各部門逐利的焦點。根據表 8-1 所示，「不動產評估」系統包括「中國房地產估價師與房地產經紀人學會」（屬建設部）、「中國土地估價師協會」（屬國土資源部）、「中國建設工程造價管理協會」（屬建設部）、以及「中國資產評估協會」（屬財政部）等。就本文觀點而言，其有以下兩個特徵：

（一）職權交錯與重疊

　　一般而言，「註冊資產評估師」主要從事國有資產評估業務，「房地產估價師」主要從事房地產的評估，「土地估價」主要從事土地資產的評估，是按照資產屬性劃分執業資格與範圍，但按照表 8-1 看來，各協會與學會的職能大同小異，且由於不同屬性資產有交叉或難以分割，如很多房產和土地都屬於國有資產，但房產又都是和土地相連，其間必然發生職能的重疊。而職權交錯的結果便是「相互排斥、互不買帳」，如房地產估價是房地產估價師的業務，但又與土地脫離不了關係，造成「多重管制」，相同職務卻「政」出多門，資格認定與審查程序亦不同，房地產評估、資產評估與土地管理部門的鑑證報告互不承認，不僅增加評估市場的運作成本，也造成制度扭曲（李勇（編），2001：55-56）。

（二）部門衝突

　　若進一步分析可發現，由於上述組織「背後」所涉及的均是部門利益，如註冊資產評估師是由原國家國有資產管理局設立的（後歸財政部），房地產估價師是由建設部設立的，土地估價師是由原國家土地管理局設立的，其他幾個評估資格情況也大致類似。表面上，政府部門推動評估資格的設立，並與本部門工作緊密相關，這對在短時間內促進評估行業的快速發展有一定的作用。然而，實際上卻是各部門均介入利益爭奪，有些中介組織在行政部門的支持下進行市場壟斷，職能重疊與「劃地為牢」的結果便是部門競爭與衝突。

　　值得注意的是，「中國資產評估協會」雖由原「國家國有資產管理局」設立，其業務範圍也主要是國有資產評估，但近年來，隨著市場需求的變化，其業務範圍也不僅限於國有資產評估，而 2003 年國務院「國資委」成立時，有關產權管理的職能劃歸「國資委」管理，但行業管理卻為財政部

管理。此種產權與行業管理分由不同部門管轄的情形，即是官僚部門利益衝突後妥協的結果。此外，「中國資產評估協會」與「中國註冊會計師協會」2000 年以來歷經多次分合，現分屬財政部「企業司」與財政部「會計司」；換言之，部門利益衝突不只發生在不同官僚部門，同一部門下屬單位的利益亦難以協調。

就資產評估行業而言，所涉及的部門利益多達十多個部門，包括國資、建設、財政、房管、國土、物價、鄉鎮、司法等職能部門，而這些利益在中央層級尚且如此，到了地方後，「利益相關人」更形複雜。由於在中共國務院「清理行政審批事項」的決定中，對於同屬評估行業的不同專業規定不一，如：註冊資產評估師的註冊改變由行業協會負責，資產評估機構的設立下放管理許可權，由省級政府財政部門負責審批；土地估價師的註冊和土地估價機構的設立均由行業協會負責；房地產估價師的註冊和房地產估價機構的設立均由建設部門負責。換言之，「條條」間的競爭，再加上「塊塊」的利益，讓這些中介組織的發展圖像更加複雜。

就此而言，許多行政部門在市場發展與部門精簡過程中，紛紛將原本的部門「轉移」至市場，或新設相關中介組織以獲取利益，這些公部門將中介機構當作附屬物或市場利益競逐的「代理人」，進而壟斷市場，其利益成為政府的「小金庫」（汪玉凱，2004：319-322）。一位大陸學者即提到：

> 有些中介組織不是為市場主體提供周到、全面的服務，而是憑藉著與政府部門的「血緣關係」，利用監管權設卡要錢、亂收費、特別是利用一些企業在轉制過程中需要資產評估、驗資、公證、工商登記等機會，強行向企業收取高額費用，藉監督管理牟取不正當利益（李恆光，2002：42）。

　　而此種利益競爭發展到極致，便是經濟犯罪層出不窮，如近年來中國大陸股市出現的諸多問題，除源於股票市場結構外（劉雅靈、王信賢，2002：43-74），就是部分「中介機構」如會計師事務所、資產評估事務所和律師事務所等，與上市公司共謀，於審計報告中弄虛作假的結果，如轟動一時的銀廣夏、紅光實業、瓊民源、鄭百文事件等均是如此（劉洪（編），2003）。

　　就此看來，中國大陸市場中介組織確實都在國家的主導下產生與運作，絕非市民社會或第三部門理論所期待的「由下而上」力量。然而，經由上述「行業協會與商會」及「經濟鑒證類中介組織」案例分析可發現，這些組織與官僚部門關係緊密，甚至就是行政部門的延伸，由於市場利益的驅使，使其成為行政部門逐利的工具。

伍、官僚競爭與制度後果

　　依循本文的觀點，中國大陸社會組織所面對的「國家」不是鐵板一塊，而是割裂的，政府部門不是單一而是分立的，正因涉入市場利益的競爭與衝突，而成為「競爭型政府」（Breton, 1996: 9-14），就官僚部門的角度而言，在無法直接介入爭取巨大市場利益的情況下，透過代理人逐利便是最佳選擇，且造就當今中國大陸國家社會關係的複雜圖像。

一、誰統治？誰獲利？

　　在傳統計畫經濟下，所有經濟部門都必須置於國家行政性計畫的統一控制下，行政權力壟斷了一切資源的配置、交換與分配，社會部門自然不存在或毫無自主性。然而，部門本位主義與利益使得行政部門往往不是作為國家與社會整體利益的代表者履行職能，而是在其中摻雜特殊的部門利

益，爭取更大的權力與追求預算極大化，創造更多的利益資源以供本部門使用。換言之，「全民所有制─國家所有制─政府所有制─部門所有制」的邏輯孕育了政府部門對社會資源配置中的主導地位，也滋生了部門利益（黃小勇，2003：311-324）。改革開放後，國家雖將職能「下放」給企業和經濟社團，但行政部門卻脫離不了市場利益，其結果便是：各官僚部門為市場轉型中最大的統治者，也是最大的獲益者。

政府獲利的基礎來自於其對行政的壟斷權與市場的管制、分配權，按照大陸學者的說法：

> 政府創造「租金」的方式分為「卡」與「給」，一個不能「卡」也不能「給」的部門，根本就無人上門無人求，就無法實現政府部門與外界的利益交換。現在各級政府中除了「推廣普通話辦公室」這樣的冷門機構缺少「自我利益化」的機會之外，幾乎所有的各類政府機構都「開發」出了「適合」本部門情況的「以權謀利」方法，並且已經將這些方法「制度化」了（李朝暉，2003）。

就部門主義與社會團體間的關係而言，在傳統計劃經濟體制下，各類社會組織基本上是按照行政區劃和行政系統，被納入各級政府部門的管理系統，形成了等級化的科層結構形式。然而，此種現象在改革開放後亦無太大轉變，就統治政權的角度而言，「防止任何潛在的組織性反對」遠比其他選項重要，因此，其以《社會團體登記管理條例》一體適用於各類社會組織，其所建構出來的「雙重管理體制」與「非競爭原則」，給予各經濟部門壟斷各種市場中介組織的機會，且這類組織成為部門市場逐利的代理人。

各行政部門在市場發展與部門精簡過程中，紛紛設立相關中介組織以獲取利益，如前述行業協會的行業規範制訂權、審批權以及專業認證權等，其衍生的則是各種產品品牌與品質的監督認證、行業標準的制訂權以及專

業證照培訓、知識的認證和原產地證明等。不僅是相關協會或聯合會，甚至直接成立事務所或企業，如有些財政部門籌設「會計師事務所」、「信用評等公司」，有些國有資產管理部門辦過「資產評估公司」，有些經濟體制改革部門辦過「企業股份制改造諮詢公司」，有些計畫部門辦過「工程項目可行性論證諮詢公司」，有些土地管理部門辦過「土地評估公司」等。其原因莫過於在計畫經濟向市場轉型過程中，政府基於市場與社會力量過弱而主導組織建構，但深究其中可發現，各部門成立中介組織的目的是為了「獲利」，為本部門設立小金庫（董輔礽，2000）。這些組織亦成為部門安插退休幹部與高幹子女的最佳場所。

　　此外，部門利益不僅出現在行政過程，也利用單行法規或主導立法擴充其權力與利益，事實上，改革以來形成的任何一條法律政策或「暫行辦法」，都是部門利益展現的結果，本文所提之不同「系統」意圖主導《行業協會法》與《商會法》的立法即是如此。就此而言，「官僚自利」現象存在於改革前後的中國，改革前在計畫體制下，部門直接壟斷行業權力，改革之後，尤其是機構精簡後，則是透過各種中介組織介入市場運作以獲取部門利益，以及鞏固、擴張各自的「領地」，然而，一旦這些利益與「領地」有所重疊，便是中介組織間（其背後官僚部門間）的競爭與衝突。

二、部門衝突

　　若就體制的角度觀察，中國大陸行政體系向來有兩大問題：一是特殊經濟利益行為問題，另一則是政府職能的重疊與交叉問題。前者已於前文中論述，至於後者，政府職能重疊、交叉不只是政府機構臃腫、人浮於事、推諉塞責的重要根源，而且也是政出多門，乃至權力濫用的直接原因。就此而言，特殊利益再加上部門「高度權威一體化管理」，意味著利益壟斷與權力集中，一旦職能重疊，所衍生的便是部門衝突。

　　除了職能劃分的制度問題外，也包括官僚自利的行為，相關部門在「鞏固」自身的行業架構後，為獲得更多的利益，往往會將勢力延伸至其他部門管轄的行業中。以電信、電力、航空等產業部門為例，計畫時期的部門壟斷，在市場化與私有化的改革後，雖增加了競爭機制（常欣，2003），但深入其中可發現，其背後依然是行政部門利益的驅使，不僅造成競爭衝突，且形成大量的重複建設。如「廣電」和「郵電」這兩個大行業間，近年來所發生的資訊、通訊市場爭奪戰即是一例，「廣電」是黨國的宣傳輿論工具，為國家機器意識型態控制的重要組成部門，故不允許「郵電」這個商業性質的部門參與其中，形成了廣電與郵電部門的競爭。此外，解放軍以「國防建設」為名鋪設了新的電纜，亦加入利益競爭的行列。與此相關的例子不勝枚舉，如工商行政部門與技術監督部門在「假」與「偽」區別、農業部門與林業部門在「乾果」和「鮮果」的管轄、水利部門與礦管部門就河沙利用的管轄權等等的競爭與較勁皆然。

　　就本文的案例看來，由於行業協會多為相關官僚部門所籌設，政府職能劃分不清，導致部分行業協會利益交錯，如目前行業協會有分別按照行業、部門、工藝技術或生產流程以及內貿或外貿等劃分，造成利益競爭與衝突，表面上，此本市場競爭的必然現象，然而，正因其背後皆是官僚部門的利益，形成了部門間的競爭。此外，由於官僚部門意圖擴張勢力，因而進入其他部門管轄的行業或專屬的利益，如本文所述之行業協會與商會的競爭，導致行政部門與黨系統間的利益衝突，繼而形成爭奪制訂相關法律的主導權，而原經貿委系統、國家發改委、國資委、商務部、工商局的行會，甚至是「共青團」系統的「青年商會」亦都是市場中的競逐者。

　　就此看來，對沒有官僚部門奧援、由下而上的利益而言，在現存制度環境的制約下，皆無法成為正式社團，因此，根本毫無進入利益體系的機

會，形成了權力面向中所謂的「非決策」（non decision-making），[10] 而其他部門在其職權範圍內意圖跨足而建構相關組織協會的，其間所造成的便是利益衝突。此種現象於「經濟鑒證中介組織」的案例中更為明顯，如在「註冊會計師」、「法律中介服務」與「不動產評估」等各系統中所引發的利益爭奪。若就法規的層面而言，雖是「非競爭原則」（一地一業一會），但按本文觀點，「登記」的職權在民政部，然而，民政部在國務院，相對於財政部、司法部、建設部、國土資源部、國資委等屬「弱勢部門」，根本無力在名稱以及「登記」上予以阻攔。

三、政體轉型與國家能力

而既然中國「國家」非鐵板一塊，而改革開放後各種利益的分殊與競爭，使得「國家」內部的割裂更加嚴重，那我們該如何理解其體制的現況與變化？這不只是描述與解釋，也涉及如何預設其未來的走向。一般而言，中共已失去典型極權體制（totalitarian regime）的特徵（Fitzgerald and Brzezinski, 1963），如：意識型態的絕對主導性、黨國對經濟的全面控制、政治運動的重要性、促成全面的社會革命等，但卻也仍保留了許多極權政體的制度元素，如一黨體制、對政治組織、社會組織、新聞媒體、武裝力量的壟斷性，就理論的角度，有人認為中國已經步入「威權政體」（authoritarian regime）、「後共產／後極權政體」（post-communist/post-totalitarian regime）（Linz and Stepan, 1996; Linz, 2000），或「退化的極權主義」（林佳龍（編），2003）。姑且不論此種「後」極權政體或「退化」的極權主義是否適當，但從本研究的觀點看來，官僚部門在市場轉型後競爭的加劇便是此種「後」或「退化」的動力之一。

---

10 即權力擁有者阻止關乎他方的課題進入議程或決策體系之中，從而排除了公眾討論與決策的可能性，參閱 Bachrach and Baratz, 1962: 947-952。

就國家能力（state capacity）而言，按照 Michael Mann（1993: 54-63）的觀點，國家權力區分為「專制權力」（despotic power）與「基礎權力」（infrastructural power），前者指的是一種分配力量，國家執政者可不經由社會的同意而遂行其意志，包括軍隊、警察與法院等的力量；後者指的是國家貫穿、滲透社會的力量，其透過組織的建構與政策制定去協調人民的生活。按本研究的邏輯，中共黨國體制的「專制權力」依然很強，如鎮壓社會運動、媒體管制等，但「基礎能力」往往被各種「條條」、「塊塊」所切割，導致效能不彰。

四、社會自主性不足與制度扭曲

根據前述，由於一方面在制度環境的制約下，一般要成立社會組織必須找到「掛靠」的政府部門，因而往往出現「找婆婆」的情形，若無法找到「婆婆」則無法成立社團；另一方面，許多市場中介組織多是政府部門透過行政手段成立的，或是由政府機構分離出來的，其往往要接受行政機關領導，人事由政府部門任命，政府部門給他們定級別、定編制、撥經費，業務由主管部門分配，當然收入也要與主管部門分享，而中介組織基於下述理由也必須「掛靠」政府部門，一是執行業務的「合法性」，二是養老保險、住房、醫療等福利待遇的保證，三是避免承擔風險。就此而言，在此種行政許可之下的市場中介組織必然是政府主導的，不僅缺乏自主性，且成為代表行政機構管理或協調團體內利益矛盾和糾紛的「准政府組織」（程浩、黃衛平、汪永成，2003：63-70）。

此種行政部門「附屬機構」的特質造成嚴重的制度扭曲，一方面，中介組織被行政權力條塊分割的現象嚴重，嚴重違背了市場中介組織獨立、公平、競爭的原則，使中介組織無法通過公平競爭的方式優勝劣汰；另一方面，中介組織為了謀求行政部門的保護，就可能採取不正當手段，將自

己與行政部門間建立在利益關係上，而企業爲了獲得更好的評估和審計結果，也可能與中介機構有不正當的利益輸送關係。而此導致代表國家的行政部門喪失公信力、代表市場的企業競爭力不足，以及代表社會的中介組織功能不彰，因而使得整體制度建構產生扭曲。

　　總結而言，政府部門領導社會團體必然是政權穩定的最佳選擇，然而，此種發展所造成的部門競爭與制度扭曲對完善的市場建構極爲不利。對自利官僚而言，此顯然不是其首要考量之處，在各種政經制度都處於動態的中國大陸，如何於「市場轉型」過程中「卡位」才是合理的組織生存戰略，一旦於市場取得「優勢地位」後，待各項制度化工作完成之時，所有中介組織便能「就地合法化」，而此也就意味著部門利益的制度化。

陸、結論

　　關於中國大陸近年來各種經濟社團興起的解釋，市場轉型所創造的「需求」是其一，政府機構精簡的「供給」是其二；此外，根據本文的觀點，「供給面」顯然更不單純，部門利益驅使極爲關鍵，此亦造就當今中國大陸國家社會關係的複雜圖像。在制度環境方面，社團登記管理的「雙重管理體制」以及「非競爭原則」的制度制約，阻擋了「由下而上」社會組織力量形成的可能，而官僚自利與擴張「領地」則造成了部門間的競爭與衝突。此亦充分展現「後社會主義」國家的特徵，各種制度建構猶如在波濤洶湧的海上重新造船般困難（Elster, Offe, and Preuss, 1998），一方面，在國家與社會關係中，國家依然佔主導地位；另一方面，前期制度遺產所展現的強大影響力，以及政府部門的行爲慣性，均對現今制度建構造成制約。

　　根據本研究中「行業協會與商會」及「經濟鑑證類中介組織」案例分析，以及各種理論對話，當今中國市場中介組織的出現絕非由下而上的

「社會主導型」，而是官方所主導的社團（Government Organized NGO, GONGO），其在「市場轉型」下延續原有的「國家——社會」關係，造成政府對社會團體的「統合」，也使得既存社團必須依附在政府所提供的各種資源。而以往的研究總將其總結爲「國家統合主義」模式，但本文認爲此論述只說明實際運作的一個面向，若再加入體制因素的考量，則呈現出一更爲複雜的圖像，亦即中國行政部門權威分散性的因素，其導致各部門爲爭取市場利益所出現的競爭行爲，因而紛紛組建各類的中介組織，以極大化自身的利益。而從此角度看來，中國大陸經濟改革過程，黨政部門爲市場中最大的利益主體與行動者，不論在市場改革或社會部門的成立均是如此。

改革開放二十餘年來，中國大陸的發展一方面朝向制度化與常規化，但另一方面，又出現各式各樣的菁英競爭與衝突，其可能是個人，也可能是組織。本研究中所呈現的便是此種「制度化」與「菁英競爭」間的張力，我們可以發現許多看似理性的制度建構，如爲適應市場化發展所制訂的各種法律以及湧現的諸多中介組織，但其往往卻又因爲權力菁英的投機行爲，而改變制度變遷的方向與結果。

就中國研究而言，地方主義與部門主義一向被視爲改革過程中，權力互動與利益分配最重要的研究課題，然而，以往的研究成果大多集中於「中央與地方」或「地方主義」，即是「條塊」或「塊塊」間的關係，對於部門與部門（條條）間的關係較少著墨，然而，綜觀中國改革前後均存在官僚部門爲爭取利益出現激烈的競爭行爲，進而對政策產出與結果造成巨大的影響。若忽略此，則無法理解原「冶金工業部」與「大躍進」間的關係、1977 年「石油派」與「洋躍進」間的關係，抑或 WTO 談判時各部門間的互動以及本研究所揭櫫關於各類市場中介組織的競爭以及背後官僚部門的衝突。因此，在本研究所進行的實證分析與理論對話中，嘗試能對此課題有所貢獻，並進一步精緻化中共政權本質以及中國「國家——社會」關係的解釋。

參考書目

于曉虹、李姿姿，2002，〈當代中國社團官民二重性的制度分析：以海淀區個私協會爲個案〉，香港中文大學中國研究服務中心：http://www.usc.cuhk.edu.hk/wk_wzdetails.asp? id=1354。

中華人民共和國民政部，2006，〈2006 民政事業統計快報數據〉，民政部網站：http://admin.mca.gov.cn/mztj/yuebao0612.htm。

中華全國工商業聯合會，2005a，〈改革開放後中國商會的崛起與發展〉，《中國商會發展報告》，北京：社會科學文獻出版社，頁 27-49。

中華全國工商業聯合會，2005b，〈2004 年商會發展趨勢分析〉，《中國商會發展報告》，北京：社會科學文獻出版社，頁 50-93。

王名、劉國翰、何建宇，2001，《中國社團改革：從政府選擇到社會選擇》，北京：社會科學文獻出版社。

王名、劉培峰等，2004，《民間組織通論》，北京：時事出版社。

王志偉，2002，《現代西方經濟學流派》，北京：北京大學出版社。

王信賢，2006，〈將社會帶回？中國大陸中介組織的發展與理論省思：以 W 市商會與行業協會爲例〉，《人文及社會科學集刊》18（2）：293-326。

王信賢、王占璽，2006，〈夾縫求生：中國大陸社會組織的發展與困境〉，《中國大陸研究》49（1）：27-51。

王彥田，2001，〈深水靜流波瀾不驚：國務院撤銷九個國家局改革紀實〉，《人民日報》，2 月 27 日，版二。

四川省總商會，2004，《2004 年四川省商會發展報告》，四川省總商會網站：http://www.scgcc.org.cn/news/200542595208.htm。

田凱，2004，〈非協調約束與組織運作：一個研究中國慈善組織與政府關係的理論框架〉，《中國行政管理》2004（5）：88-95。

江平，2005，〈我國商會法的基本原則及其立法模式選擇〉，《比較研究》2005（1）：19-29。

余暉，2005，〈轉型期行業組織管理體制改革和發展〉，中國網，10 月 13 日：http://www.china.org.cn/chinese/OP-c/996732.htm。

冷明權、張智勇，2004，《經濟社團的理論與案例》，北京：社會科學文獻出版社。

呂鳳太（編），1998，《社會中介組織研究》，上海：學林出版社。

李勇（編），2001，《經濟鑒證類社會中介服務行業發展理論研究》，北京：中國財政經濟出版社。

李恆光，2002，〈社會中介組織發展制約因素分析〉，《當代財經》2002（5）：42-45。

李朝暉，2003，〈中國改革 25 年：誰分享其利〉，《當代中國研究》2003（4）：http://www.chinayj.net/StubArticle.asp? issue=030403&total=83。

汪玉凱，2004，〈非政府公共組織管理〉，張德信（編），《中國公共行政案例教程》，北京：國家行政學院出版社，頁 319-322。

林佳龍（編），2003，《未來中國：退化的極權主義》，台北：時報文化出版社。

俞明軒、蔣一軍、閻東，2004，〈房地產中介服務的發展與對策〉，牛鳳瑞（編），《中國房地產發展報告》，北京：社會科學文獻出版社，頁 159-180。

孫炳耀，1994，〈中國社會團體官民二重性問題〉，《中國社會科學季刊》6：17-23。

浦文昌、榮敬本等著，2003，《市場經濟與民間商會：培育發展民間商會的比較研究》，北京：中央編譯出版社。

常欣，2003，《規模型競爭論：中國基礎部門競爭問題》，北京：社會科學文獻出版社。

康曉光，2001，〈轉型時期的中國社團〉，中國青少年發展基金會（編），《處於十字路口的中國社團》，天津：天津人民出版社，頁 3-29。

張雲德（編），2003，《社會中介組織的理論與運作》，上海：上海人民出版社。

張靜，1998，《法團主義》，北京：社會科學文獻出版社。

陸明遠，2003，〈非官非民、亦官亦民：中國非營利組織的「官民二重性」分析〉，社會政策網：http://www.social-policy.info/896.htm。

陶傳進，2003，〈市場經濟與公民社會的關係：一種批判的視角〉，《社會學研究》2003（1）：41-51。

景宏，2005，〈廣東欲立行業協會新規，民間商會合法性問題凸現〉，新華網，1月27日：http://news.xinhuanet.com/fortune/2005-02/17/content_2585561.htm。

程浩、黃衛平、汪永成，2003，〈中國社會利益集團研究〉，《戰略與管理》4：63-70。

黃小勇，2003，《現代化進程中的官僚制》，黑龍江：黑龍江人民出版社。

董輔礽，2000，〈規範中介組織先要規範政府〉，《大公報》（香港），6月21日，版A17。

賈西津、王名，2004，〈兩岸NGO發展與現況比較〉，《第三部門學刊》1：118-145。

鄒讜，1994，《二十世紀中國政治》，香港：牛津大學出版社。

熊躍根，2001，〈轉型經濟國家中「第三部門」發展：對中國現實的解釋〉，《社會學研究》2001（1）：89-100。

劉洪（編），2003，《中介機構案例》，北京：中國人民大學出版社。

劉培峰，2005，〈行業協會立法的幾個基本理論問題〉，《比較研究》2005（1）：11-18。

劉雅靈、王信賢，2002，〈缺乏發展的增長：中國股票市場的制度內捲化〉，《中國大陸研究》45（4）：43-74。

鄧國勝，2001，《非營利組織評估》，北京：社會科學文獻出版社。

黎軍，2005，〈行業協會立法研究〉，《比較研究》2005（1）：1-10。

蕭新煌等，2004，〈台北、香港、廣州、廈門的民間社會組織：發展特色之比較〉，《第三部門學刊》1：1-60。

顧昕、王旭，2005，〈從國家主義到法團主義：中國市場轉型過程中國家與專業團體關係的演變〉，《社會學研究》2005（2）：155-175。

Allison, Graham, and Philip Zelikow. 1999. *Essence of Decision: Explaining the Cuban Missile Crisis*. New York, NY: Longman.

Bachrach, Peter, and Morton S. Baratz. 1962. "Two Faces of Power." *American Political Science Review* 56(4): 947-952.

Breton, Albert. 1996. *Competitive Governments: An Economic Theory of Politics and Public Finance*. Cambridge: Cambridge University Press.

Buchanan, James M. 1975. "A Contractarian Paradigm for Applying Economic Theory. " *American Economic Review* 65(2): 225-230.

Chan, Anita. 1993. "Revolution or Corporatism? Workers and Trade Unions in Post-Mao China." *Australian Journal of Chinese Affairs* 29: 31-61.

Dahl, Robert. 1961. *Who Governs? Democracy and Power in an American City*. New Haven, NJ: Yale University Press.

DiMaggio, Paul, and Walter Powell. 1983. "The Iron Cage Revisited: Institutional Isomorphism and Collective Rationality in Organizational Fields." *American Sociological Review* 48: 147-160.

Dunleavy, Patrick, and B. O'Leary. 1987. *Theories of the State: The Politics of Liberal Democracy*. London: Macmillan.

Elster, Jon, Claus Offe, and Ulrich K. Preuss, eds. 1998. *Institutional Design in Post-communist Societies: Rebuilding the Ship at Sea*. Cambridge: University of Cambridge.

Fitzgerald, Carl, and Z. Brzezinski. 1963. *Totalitarian Dictatorship and Autocracy*. New York, NJ: Praeger.

Foster, Kenneth W. 2001. "Associations in the Embrace of an Authoritarian State: State Domination of Society?" *Studies in Comparative International Development* 34(4): 84-109.

Foster, Kenneth W. 2002. "Embedded Within State Agencies: Business Associations in Yantai." *The China Journal* 47: 41-65.

Foster, Kenneth W. 2003. "An Organizational Perspective on Institutional Change Process: Business Associations and Institutional Reform in China." Paper presented at the American Political Science Association Annual Meeting, August 28-31, Philadelphia.

Fukuyama, Francis. 1995. *Trust: The Social Virtues and The Creation of Prosperity*. New York, NY: Free Press.

Goldstone, Jack A. 1998. "Initial Conditions, General Laws, Path Dependence, and Explanation in Historical Sociology." *American Journal of Soci-*

ology 104(3): 829-845.

Hall, John. 1994. *The State: Critical Concepts I, II, III*. New York, NY: Routledge.

Halperin, Morton. 1974. *Bureaucratic Politics and Foreign Policy*. Washington, D.C.: The Brookings Institution.

Kennedy, Scott. 2005. *The Business of Lobbying in China*. Cambridge, MA: Harvard University Press.

Lieberthal, Kenneth. 1988. "Introduction: The 'Fragmented Authoritarianism' Model and Its Limitations." In *Policy Making in China: Leaders, Structures, and Processes*, eds. Kenneth Lieberthal and Michel Oksenberg. Princeton, NJ: Princeton University Press, pp. 1-30.

Linz, Juan, and Alfred Stepan. 1996. *Problems of Democratic Transition and Democratic Consolidation: Southern Europe, South America, and Post Communist Europe*. Baltimore, MD: The Johns Hopkins University Press.

Linz, Juan. 2000. *Totalitarian and Authoritarian Regimes*. Boulder, CO: Lynne Rienner Publishers.

Mann, Michael. 1993. *The Sources of Social Power: The Rise of Classes and Nation-states, 1760-1914*. Cambridge: Cambridge University Press.

Meyer, John W., and Brian Rowan. 1977. "Institutionalized Organizations: Formal Structure as Myth and Ceremony." *American Journal of Sociology* 83: 340-363.

Nee, Victor. 1989. "A Theory of Market Transition: From Redistribution to Markets in State Socialism." *American Sociological Review* 54: 663-681.

Nee, Victor. 1991. "Social Inequalities in Reforming State Socialism: Between Redistribution and Markets in China." *American Sociological Review* 56: 267-282.

Nee, Victor. 1996. "The Emergence of a Market Society: Changing Mechanisms of Stratification in China." *American Journal of Sociology* 101(4): 908-949.

Niskanen, William A. 1971. *Bureaucracy and Representative Government*. Chicago, IL: Aldine-Atherton Inc.

Niskanen, William A. 著，王浦劬譯，2004，《官僚制與公共經濟學》，北京：中國青年出版社。

Pfeffer, Jeffrey, and Gerald R. Salancik. 1978. *The External Control of Organizations: A Resource Dependence Perspective.* New York, NY: Harper & Row.

Pierson, Paul. 2000. "Increasing Returns, Path Dependence, and the Study of Politics." *American Political Science Review* 94(2): 256-273.

Putnam, Robert. 1993. *Making Democracy Work.* Princeton, NJ: Princeton University Press.

Saich, Tony. 2000. "Negotiating the State: The Development of Social Organizations in China." *The China Quarterly* 161: 124-41.

Salamon, Lester M. 1994. "The Rise of the Nonprofit Sector." *Foreign Affairs* 73(4): 109-122.

Salamon, Lester M. 著，賈西津等譯，2002，《全球公民社會：非營利部門視界》，北京：社會科學文獻出版社。

Schmitter, Phillippe. 1974. "Still the Century of Corporatism?" *Review of Politics* 36(1) 35-131.

Scott, Richard. 2001. *Institutions and Organization.* Thousand Oaks, CA: Sage Publications.

Skocpol, Theda. 1985. "Bringing the State Back In: Strategies of Analysis in Current" In *Bringing the State Back In*, eds. Evans, Peter and Theda Skocpol. Cambridge: Cambridge University Press, pp.3-42.

Unger, Jonathan, and Anita Chan. 1995. " China, Corporatism and East Asian Model." *Australian Journal of Chinese Affairs* 33: 29-53.

White, Gordon. 1993. *Riding the Tiger: The Politics of Economic Reform in Post-Mao China.* Stanford, CA: Stanford University Press.

Wiarda, Howard J.1997. *Corporatism and Comparative Politics: The Other Great "ism".* New York, NY: M.E. Sharpe.

Wilson, James Q. 1989. *Bureaucracy: What Government Agencies Do and Why They Do It.* New York, NY: Basic Books.

第九章

宏觀中國：後極權資本主義發展國家——蘇東與東亞模式的揉合

吳玉山

　　步入二十一世紀的中國大陸，一方面和世界經濟接軌，持續著高速的經濟成長，展現了超日趕美的氣勢；一方面又維持著爲了毀滅資本主義和私有財產制、進行無產階級專政而建立的列寧主義黨國體系，保持著對於世界上五分之一人口的絕對控制。究竟此種中國現象是不是獨特的？統治了中國大陸超過半個世紀的中國共產黨政權是不是一種獨一無二的政治組織？在二十一世紀中國的統治型態是不是人類前所未見的？而中國未來的政治發展是不是無法由任何過去的社會發展經驗來想像、無法用任何政治科學的理論來預言？

　　本書的各個章節透過各種不同的角度來理解中國政治，不論是高速成長帶來了人們對憲法權利的追求、決策過程添加了專業理性的色彩、年齡畫線解決了政治繼承的困局、發展國家限制了政權自清的努力、政治經濟週期反映了共黨菁英的相互競爭、權力大小決定了中央對省的資源分配，或是經濟鑑證顯現了自利官僚的相互較量，都讓我們看到了中共政權的各種獨特面貌，而這些獨特面貌也解釋了爲什麼中國大陸的政治發展無法用其他共黨政權的發展軌跡來理解或預測。中國是獨樹一幟的，這點似乎再度獲得了證實。

　　然而，中共政權看似獨特卻又並不獨特。過去蘇聯和東歐的共黨政權

也曾經建立了若干的政治繼承慣例與決策模式，帶來了一定程度的政治制度化。如果看東亞發展國家的例子，快速經濟發展會帶來自由化與民主化的壓力幾乎是天經地義的、威權體制之下貪腐永遠難以真正受到監督、各種政治體制幾乎都躲避不了政治經濟週期、中央對地方的資源分配到處都是一場政治賽局，而發展國家的官僚組織都對社會進行滲透和施展巨大的影響。簡而言之，本書所提及的各種中國政治的現象，都可以在其他國家（特別是蘇東共產政權和東亞發展國家）的經驗當中看到先例，只是沒有任何一個國家同時顯現了今天我們在中國大陸所看到的所有現象。因此，這些中國政治現象本身並不獨特，但是它們的「集體顯現」卻是獨特的。

究竟今天的中國大陸展現了怎麼樣的特殊現象組合呢？我們可以說，一部分的現象是蘇聯和東歐式的「後極權主義」（Post-Totalitarianism），另一部分的現象是東亞式的「資本主義發展國家」（Capitalist Developmental State）。中國的獨特性正是在於結合了這兩個過去在不同地區和時間發生的制度現象，而產生了「後極權的資本主義發展國家」（Post-Totalitarian Capitalist Developmental State, PTCDS）。正是由於匯合了後極權和資本主義發展這兩個形似南轅北轍的制度根源，才使得中國大陸的經驗看似獨特而又不獨特，現象的組合獨特而個別現象的本身又不獨特的情況。

造成「後極權的資本主義發展國家」的原因非常清楚：中共政權是處身於東亞的共產主義政權。因為是共黨政權，因此在經歷了一段痛苦的追求革命理想的試驗階段之後，必然會進入渴求安定的後極權時期，但是還繼續維持極權主義國家對於社會的統治機制。另一方面，由於眼見鄰近的日本和亞洲四小龍舉世稱羨的經濟發展奇蹟，和透過經濟表現鞏固政權合法性的經驗，中共很自然地會試圖建立一套資本主義發展國家的制度，希望能夠達到同樣的效果。於是後極權和資本主義發展國家相結合，成為看似自相矛盾的「後極權資本主義發展國家」，結合了蘇東共黨的統治機制

和東亞的發展經驗。此種特殊的政經模式不能單從其後極權或發展國家的面向來看，而必須結合二者再予以觀察。以下我們將針對後極權和發展國家這兩個制度淵源來進行查考，而後再討論二者在中國大陸如何結合成一個政經模式，並討論其制度效能、內部協調、內在缺點，和發展前景。

壹、後極權政權

　　對研究比較政治的學者而言，後極權是一個熟悉的名詞，其經典的定義是來自 Juan J. Linz 和 Alfred Stepan 對於民主轉型和民主鞏固的討論。後極權所指涉的是一種從極權主義轉出、但並未民主化的特殊威權主義政體。[1] 要瞭解後極權的概念，必須從極權主義出發。冷戰初期由 Carl J. Friedrich 和 Zbigniew K. Brzezinski 所發展出的極權主義概念指的是一種以烏托邦式的意識型態爲絕對目標、由至高領袖所領導、透過一個全能的黨來動員社會、掌握住一切軍事、經濟與傳播工具，並肆行恐怖統治的政治體

---

[1] 關於後極權主義的概念，最初是由 Juan J. Linz 在 1970 年代中期提出。在蘇東民主化之後，Linz 又和 Alfred Stepan 把後極權的概念細緻化。Linz 與 Stepan 一共劃分了四種非民主政權：威權主義、極權主義、後極權主義與蘇丹式政權。後極權主義是從極權主義轉生的政權形式，主要用來描述後史達林時期的蘇聯和東歐共黨政權（Linz, 1975; Linz and Stepan, 1996）。Linz 與 Stepan 並未表明改革開放後的中國是否屬於後極權主義國家。關於後極權主義適用性的批評，參見 Schmitter, 1997: 168-174。後極權對若干人而言，僅是粗略地指稱所有脫離共產主義的社會，這裡面所顯現的是他們認爲所有共黨專政的社會都是極權主義社會，不論是不是處於史達林式的革命狂飆時期。例如 Goldfarb, 1990: 533-554; Koch, 1993: 26-34。此種寬鬆的後極權的用法和後共產（post-communist）非常類似，而和本文中所採用的 Linz 的概念不相同。寬鬆的後極權用法在東歐廣爲流行。在這個傳統之下，極權主義不是被理解爲一套統治機制，而是一個違反人性、淪喪道德，製造謊言的制度。波蘭的 Adam Michnik、捷克的 Václav Havel 和 Milan Kundera 等都是著名的反極權主義論述家。關於西方和東歐對極權主義與後極權主義的不同理解，參見徐賁，2000：76-83。

系。[2] 然而極權主義事實上僅適用於革命狂飆時期的共黨政權。[3] 當各個共黨國家離開了革命狂飆時期之後，它們便逐漸顯現出制度化、科學化和理性化的特色，意識型態臣服於消費主義，烏托邦讓位給發展，革命暴君不再、恐怖統治也消戢。[4] 這樣就標誌著從極權主義進入了後極權主義時期。[5] 由於在歐洲的蘇聯集團之內，莫斯科的蘇共是各國共黨的實質領袖、而為各國馬首是瞻，因此當蘇共脫出極權主義之後，各國也亦步亦趨地仿效。當史達林在克里姆林宮死亡，各國的「小史達林們」也隨之一一在政治上失勢。[6] 然而由於中國在蘇聯的權力圈之外，因此蘇聯集團進入後極權主義並沒有引起中共產生同樣的變化。中國的史達林－毛澤東，不斷地抗拒著中共走「修正主義」道路的壓力。在毛澤東的堅持之下，中國大陸人為地持續著革命狂飆階段，進行了十年文革（Dittmer, 1987）。一直到毛澤東死亡，華國鋒失勢，鄧小平上台，中共才逐漸走出了極權主義。[7]

　　後極權主義的特色是一定程度的政治制度化、科技官僚統治，和消費主義。[8] 這些特徵是針對著極權主義的恐怖統治、意識型態治國，和烏托邦

2　關於極權主義的定義，參見 Friedrich and Brzezinski, 1963: 3-13。

3　另外一個極權主義所要描述的對象是希特勒統治下的納粹德國。但是由於德國在二次大戰中迅速戰敗，因此極權主義逐漸和史達林式的共產政權成為同義。

4　這一方面的經典論述是 Löwenthal, 1970, 1983: 191-201。

5　關於類似的列寧主義發展階段分期，參見 Jowitt, 1975: 69-96, 1983: 275-97。

6　關於各國「去史達林化」的情形，參見 Brzezinski, 1967。

7　鄒讜（1994：135-203）用「全能主義」來指稱國家政治權力對政治、經濟、文化、意識型態和一般社會生活的全面控制與干預的政治局面，也就是極權主義。他認為「全能主義」是一個可以量化的概念，因此可以想像不同程度的全能主義。站在這個角度，便無法確認一個政治體系走入或走出全能主義的時點。鄒讜是屬於極少數持續使用極權主義與其相近概念來描繪當代中國政治局面的學者，但是鄒讜的「全能主義」概念卻為中國大陸許多學者所接受（李景鵬，2005）。

8　Seweryn Bialer（1985: 50-51）對後史達林主義的描述是一、從個人獨裁到寡頭統治；二、官僚組織制度化；三、決策過程充滿談判與妥協；四、專家意見得到重視；五、恐怖統治取消；六、政策的制訂考慮社會大眾的需求；七、對農業進行大規模的貼補。這就是政治制度化、科技官僚統治，和消費主義。

主義而來。後極權主義為政治生活帶來可預測性、增加了政策的科學理性，同時以滿足人們的物質利益來爭取他們對共黨政權的支持。簡言之，就是制度化、科學化和物質化，或是如韋伯所指稱的常規化（routinization）。這是不是代表後極權主義便是威權主義呢？

事實上後極權主義和威權主義是有所不同的（Linz, 2000）。對於從未進入過極權主義階段的威權主義國家而言，它缺乏滲入社會深層的統治機制，而後極權主義仍然保有這些機制，甚至當社會中出現有限的多元現象的時候，後極權的國家仍然牢牢掌控傳播媒體、堅持對於意識型態的詮釋權、高度涉入經濟與社會事務，並保有包絡整個社會的黨組織，對新生的社會領域進行滲入和控制（李景鵬，2005）。黨對於獨立的社會團體保持高度敏感，不容許出現任何反對力量。這樣看起來，後極權主義是介於一般的威權主義和極權主義之間的政治體系，在施行社會控制上，有優於一般威權主義之處。[9]

中國大陸現在正處於此種後極權的威權主義階段當中（蕭功秦，2004a）。[10] 意識型態已經失去了指導政治的作用，但是還殘存著合法性符號的功能。神魅式的個人統治已經不再，而由常規化的官僚主治。黨的革命性和運動性逐漸消失，已經成為保守的政治勢力。計畫經濟逐漸退縮，市場扮演起愈益重要的角色。恐怖統治成為過去，共黨政權正在努力建立政治上的可預測性。這些特色都使得中國大陸非常類似後極權時代的蘇聯和東歐。整體而言，就是政治制度化、科技官僚統治，和消費主義興起。但是也像前蘇聯和東歐的共黨政權一樣，中共政權仍然實行一黨專政，並

9　對 Linz 與 Stepan 而言，後極權主義比威權主義國家更為缺乏民主鞏固的條件，原因之一便是深入社會、包絡一切的共黨組織。

10　林佳龍、徐斯儉（2004）則用退化的極權主義（degenerative totalitarianism）來描述後極權主義的概念。

且藉著高科技的運用，試圖進一步地掌控社會的脈動。後極權的特性使得中共對於有獨立組織的社會力量異常猜忌，並且可以毫不顧忌地放手鎮壓。法輪功就是在此種特殊的政治環境當中受到壓制。如果中國是處於一般的威權統治之下，類似法輪功的宗教養生社團很可能會被容忍。但是由於法輪功動員群眾的能力強大，又滲入統治集團內部，因此無法見容於中共當局。簡言之，後極權的中共政權雖然逐漸放棄了動員社會的角色，但是並不容許其他政治力量或獨立的社會行為者出現。黨的組織仍然滲入所有重要的社會領域，雖然不再動員，但仍然積極地監看警戒著。

如果中國大陸的政治變遷僅止於由極權主義進入後極權主義，那麼今天的中共政權將非常類似過去蘇聯和東歐在後極權階段的形貌。[11]然而，後極權化僅是中國政治轉型的一個面向。另外的一個面向則完全超出了過去的蘇東經驗，而將今日中國帶到一個全新的面貌。這第二面向的轉型就是中國大陸成為資本主義發展國家。

貳、資本主義發展國家

對於今天的中國大陸是一個後極權主義的國家，許多學者均表贊同，但是對於中國大陸是不是一個東亞式的資本主義發展國家，則許多人有不同的看法。資本主義發展國家這個概念的原創者是詹鵪（Chalmers Johnson），其主要的經驗指涉是日本和東亞四小龍等創造經濟奇蹟的發展模式。此種模式認為國家在帶動經濟發展上可以扮演遠比西方新古典經濟學說所承認的更為重要的角色。資本主義發展國家的思想根源是德國李斯

11　關於此一可能性，曾經在學界被加以討論（Meaney, 1987: 203-230）。

特在十九世紀初所倡議的「國民經濟學派」，而在日本發揚光大，促成了
戰後日本經濟快速復興的奇蹟。發展國家仰賴一群優秀的經濟官僚來主導
國家的產業策略，他們無顧忌地操縱市場，決定商業競爭的贏家。他們用
國家的力量來影響利率與匯率、決定賦稅與補貼、興建工業園區、導引銀
行貸款、調控勞動人力、保護國內產業、提供國際市場資訊，甚至由國家
來從事研發，而後轉移到企業。經濟官僚獲得政治領袖的充分授權，得以
施展高度的經濟理性，而不必擔心政治干擾。他們的產業政策創造了新興
產業的利基，開拓了國際市場，並帶動了企業集團的出現。他們的主要著
眼點是促進高速的經濟發展，來爲本國的產業在世界市場上佔有一席之地。
資本主義發展國家是現代的重商主義者，這些國家在外匯積累上通常都有
卓越的表現。由於經濟成就亮眼，因此發展國家得以累積足夠的合法性，
來支持住一個非民主或次民主的威權體系。在這個體系當中政治領袖對於
經濟事務是「統而不治」，實際掌握大權的是以經濟發展爲己任的卓越官
僚。日本是這個模式的原型（Johnson, 1982），[12] 東亞四小龍，特別是台
灣和南韓，則是後續的實例（Johnson, 1985, 1986: 557-565）。

　　發展國家的理論在詹鶽提出後，許多學者加以發揮，逐漸從歷史案例
進入理論的建構，並且和著重國家角色的發展理論加以聯繫，隱隱然成爲
和新古典理論抗衡的經濟發展典範。[13] 新古典和發展國家相爭執的第一個
焦點是，促成東亞奇蹟的主要動力究竟是自由市場，還是國家的產業政策，

---

[12] Chalmers Johnson（1982）之 *MITI and the Japanese Miracle* 一書，爲發展「資本主
義發展國家」概念的經典著作。

[13] 關於發展國家理論的展開，參見 White, 1984: 97-120, 1988; Deyo, 1987; Amsden,
1989, 2001; Wade, 1990; Woo-Cumings, 1999。關於對於發展國家理論的評析，參見
Öniş, 1991: 109-126; Islam, 1992: 69-101; Zhao and Hall, 1994: 211-229; Leftwich,
1994: 363-386, 1995: 400-427; 王佳煌，1997：1-38；鄭爲元，1999：1-68。

甚至是究竟有沒有東亞奇蹟。[14] 到了東亞金融危機產生後，新古典找到著力點，自然對於東亞發展模式大加抨擊。[15] 但是對於這項抨擊，發展國家論的看法是危機的產生不是由於國家執行產業政策，而是停止執行了產業政策，並且過早地進行了全面性的金融自由化所致（Chang, 2000: 775-788）。過去配合高速發展所建立起來的國家──銀行──企業緊密關係，和由間接融資為主的金融體系所自然帶來的高債務比率在金融鬆綁之後，產生了極大的風險和脆弱性，因而促成了危機的爆發（Wade, 1988: 693-706, 2000: 85-115）。究其實，危機的產生是發展國家快速退位所造成的結果，而此一變動的根源是南韓等傳統發展國家的政治自由化（Weiss, 1999: 317-342, 2000: 21-55）。至於引發金融風暴的東南亞國家，由於缺乏有能力的官僚體系與發展計畫，因此並非典型的東亞發展國家。在這些國家產生金融風暴的原因主要是國家能力不足，而不是官僚干預市場太過。當金融危機過後，東亞各國的經濟迅速反彈，使得發展國家模式的有效性又再一次成為學術討論的議題（Wong, 2004: 345-362）。新古典和發展國家最新一波的爭論是解釋中國大陸的經濟崛起：究竟這是中國接受自由市場資本主義所造成的結果，還是共黨的新科技官僚已經採行了東亞的發展模式，並大規模地複製了過去日本和東亞四小龍成功的經驗。[16]

　　很明顯地，中國大陸作為一個改革的社會主義國家和東亞式的資本主義發展國家在經濟結構上有許多相異之處。大陸的社會主義市場改革是以市場化作為基調，對於私有化則步步為營，頗為設防。另一方面，東亞模式

---

[14] 1990 年代初在日本的大力促成下，一般遵循新古典圭臬的世界銀行終於正視了東亞奇蹟的存在，而出版了 *The East Asian Miracle: Economic Growth and Public Policy*（World Bank, 1993）。但是馬上就引起了對於東亞奇蹟是否存在的辯論，在這裡最為著名的便是 Krugman（1994: 62-78）。

[15] 例如 Jeffrey A. Frankel, 1998。

[16] 關於此一辯論，參見廖尉君，2005。

則是以私有企業作爲發展的主力，對於市場則極力操弄，人爲地替企業創造利基。中國的經改是保留社會主義的所有制、而用市場取代計畫；東亞模式則是努力發展私有部門，而以國家的力量來創造市場條件，雙方顯有不同。[17]

　　然而在理念型上的不同並沒有辦法防阻在實例上的匯合。天安門事件後鄧小平展開南巡，重新啓動經濟改革，並且針對蘇東變局和國內局勢的騷亂急切地想要在經濟上有所表現，以挽救中共政權的危亡。結果在 1990 年代重新啓動的經改走了更大膽的步子，把中國大陸的產權結構做了對非公有部門更有利的改變。[18] 結果是當局對國有制的堅持僅僅表現在各個「制高點」上（例如金融），其餘的部門都讓私有企業伸入，並大幅度地引進了國外的資本，也就是明確地從市場社會主義轉向了國家資本主義。[19] 從歷次經濟改革的主軸來看，一開始是邊際性地引入市場機制，然後是逐漸增加市場、取代計畫，[20] 最後是進入所有制改革的範疇，從容認私有制開始，到把公有制與私有制等量齊觀，強調公私協調合作。中共在十二大時（1982 年）提出了「以計畫經濟爲主，市場調節爲輔」，接下來就是「有計畫的商品經濟」（1984 年）、「國家調節市場，市場引導企業」（十三大，1987 年）、「社會主義市場經濟」（十四大，1992 年）、「公有制爲主體，多種所有制經濟共同發展」（十五大，1997 年），最後到「毫不動

---

[17] 這兩種模式基本上是市場化而不私有化的市場社會主義（中國大陸），和私有化而不市場化的國家資本主義（東亞發展國家），這是除了自由放任資本主義和統制經濟之外的兩種主要的經濟體制（Wu, 1994: 1-16）。

[18] 關於中國大陸經濟改革策略的發展，參見吳玉山，2003：1-30。

[19] 關於在匈牙利式「市場社會主義」和東亞式「國家資本主義」（資本主義發展國家）之間的抉擇，參見 Wu, 1994: 212-216。

[20] 需要注意的是此種市場化是「初級」的市場化，也就是由國家調控和操縱市場，再由市場來引導企業。

搖地鞏固和發展公有制經濟」，且「毫不動搖地鼓勵、支持和引導非公有制
經濟」（十六大，2002 年）（楊來科，2000：22；林岡，2004：109）。
在這個過程當中，中共逐漸用市場取代計畫作為資源的分配機制（雖然這
是在國家監看和調控下的市場）。而在所有制上，也從「個體戶」、「私
營企業」到「私有企業」，實質上一步步地放棄了對於公有制的堅持。除
了名目上不再獨尊公有制之外，在實質上更透過硬化預算，在更大的範圍
內（特別是在鄉鎮企業）達到了隱藏與實質的私有化（吳玉山，1999：
175-199）。不過雖然一方面容許更大程度的私有化，中共政權在發展產業
時卻完全沒有忘記國家領導的角色，力圖透過操作各種市場參數來導引資
本進入重點項目，並在生產因素的提供、基礎建設的安排、企業利潤的分
配等方面盡力求取產業政策的實現。隨著非公有部門份額的持續擴大，和
各種產業政策的擬定與落實，中國大陸已經越來越趨近東亞發展國家的模
式，而和 1980 年代的市場社會主義有很大的不同。

　　如果認定東亞的發展國家具有特定的制度特徵，而後用以一一檢視
中國大陸，常會發現兩方面的制度特徵未必完全相合。例如外資在日本、
台灣和南韓的經濟起飛過程當中所扮演的角色相當有限，而中國的經濟
高速成長和外資的大舉流入有非常大的關係（徐斯儉，2004）。又如在
中國大陸積極以政策利多來推動經濟成長的主要是地方政府，而非中央
政府，這又和早期的東亞經驗不相合。[21] 然而在詹鶘的原初概念當中，
資本主義發展國家不是以特定的政策手段或行政階層定義的，而是以行
政官僚的心態和能力定義的。只要國家的經濟官僚可以自由地選擇管制

---

[21] Jean C. Oi 在此提出了「地方國家統合主義」（local state corporatism），並開啓了
　　中國經濟發展模式的辯論（Oi, 1992: 99-126, 1995: 1132-1159, 1999; Duckett, 1998;
　　Gore, 1998; Steinfeld, 1998; Ma, 2000: 586-603）。

或市場的政策工具，以扶植特定的策略型產業（甚或特定企業）成長，並獲得政治領導階層的充分支持，而不需要順服於社會特殊利益，最後並以出口擴張和高速經濟成長來支撐政權的合法性，這便是發展型國家。簡單地說，就是成長取向的威權體制、自主理性的經濟官僚、公私合作的產業政策，和出口擴張的成長策略。[22] 此類國家和服膺於自由放任資本主義的西方國家的最大差異便在於政策手段的靈活彈性，一切以達到發展產業、促進經濟成長為目標。因此執一、二過去發展國家所常用的政策工具作為標準，來衡量今日某國家的作為是否符合發展國家，其本身便不符合發展國家的原則與精神（Lee, Hahn, and Lin, 2002: 85-120）。[23] 故而如果今日中國大陸有外資可予運用，則站在發展國家的角度自應運用；而如果地方政府具備有力的政策工具可促進本地的產業發展與經濟成長，或中央可以調控影響地方政府的誘因機制，使其為自利而推動本地的產業與經濟發展，則站在發展國家的角度亦應充分利用此種機會。要之，發展官僚不順服於任何意識型態，不信仰共產主義或資本主義，而僅在意本國的經濟發展，是完全的經濟國家主義者（economic nationa-lists），與重商主義者（mercantilists）。站在這個角度看中國大陸當前的經濟發展，確實展現了高度的發展國家面貌。它既非「有中國特色的社會主義」，亦非遵循新古典的自由市場資本主義，而是最為巨大而迅

---

[22] 關於東亞發展國家的制度特徵和中國大陸遠離社會主義、趨近東亞模式的討論，參見 Wu, 1996: 410-425。

[23] 作者們在文中提及中國的發展模式和日韓等典型資本主義發展國家不同，包括銀行與企業間關係較疏、內部人士影響力較弱、股票市場發展迅捷、勞動市場較有彈性、外商競爭較強，以及產業政策較難跨省推行等。在這裡對中共政權影響企業的能力估計過低，同時也沒有探討經濟官僚的其他產業政策工具，以及發展國家的總體原則與架構。

猛的東亞發展國家。[24] 不僅如此，這個東亞發展巨龍還維持著後極權的統
治機制，而成爲幾乎獨一無二的制度組合。[25]

參、後極權發展模式：效能、協調、缺點與前景

　　後極權主義發展國家是一個強而有力的統治模式。如果中國大陸僅僅
是進入了蘇東式的後極權主義，那麼在政治控制方面，固然可以維持一黨
專政。但是在經濟方面，即使是做到了過去經改最成功的匈牙利共黨政權
那樣的成績，其經濟表現仍然有限，經改的成果將不足以支撐起政權的合
法性。[26] 換一個角度來說，如果中共完全走過去東亞資本主義發展國家的
道路，那麼一方面固然經改的表現會非常卓越，但是將難以應付隨著快速
經濟成長所帶來的社會壓力，和對政治開放的巨大要求。站在共黨政權的

---

[24] 此種資本主義發展國家的途徑和自由市場資本主義自然有所不同。基本上這兩種便
　　是歐洲和亞洲的前社會主義國家所採取的不同經改途徑。關於此點，作者曾與胡永
　　泰對辯。胡將作者的看法理解爲實驗學派（Experimentalist School）的一支，也就是
　　將中國的經濟高成長歸功於漸進式與非資本主義式的改革，即「具有中國特色的社
　　會主義市場經濟」，而胡則歸屬於匯合學派（Convergence School），也就是中國和
　　東亞各國都是獲益於向資本主義的制度匯合，因而得以發揮比較優勢，並且經由自
　　由化和對外開放來促進高成長。固然胡與 Jeffrey Sachs 等篤信自由市場資本主義的
　　經濟學家認爲中國大陸的高成長是向資本主義制度匯合的結果，但是作者並不認爲
　　中國的高成長是由於其「具有中國特色的社會主義市場經濟」，而是認爲東亞發展
　　國家模式在中國重新展現了其優勢，或可稱之爲「具有中國特色的資本主義發展國
　　家」。參見 Wu, 2002/2003: 93-138 以及作者和胡永泰（Wing Thye Woo）的辯論。
　　參見 Woo, 2003: 1-23；Wu, 2003: 24-40。關於匯合學派的看法，參見 Sachs and
　　Woo, 1994: 101-145；Woo, 1999: 115-137。

[25] 謂「幾乎」獨一無二的原因是在東亞還有越南是走著後極權發展國家的道路，而且
　　也達到了相當傑出的經濟成長表現。關於越南的制度抉擇，參見吳玉山，1995：
　　117-152；Wu and Sun, 1998: 381-399；關於中越政治制度的比較和可能的示範效
　　應，參見 Wu, 2004。

[26] 關於匈牙利的經濟改革，參見 Wu, 1994: 46-79。

觀點，後極權長於以黨組織控制社會，但在經濟發展上缺乏彈性，無法達成高度成長的目標。發展國家則長於經濟，但是缺乏在高成長和快速經社變動下持續掌控社會的機制。中共的後極權發展國家由於揉合了後極權的統治機制和資本主義發展國家的經濟表現，因此到目前為止還可以一方面維持高成長，一方面牢牢地掌控政權。從中共的角度來看，此種統治模式優於單純的蘇東式後極權主義，因為它可以帶來更好的經濟表現，和由此產生的合法性；它又優於單純的東亞資本主義發展國家，因為後極權的統治機制深入社會，可以較為有效地對付由經濟高速成長和社會快速發展所帶來的自由化壓力。簡言之，後極權主義發展國家比起單純的後極權統治有更多的胡蘿蔔，比起單純的發展國家有更多的棍棒，可以對於快速發展的社會進行有效的統治。

中國大陸後極權發展國家的政治經濟體制，和其對穩固政權所產生的影響，已經被大陸的學者提出討論，但是所使用的名詞是「後全能主義」。全能主義的說法來自鄒讜，選擇它而不用「極權主義」有求其中性之意。[27] 但是後全能主義在大陸的討論當中，卻和 Linz 與 Stepan 所定義的後極權主義有所不同。後全能主義出現的背景是快速的經濟改革和成長。由於受到經濟資源配置市場化的影響，在各個社會和文化領域出現了有限的多元主義，產生了自主的經濟社會組織。這是和以過去蘇東經驗為主的後極權不相同的。但是在另一方面，中國大陸現行的政治體制，仍然繼承了過去全能體制下的組織資源，如執政黨的一黨領導，黨組織對社會生活領域參與和組織滲透，國家政權對傳媒、國家機器、社團組織，對作為國家命脈的大中企業的有效控制等。其結果是中共的現行政治體制「具有遠比拉美與東亞

---

[27] 其實就內容而言，全能主義和極權主義是一致的。根據蕭功秦的說法，全能主義政治型態的特點是，政權高度集中，以一種具有平均主義烏托邦目標的意識型態信仰作為一黨制社會的整合基礎，通過高度的社會動員和以意識型態導向為基礎的大眾政治參與，來實現國家菁英所確定的政治目標（蕭功秦，1999）。

權威主義國家更強的宏觀控制能力，具有更有效的對突發事件與危機的處理能力，以及對風險形勢的承受力與適應力」（蕭功秦，2004b）。這樣看起來，大陸學者對於後全能主義的理解同時包含了 Linz 與 Stepan 所定義的後極權主義中的極權政治緩解與東亞發展國家中的經濟發展特徵，因此和後極權發展國家非常相似。[28] 其中特別是強調保留共黨統治機制對政治穩定產生了重大的影響，這和後極權發展國家的理解是完全一致的。不過，用後全能主義去含括後極權和發展國家這兩個不同的概念，會使得我們不易察覺出此二者的衝突之處，以及影響到探索此一體制將來持續發展的可能性。

　　後極權和發展國家的功能要求是有其不一致之處的。後極權的共產政權對於經濟改革的開放程度畢竟是有限的。因此即便是匈牙利，在共黨政權崩潰之前，主要的經濟改革方向還是侷限在市場化而不私有化的市場社會主義，要到民主化之後，匈牙利才大規模地進行私有化的經濟體制改革。在 1980 年代，中國大陸的經濟改革基本上是依循著匈牙利模式，以市場化爲先，只有在個體戶、三資企業和經濟特區等方面才開放私有制（吳玉山，1996）。然而依據東亞資本主義發展國家的模式，經濟增長的主力是來自於私有企業。中共在 1990 年代便開始大步走向發展國家，因此對於私有制的管制越來越鬆，終於到十六大之後將公有和非公有的經濟部門等量齊觀，已經不再歧視私有企業。這就是後極權向發展國家的讓步，也是讓中國大陸經濟持續高速成長的一個重要原因。

---

28 徐賁（2005）認爲中國大陸現在經歷的是「新極權主義」，而這是中共政權在經驗了 1978 年到 1989 年失敗的後極權主義之後痛定思痛所採用的新統治模式。「新極權主義」一方面進一步強化了極權主義的組織和宣傳體制，更嚴厲地控制媒體、公共輿論和民間言論，另一方面則在經濟制度層面表現出高度的靈活性。它求助於外國資本，加入經濟全球化，基本上取消了計劃經濟體制，同時弱化了公有制的重要性，又允許大衆文化及娛樂的活躍繁榮，以及日常生活的非意識型態化。這和 1978 年到 1989 年的後極權主義體制期間，計劃經濟體制和公有制仍然據於重要地位有顯著的不同。很明顯地，「新極權主義」便是後極權發展國家。

　　發展國家也並非沒有向後極權讓步。後極權要求黨國體制深入社會，掌控住每一個企業組織和社會團體。此種對於控制的絕對要求，有時會導致僵化和無效率。例如在中國大陸曾經作爲農村經濟發展主力的公有制鄉鎮企業，便在其成長潛力逐漸耗盡的情況下，無法順利轉化爲私有企業。這是和東亞各資本主義發展國家很不相同的。此外，和政府、企業與軍隊平行的龐大黨組織，一方面可以監看各部門的運作，一方面也構成資源的巨大浪費。不過就北京的領導階層看來，黨組的政治重要性顯然大於組織節約所帶來的效益，因此在這裡我們看到後極權的功能需求壓倒了資本主義發展國家的原則。

　　後極權和發展國家相互協調讓步的結果，是在中國大陸的後極權發展模式當中，配合著經濟改革國家不斷放鬆對社會的控制權，容許新生事物快速湧現，但馬上又以新的形式進行滲透和支配，也就是國家不斷地改變和調整社會控制的形式，結果是仍然牢牢地掌握住社會。[29]中國顯然在進行一個有趣的實驗，來探測共黨統治是不是可以和資本主義發展共存共榮。到目前爲止，中共體制所通過的試驗歷程超越了許多人的想像。

　　雖然在中國大陸後極權和發展國家的兩類功能彼此調適，並在高速發展中維持住對於社會的控制，不過後極權的資本主義發展模式並非萬靈丹。高速的經濟成長無可避免地帶來多元化的社會，和對於政治自由的要求。後極權的黨國體制固然提供了控制此種社會壓力的有效機制，但是一方面社會和政權之間的緊張持續存在，另一方面絕對的黨國體制自然衍生絕對的貪腐，而無法由機構自身所滌清，於是強大的社會壓力和無可避免的官僚貪腐便成爲後極權發展國家揮之不去的夢魘。另一方面，在脫離了強人統治之後，共黨後極權統治菁英之間的政治競爭無法僅由行政規範與功績

---

29 李景鵬（2005）將其歸納爲：政（府）退市（場）進、政退社（會）進、政退民（主）進、權退法進，與政退黨進。

主義來加以約束，而必然出現中央／地方、世代、機構、地區，和派系之間的權力競逐。在中國大陸後極權的體系之中，這些競爭基本上被限制在菁英之間，而展現出特殊的面貌。

　　本書的各個章節正是描述著中國大陸後極權發展體制的主要面向。在蔡定劍對中國社會轉型和憲政發展的分析當中，提出在經濟高速發展、社會急遽轉型的情境下，出現了政府腐敗、分配不平、司法不公、社會歧視、犯罪爆炸，和文明失落等重大問題。此時逐漸成形的公民社會開始自覺地向國家要求權利，並且直接訴諸憲法的保障。具體的表現包括了公民自薦參與選舉、人大代表積極發聲、民眾參加公開聽證、媒體輿論競相監督、法院進行違憲審查、公民發動反歧視訴訟、地方進行選舉改革、政府推動官員問責，和審計單位揭露違法等等，在中國大陸都是新生現象。一方面反映了社會的急遽變動，一方面也顯現出後極權發展國家的努力對應。

　　相對於蔡定劍看到中共的黨國體制努力對社會的壓力做出回應，徐斯儉則點出這些回應在權力壟斷下的有限性。他稱此為「軟紀律約束」，也就是改革中共黨國體制的內在限制。這裡接觸到了後極權發展模式的核心矛盾。後極權的統治機制是中國經濟快速發展下穩定性的主要來源，也是中共避免走上東亞國家民主化路徑的最終依賴。但是絕對的權力絕對腐化，在權力壟斷原則不能被打破的情況下，中共後極權的體制只能以行政自律和有限的社會監督來減少貪腐，然而效果卻十分有限。具體地來說，各級紀委難以監督同級的黨委，因此對「一把手腐敗」的情況難以化解。紀委既然難以施展，貪腐便只有靠上級的黨委進行行政監督，但是黨委由於本身的政治利益和監督的成本考量通常不會配合，於是抑制貪腐最後只能依最高層的領導意志。然而由於高層領導需要下級黨委的政治支持和經濟表現（透過極容易導致貪腐的地方發展型國家），因此無法持續施壓，而導致反貪政策的失敗。在黨內進行權力分立的企圖、或允許媒體批評與異地

監督，都會造成黨委權力的相對化，而不利於後極權的統治模式。簡言之，在這裡提出的是一條鞭系統中上下級之間的利益合謀，即「軟預算約束」，成爲中共反貪的結構性阻礙。後極權發展體制在經濟快速成長中的統治功能很明顯地和其自清能力相抵觸。絕對的集權便無法清除絕對的腐敗。

蔡定劍與徐斯儉看到了後極權發展體制在促進了高速現代化和經濟成長之後所面臨的挑戰與回應，接下來寇健文與楊開煌則集中討論後極權的制度化特色。寇健文將中共和蘇共政治制度化的程度加以比較，發現了中共在 1990 年代中期以後，已經跳脫了早期政治繼承持續出現危機的局面，而進入了比當年的蘇共更爲制度化的階段。他將此一現象歸之於中共有「個人權威型」的領導人，透過「制度堆積」，廢除了終身制，建立了集體領導。而蘇共卻只有「職務權力型」的領導人，雖然也有類似的制度改革芻議，但是卻因爲「制度耗散」而人亡政息。不論是中共或蘇共，都是在革命暴君死後逐漸建立了較穩定的政治繼承制度。由於領導人類型的不同，在中國出現了比當年蘇共更爲制度化的安排，並透過年齡限制保持了領導階層的年輕，可說是比前蘇聯更進一步的制度化。由中共的例子，看出中國在後極權的政治發展上，出現了一定的進展。在這裡，我們清楚地看到了後極權的制度化特徵。

在楊開煌對中共第四代領導集體決策模式的分析當中，提出了「民本集中制政權」的概念，代表理性與科學的決策模式，和爲民謀利的政策目標，也就是科學化與物質化。在列舉了每一代的重大決策案例之後（毛澤東時代的一五計畫、鄧小平時代的深圳特區建制、江澤民時代的十五大政治報告，和胡錦濤時代的十一五規劃），發現中共已經從個人獨裁（第一代與第二代）逐漸轉化爲菁英參與（第三代），和專家論證（第四代）。這正是科技官僚主政的顯現，和蘇東過去的經驗有很大的相似之處。至於胡錦濤的「新三民主義」，則是明白揭櫫了政府施政的目標在於滿足人民

的現實利益，也就是後極權主義和發展國家所強調的消費物質主義，和用經濟表現爭取政權合法性的展現。從這個角度來看，後極權發展國家的統治模式和傳統的中國威權主義有若合符節之處。

後極權體制通常是進行集體領導，並沒有在極權體制下掌握絕對權威的革命暴君。同時由於恐怖統治已不存在，因此政治趨於常規化。在此種情況下，政治菁英們的競爭模式究竟是如何？在中國大陸這樣廣土眾民的國家，中央菁英的競爭會不會削弱了國家對於地方的控制？陶儀芬和徐斯勤的論文便從這裡切入。

陶儀芬觀察到中國大陸的景氣循環總是和黨代表大會與人民代表大會的五年循環同步，這是中國版的政治經濟週期（Political Business Cycle, PBC）。這裡解釋的方向有二：一個是依循過去學者對於蘇聯類似投資循環的理論，認為新領導人在就位時需要博取人民的好感，因此加大力度推動投資計畫；另一個是認為中央領導人所面對的不是人民、而是可以影響他們政治命運的省級領導人，而投資高峰是產生於中央派系競爭激烈、以致無力或無意願去約制地方菁英加速投資的時候，通常這便是黨政兩會舉行之時。陶儀芬用統計的結果證實了第二個解釋，也就將中央和地方兩級菁英的政治競爭與利益交換和中國大陸的經濟循環聯繫在一起，用政治競爭解釋了經濟循環，也用經濟循環驗證了政治競爭。在這個模式當中，我們看到了後極權的中共菁英們在甚麼時機進行了政治競爭，而這個政治競爭又產生了怎樣的投資結果。陶儀芬分析的焦點是政治競爭的時機，和對國家資源分配的影響，徐斯勤則把討論帶向中央和地方在不同時期的權力對比，想要更進一步地觀察從江澤民時期以來北京的經濟政策有沒有受到各省勢力的左右。他透過縝密設計的統計分析指出，中央對地方的投資分配政策（主要是固定資產投資中的預算及銀行貸款）在平時不會受到各省在中央委員會和政治局的委員數目的影響，顯示中央總體調控經濟的能力

不會受制於地方勢力。但到了通貨膨脹的年份，各省在中央的代表越多，反而越無法抗拒中央要求緊縮的壓力，而被迫要壓制本地的固定資產投資。和前一章比較起來，陶儀芬主要關注地方菁英趁著中央政治競爭時搭便車的機會主義行為，而徐斯勤則指出中央菁英對地方其實有相當大的獨立性，甚至會在必要的時候，以地方在中央的代表為紐帶，加強對於地方的控制。陶儀芬點出了後極權發展國家經濟理性的弱點，和地方可乘之機；徐斯勤則指出地方在中央的代表性強未必會得到利益。在這兩個說法之間展開了一個豐饒的議題領域，即是相互競爭的中央菁英在面對爭取地方支持的時候，究竟會不會以國家的投資政策作為工具來施展？而如果是的話，施展的方式又是如何？如果不是以地方在中央的勢力來決定投資的比重，那麼是依據甚麼標準？可能是派系嗎？這個議題非常重要，因為它是在問後極權發展國家的高經濟理性會不會在菁英競爭的情況下被侵蝕？又可能是怎麼樣的被侵蝕？

　　後極權的發展國家一方面推動經濟改革，並從社會撤退；一方面又透過各種創新的機制來重新滲入社會，維持政治控制。由於後極權國家的政治菁英彼此競爭，因此不同官僚組織滲入社會的代理者彼此也進行著競爭。此種狀況的出現，正展現了後極權發展國家的特色。王信賢針對這個背景，分析中共官方如何主導市場中介組織（如經濟鑑證類中介組織與行業協會與商會）的出現，而彼此競爭的官僚部門又如何影響各種新興組織和社團彼此也進行著代理競爭。在這裡我們看到經濟發展如何迫使國家後撤（例如經濟部會的裁撤）、換了招牌的國家機構又如何重新滲入社會（如由部改局，由局變成行業公會），而彼此競爭的官僚部門又如何透過中介組織進行代理競爭（如經貿委、國發委、國資委、商務部、工商局等均各有職權重疊、利益衝突的行會），以爭奪市場資源與權力。此種「分裂式的權威主義」是後極權菁英競爭的具體展現，而透過新的管制機制來重新滲入

市場化的社會又是反映了發展國家的特色。如果僅有後極權，則官僚競爭只會在部門間進行，不會出現在市場當中；而如果只是發展國家，則不會出現眾多經濟部會的制度遺跡，國家對於社會的滲入也不會如此強勁有力。

　　上述各章的討論是各自針對中國後極權發展體制的一個特定面向。每一章都凸顯了一個面向的現況、功能與困局。各章所展現的是中國大陸後極權發展體制的強處與弱點、潛力與限制。合在一起，它們共同拼出後極權發展國家的清晰圖像。一方面我們看到中共後極權政體的制度化、理性化和物質化，一方面我們又看到在快速經濟成長與急遽社會變遷的情況下，後極權的發展國家面對社會壓力試圖調適，但受限於權力壟斷的「必要性」，而無法有效自清。我們更看到後極權發展菁英彼此為了政治競爭而影響了資源的分配。投資的決策受到政治競爭時機和各省在中央代表性大小的影響，而與社會需求鮮有關連。最後，在自利官僚彼此透過分身代理在市場上爭逐利益和權力的現象當中，我們看到了經濟發展下國家如何撤退、又如何重新滲入社會，並且如何沿著官僚部門的界線進行競爭。這些現象和分析，讓我們從各個不同的角度來接觸和感受中國大陸的後極權發展模式。

　　後極權發展主義在中國會如何演化？在歷史上，不論是蘇東的後極權共產政權、或是東亞的威權發展國家，大都走向了西方式的民主體制，並且接受了自由經濟和全球化的軌範。作為蘇東和東亞混合體的中共政權，是不是能夠走出自己的道路，還是僅僅是延緩了向西方靠攏的時間，或是可以在西方所布置的政經舞台上，擷取西方的制度，但是成就中國的霸業，成為世界上最大的新興民主國家和資本主義力量？這些問題很難回答，但是有一個線索值得探究，那便是中國大陸的制度變遷和能力增長的相對速度。如果目前後極權發展體制自由化的速度落後於中國大陸能力增長的速度（也就是後極權和發展均維持強勢），以致於中國在後極權發展模式的

框架內超越了日本、並且逐漸追上美國，則中式的後極權發展主義本身會成爲發展典範，[30] 造成制度合法性大爲增加，制度彈性也逐漸減少。如果中國大陸的能力增長速度趨緩（不論是由於生產因素供給的減少、價格的增高，或是由於國際保護主義的興起），而各種內外壓力促使後極權發展體制以較快的速度自由化（也就是發展和後極權均弱化），則中國有可能走向完全的東亞模式，從全世界最大的新興工業化國家轉成最大的新興民主體制，一如過去南韓和台灣所走過的軌跡。[31] 制度變遷和能力增長的相對速度將是中國大陸未來發展的重大關鍵，也是中式的後極權資本主義發展國家是否會持續主宰中國命運的決定性因素。

---

[30] 透過諸如「北京共識」之類的概念，並且廣爲傳播。
[31] 這個可能性在 White, 1993 與 Dickson, 1998 中均清楚地提出。

參考書目

王佳煌，1997，〈東亞發展國家——模範或特例〉，《東亞季刊》28（4）：1-38。

吳玉山，1995，《共產世界的變遷：四個共黨政權的比較》，台北：東大。

吳玉山，1996，《遠離社會主義：中國大陸、蘇聯和波蘭的經濟轉型》，台北：正中。

吳玉山，1999，〈回顧中國大陸產權改革〉，《香港社會科學學報》14：175-199。

吳玉山，2003，〈探入中國大陸經改策略之研究：一個比較的途徑〉，《中國大陸研究》46（3）：1-30。

李景鵬，2005，〈後全能主義時代的公民社會〉，《中國改革》2005（11）：http://www.chinareform.net/Article_Show.asp? ArticleID=187。

林佳龍、徐斯儉，2004，〈退化的極權主義與中國未來發展〉，林佳龍（主編），《未來中國：退化的極權主義》，台北：時報文化，頁 11-30。

林岡，2004，〈中共的理論創新和意識型態轉向〉，林佳龍（主編），《未來中國：退化的極權主義》，台北：時報文化，頁 105-128。

徐斯儉，2004，〈中國大陸沿海地方政府是「發展型國家」嗎？以長江三角洲爲例〉，中央研究院政治學研究所籌備處演講，3 月 4 日。

徐賁，2000，〈後極權和東歐知識份子政治〉，《二十一世紀》2000（12）：76-83。

徐賁，2005，〈中國的「新極權主義」及其末世景象〉，《當代中國研究》2005（4）：http://www.chinayj.net/StubArticle.asp? issue=050402&total=91。

楊來科，2000，〈論中國經濟轉軌的特殊性——對中國經濟改革的制度經濟學分析〉，《財經科學》2000（1）：22。

鄒讜，1994，《二十世紀中國政治：從宏觀歷史與微觀行動的角度看》，香港：牛津大學。

廖尉君，2005，《東亞奇蹟或危機——發展國家與新古典理論的爭辯》，台北：台灣大學政治學研究所碩士論文。

鄭爲元，1999，〈發展型「國家」或發展型國家「理論」的終結？〉，《台灣社會研究》34（1）：1-68。

蕭功秦，1999，〈後全能主義時代的來臨：世紀之交中國社會各階層政治態勢與前景展望〉，《當代中國研究》1999（1）：http://www.chinaelections.org/readnews.asp? newsid=%7BA04E953B-CEA6-4CDF-8E1F-2A32C34130A4%7D。

蕭功秦，2004a，〈後極權主義的威權政治──對中國經濟與社會的影響〉，中央研究院政治學研究所籌備處演講，6 月 21 日。

蕭功秦，2004b，〈中國後全能型的權威政治：發展中的優勢與陷阱〉，《中國事務論壇》：http://www.chinaaffairs.org/gb/detail.asp? id=47612。

Amsden, Alice H. 1989. *Asia's Next Giant: South Korea and Late Industrialization*. New York, NY: Oxford University Press.

Amsden, Alice H. 2001. *The Rise of the Rest: Challenges to the West from Late-Industrializing Economies*. New York, NY: Oxford University Press.

Bialer, Seweryn. 1985. *Stalin's Successors*. Cambridge: Cambridge University Press.

Brzezinski, Zbigniew K. 1967. *The Soviet Bloc: Unity and Conflict*. Cambridge: Harvard University Press.

Chang, Ha-Joon. 2000. "The Hazard of Moral Hazard: Understanding the Asian Crisis." *World Development* 28(4): 775-788.

Deyo, Frederic C. 1987. *The Political Economy of the New Asian Industrialism*. Ithaca, NY: Cornell University Press.

Dickson, Bruce. 1998. *Democratization in China and Taiwan: The Adaptability of Leninist Parties*. New York, NY: Oxford University Press.

Dittmer, Lowell. 1987. *China's Continuous Revolution: The Post-Liberation Epoch, 1949-1981*. Berkeley, CA: University of California Press.

Duckett, Jane. 1998. *The Entrepreneurial State in China: Real Estate and Commerce Departments in Reform Era Tianjin*. London: Routledge.

Frankel, Jeffrey A. 1998. "The Asian Model, the Miracle, the Crisis and the Fund." Speech delivered at the U.S. International Commission, *CiteSeer*, April 16. Available at http://citeseer.ist.psu.edu/273504.html.

Friedrich, Carl J., and Zbigniew K. Brzezinski. 1963. *Totalitarian Dictatorship and Autocracy*. New York, NY: Praeger.

Goldfarb, Jeffrey C. 1990. "Post-Totalitarian Politics: Ideology Ends Again." *Social Research* 57(3): 533-554.

Gore, Lance. 1998. *Market Communism: The Institutional Foundation of China's Post-Mao Hyper-Growth*. Hong Kong: Oxford University Press.

Islam, Iyanatul. 1992. "Political Economy and East Asian Economic Development." *Asian-Pacific Economic Literature* 6(2): 69-101.

Johnson, Chalmers. 1982. *MITI and the Japanese Miracle*. Stanford, CA: Stanford University Press.

Johnson, Chalmers. 1985. "Political Institutions and Economic Performance: The Government-Business Relations in Japan, South Korea, and Taiwan." In *Asian Economic Development: Present and Future*, eds. Robert Scalapino, Seizaburo Sato and Jusuf Wanandi. Berkeley, CA: University of California Press, pp. 63-89.

Johnson, Chalmers. 1986. "The Nonsocialist NICs: East Asia." *International Organization* 40(2): 557-565.

Jowitt, Ken. 1975. "Inclusion and Mobilization in European Leninist Regimes." *World Politics* 28(1): 69-96.

Jowitt, Ken. 1983. "Soviet Neo-Traditionalism: The Political Corruption of a Leninist Regime." *Soviet Studies* 35(3): 275-297.

Koch, Burkhard. 1993. "Post-Totalitarianism in Eastern Germany and German Democracy." *World Affairs* 156(1): 26-34.

Krugman, Paul. 1994. "The Myth of Asia's Miracle." *Foreign Affairs* 73(6): 62-78.

Lee, Keun, Donghoon Hahn, and Justin Lin. 2002. "Is China Following the East Asian Model? A 'Comparative Institutional Analysis' Perspective." *The China Review* 2(1): 85-120.

Leftwich, Adrian. 1994. "Governance, the State and the Politics of Development." *Development and Change* 25(2): 363-386.

Leftwich, Adrian. 1995. "Bringing Politics Back In: Towards a Model of the Developmental State." *The Journal of Development Studies* 31(3): 400-427.

Linz, Juan J. 1975. "Totalitarian and Authoritarian Regimes." In *Handbook of Political Science*, Vol. 3, eds. Fred I. Greenstein and Nelson W. Polsby. Reading, NJ: Addison Wesley, pp. 175-411.

Linz, Juan J. 2000. *Totalitarian and Authoritarian Regimes*. Boulder, CO: Lynne Reinner.

Linz, Juan J., and Alfred Stepan. 1996. *Problems of Democratic Transition and Consolidation: Southern Europe, South America, and Post-Communist Europe*. Baltimore, MD: The Johns Hopkins University Press.

Löwenthal, Richard. 1970. "Development Versus Utopia in Communist Policy." In *Change in Communist Systems*, ed. Chalmers Johnson. Stanford, CA: Stanford University Press, pp. 33-116.

Löwenthal, Richard. 1983. "The Post-Revolutionary Phase in China and Russia." *Studies in Comparative Communism* 16(3): 191-201.

Ma, Shu-Yun. 2000. "Understanding China's Reform: Looking beyond Neoclassical Explanations." *World Politics* 52(4): 586-603.

Meaney, Constance Squires. 1987. "Is the Soviet Present China's Future?" *World Politics* 39(2): 203-230.

Oi, Jean C. 1992. "Fiscal Reform and the Economic Foundations of Local State Corporatism in China." *World Politics* 45(1): 99-126.

Oi, Jean C. 1995. "The Role of the Local State in China's Transitional Economy." *The China Quarterly* 144: 1132-1159.

Oi, Jean C. 1999. *Rural China Takes Off: Institutional Foundations of Economic Reform*. Berkeley, CA: University of California Press.

Öniş, Ziya. 1991. "The Logic of the Developmental State." *Comparative Politics* 24(1): 109-126.

Sachs, Jeffrey, and Wing Thye Woo. 1994. "Structural Factors in the Economic Reforms of China, Eastern Europe, and the Former Soviet Union." *Economic Policy* 9(18): 101-145.

Schmitter, Philippe. 1997. "Clarifying Consolidation." *Journal of Democracy*

8(2): 168-174.

Steinfeld, Edward S. 1998. *Forging Reform in China: The Fate of State-Owned Industry*. Cambridge: Cambridge University Press.

Wade, Robert. 1988. "From 'Miracle' to 'Cronyism': Explaining the Great Asian Slump." *Cambridge Journal of Economics* 22(6): 693-706.

Wade, Robert. 1990. *Governing the Market: Economic Theory and the Role of Government in East Asian Industrialization*. Princeton, NJ: Princeton University Press.

Wade, Robert. 2000. "Wheels within Wheels: Rethinking the Asian Crisis and the Asian Model." *Annual Review of Political Science* 3: 85-115.

Weiss, Linda. 1999. "State Power and the Asian Crisis." *New Political Economy* 4(5): 317-342.

Weiss, Linda. 2000. "Developmental State in Transition: Adapting, Dismantling, Innovating, Not 'Normalizing'." *The Pacific Review* 13(1): 21-55.

White, Gordon, ed. 1988. *Developmental States in East Asia*. New York, NY: St. Martin's Press.

White, Gordon. 1984. "Developmental State and Socialist Industrialization in the Third World." *Journal of Development Studies* 21(1): 97-120.

White, Gordon. 1993. *Riding the Tiger: The Politics of Economic Reform in Post-Mao China*. Stanford, CA: Stanford University Press.

Wong, Joseph. 2004. "The Adaptive Developmental State in East Asia." *Journal of East Asian Studies* 4(3): 345-362.

Woo, Wing Thye. 1999. "The Real Reasons for China's Growth." *The China Journal* 41: 115-137.

Woo, Wing Thye. 2003. "A United Front for the Common Objective to Understand China's Economic Growth: A Case of Nonantagonistic Contradiction." *Issues and Studies* 39(2): 1-23.

Woo-Cumings, Meredith, ed. 1999. *The Developmental State*. Ithaca, NY: Cornell University Press.

World Bank. 1993. *The East Asian Miracle: Economic Growth and Public Policy*. New York, NY: Oxford University Press.

Wu, Yu-Shan. 1994. *Comparative Economic Transformations: Mainland China, Hungary, the Soviet Union, and Taiwan*. Stanford, CA: Stanford University Press.

Wu, Yu-Shan. 1996. "Away from Socialism: The Asian Way." *The Pacific Review* 9(3): 410-425.

Wu, Yu-Shan. 2002/2003. "Chinese Economic Reform in Comparative Perspective." *Issues and Studies* 38(4)/39(1): 93-138.

Wu, Yu-Shan. 2003. "Institutions and Policies Must Bear the Responsibility: Another Case of Nonantagonistic Contradiction." *Issues and Studies* 39(2): 24-40.

Wu, Yu-Shan. 2004. "Jiang and After: Technocratic Rule, Generational Replacement, and Mentor Politics." In *The New Chinese Leadership and Opportunities after the 16th Party Congress*, eds. Yun-han Chu, Chih-cheng Lo and Ramon H. Myers. China Quarterly Special Issue New Series 4: 69-88.

Wu, Yu-Shan, and Tsai-Wei Sun. 1998. "Four Faces of Vietnamese Communism: Small Countries' Institutional Choice under Hegemony." *Communist and Post-Communist Studies* 31(4): 381-399.

Zhao, Ding-xin, and John A. Hall. 1994. "State Power and Patterns of Late Development: Resolving the Crisis of the Sociology of Development." *Sociology* 8(1): 211-229.

國家圖書館出版品預行編目資料

黨國蛻變：中共政權的菁英與政策／徐斯
儉，吳玉山等著.
--初版.—臺北市：五南，2007〔民96〕
面；　公分　（中研政治；2）
ISBN 978-957-11-4552-5（平裝）
1.政治制度－中國　　2.中國－政治與政府
574.1　　　　　　　　　96004101

1PV2

黨國蛻變——中共政權的菁英與政策

主　　編 — 徐斯儉(179.4)　吳玉山(60.1)

作　　者 — 蔡定劍　楊開煌　寇健文　徐斯儉
　　　　　　陶儀芬　徐斯勤　王信賢　吳玉山

發 行 人 — 楊榮川

總 編 輯 — 龐君豪

主　　編 — 劉靜芬　林振煌

責任編輯 — 胡天慈　詹宜蓁

封面設計 — 李顯寧

出 版 者 — 五南圖書出版股份有限公司

地　　址：106台北市大安區和平東路二段339號4樓

電　　話：(02)2705-5066　傳　　真：(02)2706-6100

網　　址：http://www.wunan.com.tw

電子郵件：wunan@wunan.com.tw

劃撥帳號：01068953

戶　　名：五南圖書出版股份有限公司

台中市駐區辦公室/台中市中區中山路6號

電　　話：(04)2223-0891　傳　　真：(04)2223-3549

高雄市駐區辦公室/高雄市新興區中山一路290號

電　　話：(07)2358-702　傳　　真：(07)2350-236

法律顧問　元貞聯合法律事務所　張澤平律師

出版日期　2007年4月初版一刷
　　　　　2011年2月初版三刷

定　　價　新臺幣490元

※版權所有‧欲利用本書全部或部分內容，必須徵求本公司同意※